GROUND ZERO

グラウンドゼロ

アメリカが初めて体験したこと
——《NYタイムズ》コラム集成

Longitudes & Attitudes
Exploring the World after September 11

トーマス・フリードマン 著
Thomas Friedman
鈴木淑美 訳
Suzuki Toshimi

ウェッジ

GROUND ZERO

CONTENTS

目次

INTRODUCTION◆**言葉でアルバムを作る** …… 009

＊

PROLOGUE◆**スーパー・ストーリー** …… 014

1 **壁**　エルサレム　**2001.9.11** …… 020

2 **第三次世界大戦開戦**　エルサレム　**2001.9.13** …… 024

3 **喫煙コーナーでいいのか**　エルサレム　**2001.9.14** …… 030

4 **「すごい恐ろしい」こと**　アンマン（ヨルダン）　**2001.9.18** …… 034

5 **鎮圧された町、ハマを訪れて**　**2001.9.21** …… 038

6 **ベイルートでジョークを**　**2001.9.25** …… 042

7 **話すのは後で**　**2001.9.28** …… 046

8 **父母会のすすめ**　**2001.10.2** …… 050

9 **それはそうだ、しかし…**　**2001.10.5** …… 054

DIARY 1◆**二〇〇一年九月一一日。これは、最高にアメリカ的な瞬間だった……** …… 058

DIARY 2◆**数日後。私はそのままヨルダン行きを決めた……** …… 068

10 「自由」とはこういうことだよ！ 2001.10.9 …… 080
11 「拝啓　ビンラーディン殿」 2001.10.12 …… 084
12 王子のお金 2001.10.16 …… 088
13 毛抜きが多すぎる 2001.10.19 …… 092
14 一筆啓上、ジョージより 2001.10.23 …… 096
15 あてにならない 2001.10.26 …… 100
16 ミニバンか、教科書か 2001.10.30 …… 104
17 もう一つの前線 2001.11.2 …… 108

DIARY 3◆オサマ・ビンラーディンは白昼夢をみる人間だ…… …… 112

18 敵はビンラーディン主義 ドーハ（カタール） 2001.11.6 …… 122
19 タイタニック！ ペシャワール（パキスタン） 2001.11.9 …… 126
20 ジハードが続く街で ペシャワール（パキスタン） 2001.11.13 …… 130
21 後退でなく前進を イスラマバード（パキスタン） 2001.11.16 …… 134
22 インドからの伝言 ニューデリー 2001.11.20 …… 138
23 ソフトを叩け！ ドバイ（アラブ首長国連邦） 2001.11.23 …… 142

24 イエス－ノーの戦い 2001.11.27 …… 146
25 心温まるけれど、めったにみられないこと 2001.11.30 …… 150
26 アシュクロフトはむちゃじゃない 2001.12.2 …… 154
27 もうひとつのハイジャック 2001.12.5 …… 158
28 グレーテスト・ジェネレーション 2001.12.9 …… 162
29 拝啓　サウジアラビア様 2001.12.12 …… 166
DIARY 4◆また現場に戻りたい気持が募り、私はパキスタンに向かった…… …… 170
DIARY 5◆プーチンはいったいどうなっているのだろう…… …… 180
30 家が焼けたばかりなのに、排水工事を頼む人 2001.12.16 …… 186
31 バグダッドひとりぼっち モスクワ 2001.12.19 …… 190
32 行列のできる… 2001.12.23 …… 194
33 「裸の翼」 2001.12.26 …… 198
34 宿題はこれだ 2002.1.2 …… 202
35 第一ラウンドのゆくえ 2002.1.6 …… 206
36 チェイニー氏の家 2002.1.9 …… 210

37 リモコンを捨て、アフガンへ　カブール（アフガニスタン）　2002.1.13……214
38 廃墟で闘鶏をみる　カブール（アフガニスタン）　2002.1.16……218
39 大統領の進む道　ジャコババード（パキスタン）　2002.1.20……222
DIARY 6◆タリバン政権は崩壊し、ビンラーディンは地下にもぐった……226
DIARY 7◆ハイジャック犯をたどって、ベルギーとサウジアラビアへの旅に出た……235
40 「逃げろ、オサマ！」　2002.1.23……246
41 テロリストの作り方　ブリュッセル　2002.1.27……250
42 デッドマン・ウォーキング　2002.1.30……254
43 夜間飛行は、一人より…　2002.2.3……258
44 前略　アラブ連盟の皆さん　2002.2.6……262
45 自分の出来が悪いのは、誰のせい？　ロンドン　2002.2.10……266
46 七面鳥を取り返せ！　ロンドン　2002.2.13……270
47 皇太子おおいに語る　リヤド（サウジアラビア）　2002.2.17……274
48 もはや「サウジ式」ではなく…　ジェッダ（サウジアラビア）　2002.2.20……278
49 砂漠の国から　リヤド（サウジアラビア）　2002.2.24……282

50 答えは五年後　リヤド（サウジアラビア）　2002.2.27 …… 286

DIARY 8◆サウジアラビアは問題解決の鍵を握る存在なのだ…… …… 290

DIARY 9◆イスラム教はほうっておいて、自分のことに目を向けなさい…… …… 308

51 壁を作った人、壊す人　2002.3.3 …… 330

52 イスラム教徒はなぜ怒る？　2002.3.6 …… 334

53 八個の爆弾　2002.3.10 …… 338

54 持ち上げたはいいが…　2002.3.13 …… 342

55 リメンバー・マーシャル　2002.3.17 …… 346

56 単刀直入に…　2002.3.20 …… 350

57 「オサマ・ビンラーディンは（単なる）テロリストではない」説　2002.3.24 …… 354

58 「言論の自由」は難しい　2002.3.27 …… 358

59 嘘は地球を…　2002.3.31 …… 362

60 目をそらすな！　2002.4.3 …… 366

61 線は太く、濃く　2002.4.7 …… 370

62 サダト役は彼しかいない　2002.4.17 …… 374

63 だからゴルフ番組をみたくなる 2002.4.21 …… 378
64 未来を生き返らせよ！ エルサレム 2002.4.24 …… 382
65 チャンスをのがすな！ ベツレヘム（西岸地区） 2002.4.28 …… 386
66 もっと血なまぐさく！ もっとセンセーショナルに！ アンマン（ヨルダン） 2002.5.1 …… 390
67 Tシャツではなく、帽子を ジャカルタ（インドネシア） 2002.5.5 …… 394
68 アメリカの孤児？ ジャカルタ（インドネシア） 2002.5.8 …… 398
69 もうひとつのウィルス ジャカルタ（インドネシア） 2002.5.12 …… 402

DIARY 10◆再び、ヨルダンとイスラエルに赴いた…… …… 406

70 戦争は一つだけに 2002.5.15 …… 418
71 もっと想像力を！ 2002.5.19 …… 422
72 まあ、興奮しないで… 2002.5.22 …… 426
73 シリコンバレー今昔 2002.5.26 …… 430
74 第六次中東戦争 2002.5.29 …… 434
75 戦いはこれから 2002.6.2 …… 438
76 NOとしかいわない国 2002.6.5 …… 442

77 親しい敵国？　テヘラン（イラン）2002.6.12 …… 446
78 イランの第三の波　テヘラン（イラン）2002.6.16 …… 450
79 きわどい結婚　テヘラン（イラン）2002.6.19 …… 454
80 イラン最大のドラマ　テヘラン（イラン）2002.6.23 …… 458
81 テヘランの窓から　テヘラン（イラン）2002.6.26 …… 462
82 …の終わり？　2002.6.30 …… 466
83 岐路に立つアラブ世界　2002.7.3 …… 470

DIARY 11 ◆ 9・11事件は私たちに何を語ったのだろうか…… …… 474
AFTERWORD ◆ 壁――そして、グラウンドゼロから …… 485

訳者あとがき …… 490

言葉でアルバムを作る

二〇〇一年九月一一日の事件が起こるよりずっと前のことだが、私はつねづね、『ニューヨーク・タイムズ』の外交問題コラムニストというのは世界で最も素晴らしい仕事であり、合法的な楽しみとして思いつく中で最高だ、と口癖のようにいっていた。ある知見をもって旅行し、そのおかげでお給料をいただく。基本的には、この考えは九月一一日以降も変わっていないが、この仕事が今も「楽しい」といえるかというと、自信がない。「せずにいられない」仕事、というほうが当たっているだろう。人生で直面した最大のあの事件を自由に探り、書くこと。私としては、どうしてもせずにいられない。

　はじめから、私の報告を先へ先へと進めてきたのは二つの関心事であった。まず、九月一一日に私たちの生活に突然乱入した一九人のハイジャック犯とは誰だったのか、なぜあんなことをしたのか、アラブ・イスラム世界の多くが彼らを消極的ながら支持するのはなぜか、これを納得いくまで知りたいという気持である。もし一つの国民として私たちが、この大きな問題——彼らは誰だったのか――に満足できる解答を出せないならば、第二の九月一一日から身を守るためふさわしい手段もとりようがない。私をかりたてたもう一点は、私たち、つまり私たちアメリカ人とは誰か、よりよく理解し、表現したいという気持である。一つの国家として私たちがどんな態度を示しているのか、私はこの問題をつきとめようとした。アメリカ人が危機をのりきれたのはこうした態度があったからだが、しかし同時に他国の怒りと妬みをかった理由でもあったのだ。

本書は、私自身の個人的な探求の旅からうまれた。二部構成で、第一部は二〇〇一年九月一一日以前に書いた一一本のコラムと、九月一三日から二〇〇二年七月三日までに書いたほぼすべてのコラムを集めた。『ニューヨーク・タイムズ』に掲載された順に、時系列に並べてある*。国外で書いたコラムには滞在地を明記したが、合衆国内の場合は、あえて書いていない。第二部はこの九月一一日を考える旅の中でつけた日記である。コラムニストとして書くのは週に二度だけ、それも七四〇語だけだが、コラムに書き込めないほど多くの材料を集め、多くの刺激的な経験をしている。九月一一日以来、こうした事柄を日記に書いて分析を試みてきた。ここで皆さんにも読んでいただくことにしたのは、コラムを書いていた時点でまわりで起きていたことを少しだけでも伝え、私がどうしてどんなふうに考えて、コラムに書いたような意見に至ったかを知っていただきたいと思ったからだ。コラムが週二回の点だとしたら、日記は点をつなぐ線となろう。

コラムニストであることについて、簡単に一言述べたい。毎週二回、新聞に載る前にコラムに目を通すのは、文法やスペルをチェックする編集部の担当者だけだが、私がどんな意見をもとうがどんな方向に進もうが、何もいわれない。その点では、何も遠慮する必要がない。旅行先も日程も自分で決める。ある問題にコラムニストとしてどんな態度を取るかも、完全に自由である。先にいったように、本当に素晴らしい仕事だ！　一九九五年から外交問題のコラムニストをしているが、私が述べた意見について、書く前にせよ後にせよ、『ニューヨーク・タイムズ』社主と会話をかわしたことは一度もない。アフガスタンやパキスタン、イスラエル、インドネシアへは、誰かに指示されて行ったのではない。「もっと大きな物語」が今どこで起こっているか、答えるべき、また考えるべき問題は何か、という私なりの感覚に基いて、衝動的に訪ねたものだ。何を調べるかは全く私の自由で、予算もほとんど青天井だった。

コラムニストとして、私はいくつかの段階を踏んできた。はじめはグローバル経済にかなり焦点をあて、次にグローバリゼーション全体に、さらにＮＡＴＯ、中東、中国、環境問題へと移っていった。九月一一日の事件が特に私を動かしたのは、かねてから強い関心をもってきた二つのこと、つまりグローバリゼーションと中東問題が結びついているからだ。

読者の皆さんには、私のコラムを読んだら、次の四つのうちどれか（どれでもいい）反応を示してほしいと望んでいる。一つめは、「それは知らなかった」といってくれること。人にものを教えるというのは、なかなか愉快なことである。二つめの反応は、「へえ、そんなふうに考えたことはなかった」といってくれること。誰かに、物事の新しい見方を示すのも、気持がいい。三つめは――コラムニストとして実はこれが一番うれしいのだ――「私が感じていることをずばりいってくれた。こう思ってはいても、どう言葉に表わしたらいいか、わからなかったのだ」と力強くいってくれること。四つめは、「フリードマンも、いってることも嫌い」といわれること。コラムというのは、好んでくれる人と同じように、嫌う人々によって意味が明確になる。私はあえて異論をふっかけ、挑発し、時には読者を怒らせたい、とも思う。といっても、ただ挑発するために挑発する、ということになってはならない。どう感じるかをはっきり語った結果としてそうできればいいと考えている。もし憤慨されるのを怖れていたら、コラムニストなどできるはずがない。本書に収めたコラムがこの四つのどれかにはまるように願う。

このコラム集と日記は、九月一一日についての包括的な歴史あるいは研究であろうとしたものではない。それはコラムニストでなく歴史学者の仕事である。本書が、歴史学者にいくらか素材——ひとりの記者が九月一一日以後の世界を旅したという材料——を提供することになればいい。九月一一日の経験を言葉というレンズを通した「言葉のアルバム」になれば、本望だ。九月一一日を経験するのがどんなことかを自分自身が、子どもが、また孫たちが思い出すため、たくさんのアルバムがまとめられているが、このコラムと日記は、同じ感情を写真でなく言葉で捉え、長く保存しようという試みである。

それでは、アルバムを開くことにしよう。

＊本書では、二〇〇〇年九月一〇日以前の一〇本のコラムを省略した。また、第二部の日記をコラムとコラムの間に適宜挿入し、全体を一部・時系列に再構成した。

グラウンドゼロ

アメリカが初めて体験したこと

PROLOGUE プロローグ

スーパー・ストーリー

「スーパー・ストーリー」という考え方がある。私たちは誰でも、大型のレンズ、大きな枠組をいつももっていて、それを通じて世界を見、出来事を秩序だて、何が重要で何がそうでないかを判断する、という理屈だが、私はまったくその通りだと思っている。九月一一日の事件は、真空状態で起こったのではない。ある新たな国際体系の中で、他の要素と関わりあいながら起こったのだ。このシステムで何もかも説明できるわけではないが、しかし他の何よりも、さまざまな場所でさまざまな時に発生した物事を説明し、結びつけることはできる。この新たな国際体系が、グローバリゼーションと呼ばれるものだ。一九八〇年代後半に現われ、それ以前の国際体系、つまり第二次世界大戦後に支配的だった冷戦のシステムに取って代わった。この新たな体系こそ、私が九月一一日の事件を眺めるレンズであり、「スーパー・ストーリー」なのである。

私の定義では、グローバリゼーションとは、市場、運輸体系、コミュニケーション体系がこれまでになく徹底して統合された状況である。ある意味で、企業、国、個人が前例のないほど遠くまで、より早く、より深く、より安く世界をまわることができるのはこのおかげであるし、世界が企業、国、個人へとこれまでないほど遠くまで、より早く、より深く、より安くたどりつけるのもグローバリゼーションあってこそだ。

このグローバリゼーション・システムは、重要な特徴がいくつか冷戦システムと異なっている。九月一一日の事件を理解するうえで、この相違点は意味深い。前著『レクサスとオリーブの木』で詳しく考察したので、ここでは単にポイントだけ強調したいと思う。

冷戦システムの特徴は、何より重要な一点でいいあらわすことができる。「分裂」だ。世界は分割され、ばらばらにされた場所であり、国家にせよ、企業にせよ、脅威もチャンスも、往々にして「相手」の側からもたらされる。この冷戦システムは、一つの言葉——壁で象徴される。そう、ベルリンの壁だ。

グローバリゼーション・システムは違う。これも最も重要な一点で示せるが、それは「統合」である。世界はますます互いに織りあわされた場所となり、今日では、企業、国家いずれの場合も、脅威とチャンスは、自分が関係しているものからやってくることが多い。このグローバリゼーション・システムも、一つの言葉で特徴づけることができる。網《ウェブ》、ワールド・ワイド・ウェブである。広義で、分裂と壁を軸にうち建てられていた一つの国際システムから、統合とウェブを中心に構築されるシステムへ、私たちは進んできた。冷戦において、私たちが手をのばしたのはホットラインだった。ホットラインは、私たちがそれぞれ分割され、少なくとも二人の人物、つまり合衆国の指導者とソヴィエト連邦の指導者の手に握られていたことの象徴だった。グローバリゼーション・システムでは、それがインターネットに代わる。あらゆる人々が互いに結びついており、実際に誰が管理しているわけではないことの象徴である。

世界中の人々が、この新しいシステムによって、直接、間接の影響を受けている。しかし誰が長い目でみれば大きな利益を得ているわけではない。そのため、広がれば広がるほど、圧倒されたとか画一的になったとか、あるいは時代の要求についていけないとか感じる人たちから、ますます激しい反発を招いてしまう。

冷戦システムとグローバリゼーション・システムのもう一つ重要な違いは、システム内部でいかに権力が構造化されるかという点である。冷戦システムは、おもに国民国家が単位となって構築された。国家を通じて世界に働きかける。冷戦とは、国家が他国に対決し、国家間のバランスをとり、他国と提携するドラマである。冷戦システムは、合衆国とソヴィエト連邦という二大国によって、釣りあいを保っていた。

対照的に、グローバリゼーション・システムは、互いに重なりあい影響しあう三つのバランスの上になりたっている。第一は、国民国家間の伝統的な権力バランス。グローバリゼーション・システムにおいて、いまや合衆国は唯一の支配的超大国であり、他の国家は程度の差こそあれ、いずれも合衆国に従属している。合衆国と他諸国の間、あるいは他諸国間の権力バランスの変化が、このシステムの安定にとって大いに問題となる。新聞の一面に出てくるようなニュースは、中国・ロシアの均衡であれ、イラン・イラクの均衡、インド・パキスタンの対立であれ、多くがこれで説明できる。

第二に重要であるのは、国民国家とグローバル市場の間の権力バランスである。これらのグローバル市場は、クリック一回で世界中にカネを流す数百万もの投資家たちによってなりたっている。「電子化集団《エレクトロニック・ハード》」とでも呼ぼうか。この集団は、主要な国際的金融拠点（ウォール街、香港、ロンドン、フランクフルトなど）、いいかえれば「スーパー市場《マーケット》」に集まる。電子化集団とスーパー市場の構えや動きが、今日国民国家に計り知れないほどの影響を与え、そのあげく政府の崩壊を引きおこすことさえある。一九九八年にインドネシアでスハルトを追放したのは誰か。他のどこかの国ではなく、ほかならぬスーパー市場であった。インドネシア経済に対する支持を撤回し不信感を見せることで、スハルトを失脚させたのだ。スーパー市場を考えに入れなければ、新聞の一面を理解することもできない。合衆国は爆弾を落とすことで命を奪うが、スーパー市場は債券の価値を下落させることで息の根を止める。すなわち、合衆国はグローバリゼーション・ゲームを維持するうえで、最も有力なプレイヤーなのである。しかし、ゲームでコマを動かす手にそれだけが影響するという場合は、めったにない。

注目すべき第三のバランス——これが最も新しく、また九月一一日の事件に最も関係が深い——は、個人と国民国家の間のバランスである。グローバリゼーションによって、人々の動きと視野を制限していた多くの壁が崩落したため、そして世界にネットワークが同時にはりめぐらされたために、個人はかつてなかったほど、市場と国民国家双方に影響する力をもつ。インターネットを利用して、ただ同然で即時に遠くの人々とコミュニケートすることもできれば、ウェブで口座振替したり、普通であれば国家が規制したような武器の設計図を手に入れることもできる。武器ショップで、各国配備された爆弾装置を五〇〇ドルで買い、さらに人工衛星につないでハイジャックされた飛行機に標的を定めることも可能だ——こんなふうにして、グローバリゼーションは、個人の力を信じられないほど莫大なものにかえてくれる。ますます個人は国家の媒介なしに、世界というステージに直接上がるようになるのだ。

今日、超大国やスーパー市場だけでない。「超権力人物」ともいえる面々も登場している。この「超権力人物」の中には他人への怒りに燃えているものもあれば、実に素晴らしい人たちもいる。いずれも、世界の舞台でより直接に強大な影響力を発揮できるようになった。

オサマ・ビンラーディンは、一九九〇年代後半、合衆国に対して宣戦布告した。彼の指揮下でアフリカのアメリカ大使館二箇所が爆破されると、報復として合衆国空軍は、ビンラーディンがまるで国民国家であるかのように、アフガニスタンにあるビンラーディンの基地を巡航ミサイルで攻撃した。考えてみてほしい。一九九八年、合衆国はビンラーディンに対して、一日で七五発もの巡航ミサイルを発射したのだ。合衆国が、一発一〇〇万ドルする巡航ミサイルを、一人の人間相手に、七五発も発射したのである！　これは、超大国と、超権力をもつ怒れる人間との間で起こった史上初の戦いであった。九月一一日はこの戦いの第二幕にすぎない。

一九九七年、ジョディ・ウィリアムズは、国際的機関の設立に尽力し、地雷を非合法化する条約を成立させた業績によって、ノーベル平和賞を受賞した。約一二〇か国の政府がこの条約を支持したが、ロシア、中国、合衆国は反対した。「こんなお仕事がどうやってできたのですか？五大陸の千にのぼるさまざまな市民団体やNGOをどうやって組織し、主要大国に反対されながら条約を形にしていかれたのでしょうか」という質問に、ジョディ・ウィリアムズの答えは簡潔だった。「Eメールで」。彼女はEメールを利用し、世界をネットワークで結んで、自分自身、超権力をもつに至ったのだ。

国民国家、とくに超大国アメリカは今でも非常に重要な役割をはたすが、スーパー市場や超権力人物も、それに劣らず重要である。グローバリゼーション・システムや、朝刊の一面——あるいは九月一一日——を理解するには、それぞれを、この三者間の複雑な相互作用として捉えなければならない。ある国が他国と衝突している、ある国がスーパー市場に痛手を与えている、スーパー市場とある国が超権力人物（その多くは、不幸なことに、超権力をもった怒れる男たちだ）を攻撃している、というように捉えるべきなのだ。

Column 1 壁

2001.9.11 エルサレム

先日、今回の旅行にたつ準備をしていたら、一〇代の娘が、どこに行くの？　と尋ねた。

「イスラエルだよ」

「どうしていかなくちゃいけないの？」娘は心配そうな表情を浮かべた。

ふむ、私は若い頃から何度もイスラエルに行っているが、娘からみれば（娘は、私が『タイムズ』編集長をしていた時分、エルサレムで生まれたのだが）、イスラエルもコソボも同じようなものなのだろう。

　パレスチナ人が自爆テロをし、イスラエルが報復する、というこのサイクルが続いたら、イスラエルとユダヤ人にとってどんなに大きなマイナスとなるだろう。強硬な正統派ユダヤ人や中東マニア（たとえば私のように）は、これからもイスラエルを訪ねるだろうが、ニューヨークで何度団結行進をしたところで、アメリカに住む次世代のユダヤ人が、このユダヤ人国家に対して深い共感をもつことはない。

私がこんなことを話すのは、これが第二次インティファーダとオスロ合意の崩壊が誘発した、たくさんの「小さな仕切り」を示すひとつの象徴だからだ。現在、大きな規模での外交は完全に行きづまっている。イスラエル、PLO、ブッシュ・チーム、アラブ人には、大きな仕切りを作ってユダヤ人国家とパレスチナ人国家に分ける権力もなければ、意思も、手段もないのだ。

実際、政治的にみて、パレスチナ人指導者ヤセル・アラファト、イスラエル首相アリエル・シャロンのどちらにとっても、現状はまあまあ悪くない。今のところ、双方とも各世論調査で好調な結果を得ているから、あえて強硬派に対決して根本的に事態の打開をめざす必要がない。また、ブッシュ大統領にとっても同じことだ。和平交渉が始まらないなら、イスラエルに圧力をかけて和解をのませなくていい。イスラエルに圧力をかければ、アメリカのユダヤ人との衝突は免れないから、ブッシュにしてみればそれは絶対に避けたい。というのも、議会で共和党の勢力を守るために、ユダヤ人の票とカネがどうしても必要なのだ。

しかし、指導者たちが打開策を示せず、現状で問題なしと思っていても、人々の不満はどんどん高まっている。そこでどうなったか。個人的なレベルで、一〇〇万もの小さな仕切りができてしまった。イスラエルの人たちは自分で壁を作り、危険から身を守ろうとする。イスラエル人の同僚は、「みながそれぞれ自己責任で防衛しているのだ」といった。

西岸地区の入植者は、イスラエルの友人とは隔絶した生活を送っている。路上で射殺されるかもしれない、と思うと、怖くて誰か入植地に招くこともできない。イスラエル人の親は、ショッピングモールや映画、ディスコなど、自爆テロリストの標的になりかねないところには、もし子どもが行きたいといっても、許さない。ある母親は、「どの映画館が最も安全かを考えて、そのあとで、何の映画をやっているかチェックすることにしています」という。

エルサレムの北に位置するペサゴットにいくと、ラマラの山並みの絶景を楽しめるはずの家々の前にはスナイパーを防ぐコンクリート塀があり、窓に砂袋が置かれている。南にいけば、エルサレム郊外のギロとアラブの村ベイトジャラの間に、長いコンクリートの壁が続く。ギロが攻撃されるのをくいとめるこの壁は、見方をかえれば町を封じこめてしまう。壁のあちこちにヘブライ語のポスターがはってあって、「新中東」の文字が躍る。イスラエル人が出入りするコーヒーショップには、今では自爆テロを防ぐため、警護がつけられている。

あるイスラエル人ジャーナリストとともに、車でエルサレム南部にあるイスラエル人入植地ハルギロにいったときのこと。分岐点までくると、一方はエルサレムへ、もう一方はアラブの村ヴァッラジェへとのびていた。イスラエルの検問所が設けられている。たまたまアラブの村のほうに行こうとしていた私たちは、イスラエル人兵士にどなられ、呼びもどされた。「リンチされるぞ！」

ヴァッラジェはアラブ人の村で、イスラエルに併合され、東エルサレムの一部となっている。しかし公的にはエルサレムであっても、ユダヤ人はそこに足を踏みいれることはできない。そこには、壁がある。

西岸地区のいたるところに、イスラエル人入植地の壁がそびえたっている。そのおかげで、大きな次元での分割はもはや難しく、一方的な分離すら容易ではない。しかも、アラファト氏の虚言癖もある。とはいえ、パレスチナ人が自爆テロを繰り返し、イスラエル人がそのつど報復していたら、そんな生活はイスラエル人にとって耐えがたいだろう。もちろん、パレスチナ人にとってもそうだ。そこで、壁で家を囲い、あるいは頭の中に壁をめぐらし、なんとか自分を守ろうとする。イスラエル人は壁を建てて家に閉じこもり、パレスチナ人を道から隔てる。逆に、パレスチナ人はダーバンに行って、イスラエル人を世界から締めだそうとする。

ここでは、どこをみても壁ばかりだ。誰から誰を締めだすのか、もう誰にもわからない。

2001.9.13
エルサレム

Column 2

第三次世界大戦開戦

昨日の朝まだき、目覚めた私は寝床で横になったままでいた。テレビのチャンネルはCNNになっていて、エルサレムの聖なる場所で夜が明けようとしていた。耳をそばだてていると、アメリカ運輸省長官ノーマン・ミネタが、九月一一日テロリストによる言語道断の攻撃を受けたため、アメリカの各空港では新たな警戒を敷く、と声明を出していた。厳重に定められた手続きを踏まなければ、これからはチェックインできなくなるという。

私は、ふっと想像した。ここ中東のどこかで、テロリスト集団がコーヒーをすすりながら、同じようにCNNを見て、ヒステリックに笑っている場面を。「おいおい、聞いたか？　ウォール街とペンタゴンを爆破してやったのに、やつらがやることといったら、せいぜい厳重なチェックイン程度だぜ」

ミネタ氏を批判するつもりはない。彼はできることをしているのだ。ブッシュ・チームは犯人グループを特定したら、それなりの厳罰を与えるに違いない。とはいえ、この対策はあきれるほど甘く、いかにもアメリカ的で、「わが国は、これが第三次世界大戦だということをちゃんとわかっているのだろうか？」と疑わずにいられなくなる。この攻撃が第三次世界大戦における真珠湾攻撃だとしたら、これから長い、長い戦争が続くということだ。

この第三次世界大戦は、他の超大国との戦いではない。私たち――世界唯一の超大国であり、西欧というリベラルな自由市場の価値体系を象徴するわが国――は、超権力をもった怒れる人間すべてを相手にして戦っているのだ。彼らの多くは、イスラムと第三世界の落ちこぼれ国家の出身であり、私たちの価値体系を受け入れようとしない。アメリカがイスラエルを支持し、イスラム教徒の生活、政治、子どもたちに影響力を及ぼしていることに憤慨している。アメリカのせいで自分たちは近代化できなかったといって非難する。

しかし彼らが超権力を得たのは、世界にはりめぐらされたネットワーク、インターネット、さらに自分たちが嫌う非常に高度なテクノロジーを、天才的なまでに駆使して私たちを攻撃するからだ。考えてみるがよい。最も進んだ私たちの民間航空機が、精密誘導の巡航ミサイルに変えられてしまった。彼らの狂信とアメリカのテクノロジーを、まるで悪魔のしわざのように融合させたのだ。オンラインのジハード（聖戦）。さらに、テロリストが攻撃したものは何だったか。彼らを誘惑すると同時に拒否するアメリカ主導資本主義、その灯台ともいえる世界貿易センターと、アメリカの優れた軍事力を体現するペンタゴンだ。

パレスチナの自爆テロが狙いを定めるのは、イスラエルのどこだろうか、考えてみるといい。

『ハアレツ』紙のコラムニスト、アリ・シャヴィットはこう述べている。「シナゴーグや入植地、イスラエルの熱狂的信者たちを攻撃することはない。彼らが狙うのは、スバロのピザ店、ネタニヤのショッピングモール、ドルフィナリウム・ディスコ。ユダヤ教教育を行うイスラエルではなく、アメリカナイズされた金持ちのイスラエルを攻撃しているのだ」

このような世界でこうした人間を相手に戦うには、何が必要だろう。まず、往々にしてこうした小さな集団は家族の絆を大切にして、アフガニスタンやパキスタン、レバノンのベカー高原などに住んでおり、私たちアメリカ人が入りこむことはできそうにない。外に見えにくいうえいつも変化し続けるこれらの集団に入りこんで、テロを抑止できるのは、唯一彼らの社会だけだ。彼らにしてもいささかのブレもなく抑止するのは至難の技だ。ＣＩＡに何から何まで押しつけるのはやめておこう。

イスラエル人の役人ならば、こういうだろう。イスラエルが本当に平穏で、自爆テロリストと急進的パレスチナグループ（ハマスやイスラム聖戦など）をちゃんと制圧していたのは、ヤセル・アラファト以下パレスチナ政府が彼らを追跡し、投獄し、あるいは説得したときだけだ、と。

そこで問題は、こういうことになる。テロリスト集団をかくまう社会と、テロリストとを敵対させるにはどうすればいいか。

まず、私たちは真剣であって、政策のみならず存在がテロリストの多くに嫌われていることを理解している、とわからせなければならない。ブッシュ大統領がオサマ・ビンラーディンからの

二、三本の携帯電話に脅され、ＦＢＩをイエメンから、米兵隊をヨルダンから、米第五艦隊をペルシャ湾の基地から引きあげたことについて、私がコラムを書いたのは、六月のことだ。実はあらゆる地域で同様に撤退したのだが、アメリカの大手新聞ではどこも大きく取り上げなかった。テロリストは勢いづいたに違いない。私たちは、米軍兵士をこうした脅威にさらすようなことをしたくなかったのだ。

九月一一日の爆撃を計画した連中は、世界レベルの悪に、世界レベルの天才的壊し屋を結びつけた。思い切って、これまでと違う形で、辛抱強く彼らと戦うべく――第三次世界大戦マンハッタン計画だ――今すぐにも力を入れて取りくまなければ、きっと厄介な事態にはまってしまう。今回の戦いは第三次世界大戦の幕をあける最初の大規模戦闘といえるだろうが、核兵器を用いない戦闘としてはこれが最後かもしれないからだ。

第二に、中東の同盟諸国がこれまで数年にわたり表裏を使い分けるのをアメリカは放ってきたが、これも改めるべきだ。シリアのような国は、決断しなければならない。ダマスカスにヒズボラの基地を置きたいのか、それともアメリカ大使館を望むのか。もしアメリカ大使館を置きたいと望むならば、テロリスト・グループの受け入れはやめてもらう。

それならば、合衆国はパレスチナ問題とイスラム教徒の経済的困窮を無視すべきか、というと、そうではない。この地域の多くの人たちはアメリカの援助を渇望しているし、私たちが彼らの希望の光であることを忘れるわけにはいかない。しかしパレスチナについては、合衆国が（二〇〇〇年七月）キャンプ・デーヴィッドで提案した計画が通っていれば、ヤセル・アラファトは現在戦いの目標としているものを大部分手に入れていたはずだ。合衆国案はパレスチナ人にとって十分でないかもしれないが、これに対する正当な反応が自爆テロである、というのは、どうみてもまともではない。

第三に、私たちは、イスラム世界の多くが遅れをとった原因について、イスラム諸国の政治指導者たちと、礼をわきまえつつ真剣に話しあう必要がある。事実、サハラ砂漠以南のアフリカも含め、世界中のどの地域と比べても、自由に選出された政府はアラブ・イスラム世界のほうが数は少ない——アラブ・イスラム世界では、ゼロなのだから。どうしてか？　エジプトは一九六七年戦争後、自己批判の時代を経て、以前よりも強大な国家となった。今日のアラブ諸国の指導者には、どうしてこうした自己批判ができないのだろうか。

イスラエルに抵抗せよ、しかし自分の命を捨てるな、罪のない非戦闘員を殺してはならない、と若者に命じるイスラム指導者が、どこにいるだろう。いかに悪事をなしたとしても、生命は神聖なものだ。イスラム教はヨーロッパでユダヤ人が虐殺された最中に、その種のホロコーストは決して行わなかった大宗教である。自爆テロのガイドブック呼ばわりするのは正しくない。イスラム教徒の指導者がひとりもそんなことをいわないのは、どうしてなのか。

こうしたことを、私たちは第三次世界大戦を戦うにあたって、考えるべきである。敵は頭脳明晰かつ強い動機があり、長い戦争になるだろう。テロリストが航空機をハイジャックし、各ビルの最も無防備な点に直接突っこむとは、度肝を抜かれるようなテクニックだ、とイスラエルの軍当局者にいったところ、鼻で笑われてしまった。

「いったん飛びたってしまえば、航空機の操縦なんてそんなに難しくありませんよ。それに、着陸できなくていいわけですし」

確かに、着陸の仕方は知らなかっただろう。ビルを壊す、それだけでいい。けれども私たちは、自分たちが守ろうとしている開かれた社会を壊すことなく、効果的なやり方で戦わなければならない。猛然と戦い、しかも安全に着地することが求められる。規則がないかのように、テロリスト集団と戦い、テロリストなどいないかのように、私たちの社会を守らなくては。これは簡単なことではない。最高レベルの戦略を練りあげ、建設的な辣腕外交官が取りくみ、最も勇敢な兵士たちに登場してもらう必要があるだろう。

Column 3

喫煙コーナーでいいのか

2001.9.14
エルサレム

大規模なテロリスト集団による今回のアメリカ攻撃が、第三次世界大戦に匹敵するといえるならば、長期的にみて、地政学的な成りゆきにいかなる影響を及ぼすか、そろそろ考え始めても早すぎることはあるまい。第一次世界大戦・第二次世界大戦が新たな秩序と分裂を生み出したように、この戦争もおそらく同様の結果をもたらすだろう。では、どのように?

イスラエル外相シモン・ペレスが提示する可能性は、こうだ。数十年前、喫煙が癌を引きおこすことが発見され、それからまもなく、喫煙コーナーと禁煙コーナーを分けよ、と人々が要求するようになった。ペレス氏はこう述べる。「テロリズムは現代の癌のようなものだ。ここ一〇年、多くの国はそれを否定したがり、あるいは言い訳をつけて、テロリストをまともに相手にしてきた。ところがニューヨークとワシントンが攻撃された今となっては、誰の目にも明らかだ。これは癌であり、私たちすべてに対する危険なのだ、と。あらゆる国は、喫煙国家になりたいのか禁煙国家になるのか、つまり、テロリズムを支持する国家になりたいのか、しない国家になりたいのかを、今決断しなければならない」

ペレス氏にはわかっている――喫煙か禁煙かの区分は現われつつある――が、これがどのように区分されていくか、私たち合衆国はどの国を喫煙世界・禁煙世界に分けるか、じっくり慎重に考えなければならない。

ペレス氏自身が述べるように、これは文明の衝突ではない。イスラム世界と、キリスト教、ヒンドゥー教、仏教、ユダヤ教世界の対立ではない。今日、実際に起こっているのは文明対文明でなく、文明内の衝突である。つまりイスラム教徒、キリスト教徒、ヒンドゥー教徒、仏教徒、ユダヤ教徒の中で現代的・進歩的な視野をもつ人たちと、中世的視野をもつ人たちが衝突しているのだ。ただ線を引いてイスラム世界を除外するだけでは、大きな間違いである。多くのイスラム教徒は落ちこぼれ国家に閉じこめられていると感じ、アメリカに手本と示唆を求めている。これを理解しなければ、的外れになってしまう。

「南北戦争終結後、リンカーン大統領は南部について『彼らも同じ神に祈りを捧げているのだ。それを忘れてはならない』といいました。同じことは、大変多くのイスラム教徒にもあてはまります。イスラム教徒のうち、憎悪の神にのみ祈るような輩とは戦わなければなりませんが、イスラム世界全体と戦争をしたいわけではないのです。私たちと同じ神に祈るイスラム教徒が何百万もいるのですから」と語るのは、中東情勢評論家スティーヴン・P・コーエン。

今週合衆国を攻撃したテロリストは、憎悪の神に祈る人たちである。合衆国の政策をどれか逆転しようとするわけではない。実際、何の要求もしない。ひたすら憎悪と虚無主義に駈りたてられ、市場から軍隊まで、アメリカ的生活様式を支える制度を破壊しようとしているのだ。

彼らテロリストは捜し出して根絶しなければならない。しかし、それで私たちがオサマ・ビンラーディンのリクルーターにならないように。イスラムのテロリストたちはアメリカ人を殺せば満足するわけではないからだ。

アメリカ人を消すことだけがテロリストの使命ではない。彼らは戦略的に考える。合衆国を大々的な報復合戦に巻きこんでしまおう。そうすれば、自分たちも他のイスラム教徒と同じことになる。こう思っているのだ。彼らにとっては、これが究極の勝利になるだろう。実際、世界を文明の衝突として捉えており、イスラム教徒に、「皆同じような見方をして自分たちの聖戦に参加してほしい」、と望んでいるのだから。

アメリカ人は、煙草業界の内部告発者が公的な場で、自分の業界や上司を癌の行商人として告発して初めて、大手煙草メーカーを負かすことができた。

同様に、彼ら虚無主義的テロリストたちを打ち破るには、爆弾を落すだけではだめだ。必要だが、しかし十分ではない。彼らの後に次の世代が成長してくるからだ。テロリストを本当の意味で抑止し、非合法化できるのは、イスラムの宗教社会しかない。オサマ・ビンラーディンが目指す先はイスラム教とイスラム社会の破壊であり侮辱である——このことをイスラム世界の大多数が理解したとき、これは現実になるだろう。

事実、イスラム世界では、現代的視野をもつ人たちと中世的な見方をする人たちの間の内戦が、数年間続いてきた。とくにエジプト、アルジェリア、サウジアラビア、ヨルダン、パキスタンではそうだ。この内戦を戦っている、善いほうの面々の力を強化しなければならない。それにはアメリカの軍事戦略と同じく、きわめて精密で寛大な社会・政治・経済的戦略が必要だ。

アメリカ市民への今回の攻撃に対して猛然と報復をしないならば、さらに残忍な攻撃を仕掛けてくるだろうし、テロリストとの終わりのない戦争を招くことになる。だからといって、憎悪の神に祈る輩と私たちと同じ神に祈る人たちを区別せず、一まとめに報復しては、文明間の果てない戦争を引きおこし、その結果、私たちは全員喫煙コーナーに押しこめられてしまうだろう。

2001.9.18
アンマン（ヨルダン）

Column 4

「すごい恐ろしい」こと

世界貿易センターが攻撃されたとき、私は妙なめぐり合わせでヨルダンにいた。アラブ・イスラム世界各地（クウェート、カイロ、レバノン、トルコ）に住む友人が、この事件に狼狽し、家族の安否を心配している、といって寄越してきたEメールの数には驚かされた。皆それぞれに繰り返すのは、ヨルダンのある大臣が、正しくはないがぴったりの英語で私に語ったせりふと同じだった。このテロリストの攻撃は「すごい恐ろしい」ことだ、と。

中東の友人たちのメールがここでの世論を反映している、といいたいのではない。事実、反映してはいない。人気のアラブ系のウェブサイトやチャットルームをいくつかのぞいてみれば、アラブ世界での世論が真っ二つに――つまり、爆撃に愕然とした人たちと、賞賛する人たちに――分かれていることがわかる。コンピューターに詳しいアラブ人にいわせると、最も粗っぽいEメールを送信してくるのは、ハイジャック犯十数名の出身地、サウジアラビアとペルシャ湾岸在住のイスラム主義者だという。

私が友人からのEメールの話をしたのは、この地域でもやはりまだアメリカを賞賛する人たちは多い、といいたかったのだ。中東の人たちは皆アメリカに怒っているとはいえ、多くがその価値を認め、妬み、子どもをアメリカに行かせたがる。

彼らが妬むのは、アメリカ人がアメリカ政府に所有意識をもち、単純素朴な楽観主義者であり、個人の自由を賛美するからである。また、過去によって未来が潰されることはない、というアメリカ人の変わらぬ信念も、嫉妬の対象になる。先週、恐ろしいわずかな瞬間に、ここイスラム圏の人たちは、アメリカがなくなったら世界はどんなふうになってしまうのかを垣間見た。そして、そんな世界はよくない、と思った人は多いのだ。アメリカは彼らにとって外部のものではない。めったにはっきりした形に表れないものの、皆アメリカのかけらをいつも持ち歩いているのだ。

このことがどうして重要なのか？　この戦争を戦うには、穏健派のアラブ諸国の助けが必要である。そして現在、これらアラブ指導者たちは、たいてい進んで私たちに協力しようとしている。アラブの一般大衆がかなり私たちの方に傾いてきたためだが、しかし穏健派のアラブ指導者たちは、合衆国が外科医のような態度で慎重に対応することを望んでいる。アメリカに甚大な被害があった後でも、イスラム圏の世論は決して親アメリカで固まっていないとわかっているからだ。

日曜日、私はヨルダンのアブドッラー国王にインタビューした。アメリカの本当の友人に数えられるアブドッラー王からは、賢明なメッセージを三つ聞くことができた。まず一つめ。自分が何者であるか忘れなければ、誰が自分の友人であるか忘れなければ、そして私たちがともに力を合わせれば、戦いに勝つことができるだろう、ということだ。「テロリストたちは、合衆国という構造を崩壊させようとしています。アメリカに代表されるものをうち砕きたい、合衆国内のアラブ人、イスラム教徒に対する攻撃を挑発したいと思っているのです。もしアメリカのコミュニティどうしが攻撃しあえば、もしアメリカがばらばらになるとすれば、それはすなわちアメリカが象徴する特別なものが破壊された、といえるからです。そしてそれこそ、テロリストたちが望むことです。当地のアメリカの友人たちに、彼らはこういうでしょう。『ほらみろ、全部思いこみだったのさ』」

さらにアブドッラー王は続けた。「ですから、対応する際には何より慎重にならなければなりません。必ず本当の加害者を罰し、復讐でなく正義をもたらすように。そうでなければ、アメリカ自らの理想に反することになってしまいます。まさにテロリストの思うつぼです」

同時に、アメリカの戦略は、単に悪い連中を罰しようとするだけでよしとはいえない。善い連中を助けようとすることが必要だ。ヨルダンはまともな政府をもつ国家であり、ソフトウェア、テクノロジー、繊維産業の発展に力を入れて合衆国投資家を引きつけるという自由市場政策のおかげで、インティファーダにもかかわらず、経済は昨年三・九パーセント成長した。これは決して楽なことではない。(ヨルダンは合衆国と自由貿易協定に署名した初めてのアラブ国家であるが、上院が愚かしくも反対して、批准はできないでいる。)一言でいえば、ヨルダンは、善いアラブ国家が物事を正しく行うモデルとなりつつある。このモデルがうまくいき、隣国に好影響を与えることは、私たちにとって大切である。非合法的政権下で衰え、停滞し、弱体化した国ではテロリストがはびこる。上昇気流にのった国では、そうならない。

　こうしたことから、アブドッラー王の指摘した第三のポイントが浮上する。「悪い人間たちは一緒に行動しますが、私たちは違います。テロリスト・グループは地球的組織です。協力の仕方をよくわかっていて、自分たちの軍事目的にいつまでも固執しています。けれども私たちは違います。中には、情報を共有することを好まない人もいました。『イスラムのテロリズムは、私には関係がない』といって、他の方向に視線をそらしてしまうのです。私たちはテロリストを破ることはできますが、それは私たちが彼らと同じくらい効果的に、地球的規模で協力できるようになればの話です」

Column 5

2001.9.21

鎮圧された町、ハマを訪れて

一九八二年二月、ハーフェズ・アル・アサド大統領率いるシリア政府は、政権転覆を狙うイスラム主義過激派による最大の脅威に直面した。宗教政権でないシリア政府はこれにどう対応しただろうか? アサド大統領は、この反乱がシリア第四の町、ハマから起こったことをつきとめ、ハマを鎮圧して近隣の原理主義者たちを数日間砲撃した。銃声がやむと、瓦礫を掘り返してブルドーザーで土地をならし、巨大な駐車場にしてしまった。アムネスティ・インターナショナルの計算によると、一万から二万五千ものシリア人(大半が民間人)がこの非情な弾圧によって亡くなった。それ以来、シリアでは、イスラム教徒過激派による問題が起こっていない。

私は、制圧されて二、三か月後のハマに行ってみた。シリア政権は、国民がハマを実際に見にいき、ハマの静寂を思い、その意味をじっくり考えてほしい、と希望している。私はその後でこう書いた。「町全体は、まるでトルネードが一週間行きつ戻りつして襲い続けたかにみえた——が、これは自然のしわざではなかった」

これが「ハマ・ルール」、中東政治の実際のルールであった。しかし、ハマ・ルールは断じて「ルール」ではない。アメリカもこういうアプローチをとるべきだ、といいたいがためにハマ制圧の話をした、と誤解してほしくない。私たちは町を倒壊させてばかりはいられない。もっと焦点を合わせ、手際よい方法でテロリストを根絶する必要がある。

ハマの話をしたのは、シリア、エジプト、アルジェリア、チュニジア各国がみなイスラム主義者の脅威に直面しており、情容赦なく鎮圧してきたことを、理解すべきだからだ。事実、アメリカが現在抱えている問題の一部は、こうした鎮圧による結果である。三つの事柄が起こった。

第一に、アラブ諸国によって粉砕されると、原理主義者たちは、統制されていない最後の荒れ地――レバノンのベカー高原とアフガニスタン――に、さらにアメリカ、ヨーロッパという自由に逃げこんでいった。

第二に、アラブ政権は、そのほとんどが自国民を恐れる堕落した独裁政府であって、中には原理主義者たちと悪魔の契約をしたところもある。イスラム主義過激派が政権を攻撃しないという条件で、国内のイスラム主義支持者が、表向きイスラム教徒の福祉のためにカネを集め、オサマ・ビンラーディンに流しこむのを放置していた。とくにサウジアラビアはこうした取引をしていた。

第三に、イスラム主義者弾圧に対して守りに入ったこれらのアラブ政権が、自国民からの批判をそらす一つの手段として、マスコミや知識人たちに、アメリカおよびイスラエルを自由に攻撃させてきた。

結果として、イスラム・アラブでは、アメリカに対してひどく歪んだ見方をする世代が育ってしまった。アメリカはエジプトに年二〇億ドル援助し、クウェート、ボスニア、コソボに住むイスラム教徒の自由のために戦い、またビル・クリントンが他国の指導者の中で誰よりもヤセル・アラファトと頻繁に会談したにもかかわらず、アメリカがイスラム最大の敵と指さされている。今日のアラブ・イスラム世界で多くの人たちが対米攻撃を賞賛したり、これはすべてイスラム世界を紛糾させるCIA−モサドの陰謀だと直接アメリカ人にいったりするのは、こういう理由もあるのだ。

私たちは、パートナーとして穏健派アラブ国家を必要としている。しかし、必要なのは彼らの情報だけではない。彼らには情報と知力をもってもらう必要がある。アメリカやイスラエルについていいことを報道するようにマスコミに命じてほしい、と期待するわけではない。彼らは両面の見解をもつ権利があるのだし、両者とも時々批判を受けて当然だ。とはいえ、アメリカに対してもう一つの肯定的な見解を首尾一貫して示すような真似は何であれ、彼らが必ず抑えつけてきた。子どもにはアメリカの教育を受けさせているとしても。アメリカに肯定的なことをいえば、即刻CIAのスパイ呼ばわりされるだろう。

アラブ諸国はイスラム主義者テロリストを弾圧してきたとはいえ、思想的対決は避け、テロ行為をイスラム教に反すると非正当化することもなかった。アラブ系やイスラム教徒のアメリカ人はこの問題に含まれないが、アラブ世界での論争に加わり、もうひとつのアメリカ像を示すことで、問題解決に重要な役割を果たせるだろう。

現在、アラブ・イスラム世界におけるアメリカの評価はかなり低い。私たちが自分のことをきちんと話してこなかったからでもあるし、これまでとってきた政策のせいでもある。また見当外れでほとんど合法的といえないようなアラブの指導者たちが、国内の政府批判をそらして、故意に私たちに罪をかぶせてきたからでもある。その結果がこうだ。私たちが今戦わなければならない相手は、頭のおかしい邪悪なテロリストだが、しかしこちらで思う以上に、彼らは自国の人々の感情を反映しているのである。全く遺憾なことだけれど。

2001.9.25

Column 6

ベイルートでジョークを

一九八〇年代はじめ（自爆テロが誕生した時代だ）ベイルートに住んでいた頃、レバノン人のディアラという友人がいたが、彼女はよくこんな冗談をいったものだ。「飛行機で旅行するときはいつでも、バッグに爆弾を入れているの。同じ飛行機内で二人の人間が爆弾を持っている可能性のほうがずっと少ないからね」

ディアラの冗談は、自爆テロや爆発する車が日常的な騒音と化してしまったレバノンの町で生き抜くため、人々が考えた心理ゲームの一つである。当時、自分で気に入っていたのは、ディナーパーティの席上、私たちを招いてくれたベイルート人女性が口にした、いかにもさりげない一言だった。「今お食事になさいます？　それとも、停戦をお待ちになりますか？」

アメリカで、私も隣人たちも、こんな心理ゲームをしなければならなくなるとはまさか思わなかった。アメリカ人がどうして怖がっているのか、私には間違いなく理解できる。娘の中学校で先週開かれた父母会で、二週間後に予定されていた八年生のニューヨーク旅行を延期することについて、皆が賛成した理由もわかる。私たちが経験したばかりのこのテロ行為が、ベイルートで起こったテロよりも、はるかに恐ろしいことも。

それはどうしてか？　こうした攻撃を受けた後では、何かを信じるということがなかなか難しいのだ。なぜならば、信頼とはある種の道徳、いいかえれば、「これこれの行為は人間の行動あるいは想像力の範囲外である」という意識を相手と共有すると思えることが基盤となるからだ。一九人の人間が四機の民間機を乗っ取り、うち三機を、何の罪もない数千もの人たちがいる高層ビルに突っ込ませるというようなことは、私の想像の範囲外だった。世界貿易センターで役に立たなかったのは、アメリカ諜報機関ではない。私たちの想像力だ。

これらテロリストについてわかっているのは、邪悪で、教育があり、自殺志向があった、ということだ。こんな性質が結びついた人間の集団など、私はこれまで見たことがない。邪悪で教育のある人たちが自殺に走りやすいとは思えない（むしろ他人を自殺に追い込むものだ）し、邪悪で自殺傾向のある人はというと、教育を受けていないことが多い。

こんな衝撃的な形で想像力の欠如がわかってしまった以上、私たちはとかく想像力の幅をぐっと押し広げがちになる。そのためあらゆる場所での脅威がみえてしまい、身動きがとれなくなるとしても無理からぬことだ。しかし、そうなってはいけない。先週の金曜日の夜、家族を連れてボルティモア・オリオールズの試合を観にいったのだが、駐車場に車を入れたとき、「警戒に協力を」という紙片を渡された。野球場に持ち込み禁止となったものの新たなリストである。空港で飛行機に乗るときならば、闇の中で発光するまでエックス線をかけてもらってけっこうだが、野球の試合やコンサートでも、将来必ず同じチェックを受けるようになるのはごめんだ。

いや、もちろん、こうした脅威を単純に考えているわけではない。それでも私は、ここで問題となっているテロリストの数は比較的少なく、狂気じみた一、二の国程度で、そのうち戦って封じこめることができるのではないか、と願っている。

ベイルートの人たちは正しかった。現代世界において、完璧な安全などというものはない。合理的なあらゆる警戒措置をとるべきである。ところが警戒措置をとったならば、今度は基本的なことを決断しなければならない。家にこもりずっと地下室に隠れているか、あるいはディアラのようにとにかく必要な心理ゲームをするか、それとも何もしないでこれまでどおりの生活を続けるか?

この話題で私が師と仰ぐのは、先頃亡くなった友人ジョージ・ビーヴァーである。彼は八〇代でレバノン内戦の最中、ほとんど毎日ベイルートでゴルフをしていたという、とんでもない英国人だ。(何日かは、私も一緒に回ったことを白状しよう。)「こんな状況でゴルフをしようなんて、気違いざたじゃないですか」というと、いつも最高の一言が返ってきた。「確かに。しかしね、もしゴルフをしなかったら、もっと頭が変になるだろうよ」

実際に私たちを牢屋に監禁するのは不可能だから、テロリストたちは、私たちが自分から牢屋に閉じこもればいいと望んでいる。あいにくだが、そうはいかない。九月一一日に愛する人を喪った人々のことを思うと、胸がはりさけそうになる。しかし、それで気持まで挫けてはなるまいと思う。

金曜日の夜に野球を観戦し、土曜日にケネディ・センターでドボルザークの『新世界』を聴き、日曜日の朝は娘たちを連れてワシントンで朝食をとり、それから私は飛行機でミシガン大学に戻った。昨日は昨日でまた買い物に出かけた。やれやれ。本当に、素晴らしい国ではないか。

さて、アフガニスタンの洞窟の中で、昨日オサマ・ビンラーディンはどんな一日をすごしただろうか。

2001.9.28

Column 7

話すのは後で

世界貿易センターが攻撃された翌日、エジプトのテレビ番組が電話を寄越し、アメリカ人に及ぼす影響について説明を求められた。私は頭をひねって似たような例を探し、こう答えた。ピラミッドの中に数千もの人たちがいるとして、三人の自爆テロリストがそのピラミッドに航空機を突っ込ませたとしたら、エジプト人はどう感じるか、想像してほしい。世界貿易センターは、私たちのピラミッドである。石でなくガラスと鋼鉄で出来ているが、アメリカの企業と自由市場にとって、紛れもないピラミッドだ。それが誰かに壊されてしまった。

これがアメリカ人に何を意味しているか、世界が確かに十分理解しているとは思えない。私たちはコソボのために戦っているのではない。ボスニア、ソマリア、クウェートのためでもない。いいいいいいいい、自分たちの国のためだ。アメリカ人は自分の国のために戦い、自分の国のために死ぬのである。

問題は、この戦争をいかに戦い、アメリカ人が欲するもの、すなわち復讐でなく正義と安全を手に入れるかということだ。戦いに対して新しい態度が求められるし、戦場でも新しい戦略が必要になる。

その態度とは？　注意を集中させ、本当に真剣になること。そしてほんの少しだけ正気を失うこと。罪のないアフガン人など、人々を無差別に殺すべきだというつもりはない。テロリストとその支持者たちは知っておくがよい。ここから先、私たちアメリカ人は自分たちの生活様式を守るために必要なことを何でもする、と。ここから先、目がさめている間一瞬たりとも気が抜けないのは、悪い連中のほうだ。今日、敵が怯えれば怯えるほど、私たちが明日戦う相手は少なくなる。

新しい戦略について。もしも第一の優先事項が、アフガニスタンのオサマ・ビンラーディン・ネットワークを破壊することならば、地元産のネットワークを潰すには地元産のネットワークが必要であることを理解するべきだ。別のいい方をしてみよう。オサマ・ビンラーディンがアフガニスタンでなくコロンビアのジャングルに隠れているとすれば、探すために誰に応援を求めるだろうか。米軍特別部隊？　コロンビア軍？　そうは思わない。

実際には、麻薬のカルテルに協力をとりつけるだろう。彼らは、私たちに必要なものを三つ持ちあわせている。まず、秘密のネットワークとしての操作のノウハウがあり、ライバルのネットワークを捜し出す方法を知っている。買収に乗るし、他人を買収するのもお手のものだ。さらに、私たちが「生死にかかわらず」捜し出したい、というとき、それは「死死にかかわらず」の意味だということがわかっている。

コロンビアの麻薬密売組織であるカリ・カルテルは、アフガニスタンでは機能しないが、ロシア人マフィアは間違いなく活動しているし、さまざまなアフガンの党派や麻薬団、パキスタンのスパイなどもそうだ。皆地元のネットワークをもっている。テロリズムに対するこの戦争では、このネットワークを通じてアフガンが戦いの舞台になるだろう。『フォーリン・ポリシー』（外交政策）誌の編集者モイセス・ナイムはこういった。「今週聞いた中で一番のニュースは、ウラジーミル・プーチンが提携への参加を真剣に検討している、ということだ。このタイプは今、本当に力になる」

その通りだ。想像だが、ロシア大統領でかつてKGBスパイの親玉だったプーチン氏はロシア人マフィアの電話番号を知っていて、そのマフィアはアフガン・カルテルの人間を知っていて、その人間の知り合いの知り合いがビンラーディン氏の隠れ家を知っている、という気がする。こんな具合にこの戦争は展開していく。地上では戦車や司令官、地下ネットワークではスパイと殺し屋と戦うのだ。

この種の戦争では、ブッシュ大統領と顧問たちはあまり話をしないほうが自分のためだ。既に矛盾したことをいいだしては、混乱に陥っている。テロリストを手本にすればよい。「行動に語らせよ」。そのほうが、はるかに敵は平静を失う。

何事であれ、時期というものがある。話すべき時期は後になれば来る。また、テロリズムを支援してきた諸国家との関係に取りくむ時期も来るだろうし、アラブ・イスラエルの平和や経済発展を促進する時期も来るだろう。しかし今は——今は、私たちの国を破壊しようとする人間を徹底的にあぶりだす時期だ。戦争だけでは問題解決にならないかもしれない。とはいえ、社会事業をしたところで、やはり解決しないのだ。焦点を絞った、地下での戦争は、今まで現われていないことをある程度抑止する効果もある。九月一一日以降、反米テロリストをかくまうことは自殺行為である、とあらゆる国が知らねばならない。

しかしそれには、私たちがこのことに注意を向け、真剣であること、自分たちがいい思いをするためでなくテロリストに痛い思いをさせるため、どんな戦術でも用いるつもりであることを、わかってもらわなければ。レバノンの民兵指導者バシール・ジュマイエルはかつて中東についてこう述べた。暗殺される前のことだ。「ここはノルウェーではない。デンマークでもないのだ」

Column 8 2001.10.2 父母会のすすめ

先日の夜、娘ナタリーが通うイースタン・ミドルスクール（メリーランド州シルバースプリング）で父母会があったので、出席した。まず校長先生が口火を切って、ワシントン郊外の公立学校であるイースタンでは、生徒の国籍は全部で四〇に上ります、と述べた。先生紹介の前に、黒人、スペイン系、アジア系、白人の子どもからなる学校の聖歌隊・オーケストラがリードをとって、全員で「ゴッド・ブレス・アメリカ」を歌った。子どもたちが一緒に歌う姿、オーケストラが時に外しながらも一生懸命国歌を演奏する様子には、心揺さぶられ、また大いに慰められた。この場に居合わせて、ふっと思った。アメリカを攻撃したイスラム主義テロリストたちは、アメリカのことをまったくわかっていない、と。

テロリストは、判で押したように、アメリカには富と権力があるが「倫理的価値観がない」と繰り返す。アメリカ人の富と権力はアメリカの魂に何の関係もない、アメリカは基本的に神なき国家であって、事実、神の敵だ、というのだ。もし神の敵であれば、死んで当然である。テロリストたちは、富と権力とは倫理的価値観を捨てて初めて手に入ると思っている。サウジアラビアのような国を見て、富裕な権力者たちの多くが、信仰と切り離された生活をしていることを知ったからだ。

いうまでもなく、こうしたイメージは、アメリカの権力と富が、深い精神的源——個を尊ぶ精神、異なる信仰や政治活動に寛容である精神、創造性すべてに必要な基盤としての思想の自由に対する敬意、あらゆる種類の差異を包含する統一の精神——から、直接発していることを見逃している。深い精神的エネルギーをもち、移民を受けいれて自由を崇拝する社会のみが、たえず再生し、権力と富の源を枯らすことなく補給し続けられるのだ。

そういうわけで、テロリストたちにボーイング機はハイジャックできても、彼らが求める画一的で精神のない社会で製造まではできない。アメリカが生みだしたインターネットを搾取できても、唯一の神、唯一の真実、唯一の方向、唯一の指導者、などという息の詰まりそうな世界では、それを自らの手で生みだすことはできまい。

確かに、わが国は完璧な国家とはいえない。これまで何度となく、アメリカ的精神から逸脱したり、アメリカ的精神を自分の都合で利用してきたりした。とはいえ、わが国が今もなお強大で再生し続けているのは、私たちがさまざまなコミュニティの中で、この精神に何度も立ち戻るからに他ならない。

どうしてそのことを伝えられないのだろうか。私たちにも責任がある。ブッシュ大統領は選挙運動中、ワシントンの名誉を傷つけるようなことをいい、財政黒字について「これは国民のカネであって政府のカネではない」と自分勝手なたわ言を繰り返していた。この危機からなんとか脱出するための財政黒字はいわずもがな、ワシントンＤＣにＦＥＭＡ（連邦緊急事態管理庁）、ＦＡＡ（連邦航空局）、ＦＢＩ、軍隊といった強力な機関をもっていることは、幸運としかいいようがない。

こうした話をしないのは、私たちと同盟関係にある中東の専制君主国家を困惑させないためでもある。しかし、「アメリカは精神的価値観なしに、富と権力を手に入れた国だ」とする否定的な見方はまた、中東の政府や諸集団によって意図的に仕込まれている。自国民によりよい暮らしをさせられないことを、彼らはこう言葉巧みにいい逃れるのだ。「アメリカ人が権力をもっているのは、われわれや他の国民から奪い取ったからでしかない。アメリカ社会に、精神的あるいは人道的なものがもともと備わっているというわけではないのだ」

世界貿易センタービルの瓦礫の山で、（人は皆、神の姿に似せて作られたことをある程度信じているから）遺体を残らず見つけだすまで掘りつづける社会。二週間で被害者に六億ドルの寄付が集まる社会。これが神のない、精神のない社会だというのだろうか。もう一度考えてほしい。

テロリストたちはアメリカを誤解している。私たちの強さが世界貿易センターとペンタゴン――富と権力を象徴する二本柱――だけにあると考え、この二つを倒しさえすればへたりこむだろう、と思っているのだ。そう、テロリストと同じく、唯一の真実、唯一の権力拠点しかもたないかのように。

　実際には、イースタン・ミドルスクールの父母会会場となった少々がたぴしの体育館や、全米各地の数千ものこうした学校にこそ、私たちの強さがある。かつてツインタワーを建て、これからも私たちが望めばいつでもまた建て直せる精神を見出せるのは、ここだ。

　だから、こうした辛い時代にあって、この国がどれだけ強いか、私たちが何を守るため戦っているのかを確かめて安心したければ、父母会への出席をお勧めする。何もかもがここにある。簡素な中に、アメリカ的精神の強さが潜んでいる。

Column 9

2001.10.5

それはそうだ、しかし…

外国のマスコミ報道から判断すると、テロリストによるアメリカ攻撃に対して世界各国が示した最も一般的な反応は、非難一色ではなく、むしろ「それはそうだ、しかし…」あたりのようだ。そう、確かに酷い、しかしアメリカも攻撃されて仕方ないところがあった、あるいはその背後にある怒りの一因はアメリカにあるのではないか、というわけだ。

海外では、あるいは大学での討論集会では、テロリストの動機についていともあっさり断言する人々もいるが、これには驚くしかない。おわかりだろうか。テロリストは説明を残さなかった。行動こそが、説明だからだ。「我々はアメリカを破壊したいと思っている。その手始めが、軍事拠点と金融拠点だ」。これに、どこか理解できない点があろうか？

オサマ・ビンラーディンが「イスラエルには、一九六七年以前の境界線に戻って、今より小さくなってほしいだけだ」あるいは、「アメリカに不満はない。ただイスラム世界において、アメリカはもっと文化的にも軍事的にも目立たない態度をとるべきだ」などというのを、見たことがあるだろうか。テロリストは、私たちとの新たな共存を求めているわけではない。私たちの存在を消そうとしているのだ。

　こうしたことが、「それはそうだ、しかし…」タイプの大衆に浸透しているようには思えない。最も顕著な「それはそうだ、しかし…」はこうだ――アメリカがこれほどイスラエルを支援していなければ、今回のテロは起こらなかっただろう。これに対して、私も同じ言葉で答えよう。「それはそうだ、しかし…しかし…」

　そう、それは間違いない。アメリカがイスラエルを――ガザ地区の中心に、あこぎで挑発的な入植地を建設するときでさえ――支持したから、イスラム教徒たちが当然のごとく怒ったのだ。しかし議論はここで終わらない。アメリカはまたこの状況を逆転させようと、先頭に立って動いてきた。九月一一日の攻撃については、一年前に計画が進んでいたことがわかっている。一年前というと、まさにクリントン大統領がヤセル・アラファトに、ヨルダン川西岸と東エルサレムのおよそ九五パーセントにパレスチナ国家を建設することを提案していた頃だ。これによると、イスラエル人は五パーセントだけ残して、住みなれた場所から引き離されることになる。つまり、このテロが計画されたのは、アメリカがイスラエル人とパレスチナ人の共存を打ちたてようとしたからであり、共存させまいとしたからではない。

「それはそうだ、しかし…」タイプの人たちはこう応じるだろう。なるほどそうだ、しかしアラブの世論に火をつけたのは、「パレスチナ暴動を抑圧するイスラエル」というアラブのテレビが伝えたイメージではないか、と。そう、イスラエルは時々過剰な武力を用いてきたし、これがアラブの人たちにどう映るかは理解できる。しかし、パレスチナ人はイスラエルのピザ店やディスコを自爆テロで攻撃しており、イスラエルの反応はこれに対するものでもあった。だが、アラブのテレビでは、この点がきちんと取りあげられていない。

そのうえ、暴動だけがパレスチナ人のとりうる手段というわけではなかった。アメリカの後押しにより活発な外交道筋ができ、交渉事項も上がっていた。パレスチナ人にとって完全に納得できるものではなかったとしても、進める価値は間違いなくあった。イスラエル民間人への自爆テロを正当化するものではなかった。今になって、アラブのメディアと指導者たちは、クリントンの提案などなかったかのような口ぶりだが、それは事実と違う。

第二の「それはそうだ、しかし…」は、テロリストの行動は困窮するイスラム世界の抵抗を反映している、というものである。その通り、貧困は人々を自暴自棄にしかねない。しかしハイジャック犯は、ほとんどが中流階級のサウジアラビア人かエジプト人だった。

世界で最も金持ちの王家、サウド家が支配する国民が、貧しく不満を抱えているのは、アメリカの責任なのか？　韓国の国民一人あたりの所得が、一九五〇年代には多くのアラブ諸国と同じだったのも？　韓国はそれ以来相当見事な発展をとげ、今ではアラブ経済全体をはるかに引き離している。アフガニスタンは現在、中世的な神権制をとるタリバンの支配下にあり、女性は仕事をもつことも学校に通うことも禁じられている。こんな国が貧しくないはずがあろうか。これほど遅れたタリバン社会にとって最大の保護者は誰か。オサマ・ビンラーディンとその部下たちだ。

アメリカのイスラエル支持が今回のイスラム主義者によるテロの根本原因だ、とサウジアラビアがいうのは、間違っている。ハイジャック犯の中にはサウジアラビア人が多く含まれていた。ハイジャック犯にとって思想的指針となった過激なイスラム主義運動を、これまでサウジ政権は黙認してきた。サウジアラビアはタリバンに最大の資金提供をしていた。王家に最も献身的な国民の中には離反し、過激なイスラム主義者となるものもあった。サウジ政権は(『エコノミスト』が「サウジアラビア——限界にきたコンビ」と題した記事で取り上げていたが)、王家に批判的なイスラム主義強硬派の機嫌をとるため、王国内でビンラーディン氏のため間接的な資金集めが行われているのに見て見ぬふりをしてきた。そのサウジアラビアに、アメリカを非難できるだろうか。

サウジ政権が不安定になればいい、とは思わない。今では、サウジアラビアは問題解決の一翼を担いたいと望んでいるはずだ。しかし、少し虚心坦懐に考えたらどうだろう。それはそうだ、いいいい、アメリカはサウジアラビアの政策と行動について、もっと深く調べてみるべきだ——しかし、しいいいい、かし、しかし真剣に自分を見つめる必要があるのは、私たちだけではない。

DIARY 1
Travels in a World Without Walls: September 11,2001-July 3,2002

二〇〇一年九月一一日。これは、最高にアメリカ的な瞬間だった……

二〇〇一年九月一一日。これは、最高にアメリカ的な瞬間だった。あの日は、家族と一緒にいられればよかった。しかし、でたらめに暴力事件が起こると、私たちは、普通なら知り合うこともない人たちと、強く結びつくことになる。同じ飛行機に乗り合わせた客、バスで隣り合わせになった名前も知らない人、エレベーターの無表情の群衆。九月一一日、私は国を離れ、たまたまイスラエルにいた。一緒にいたのは、よく知らない車の運転手と、初めて会った事務官たちだった。

皮肉にも、九月一一日は火曜日で、当日掲載されたコラムは、イスラエルから書いたものだった。そのコラムは、娘ナタリーの話から始めていた。私がよく旅行するものだから、普段から娘たちは、いざ出発するというときまで、次の行き先にそれほど関心を示さない。出発前日、ナタリーに「どこに行くの」と訊かれた私は、イスラエルだよ、と答えた。するとナタリーは心配そうに表情をくもらせ、「どうしていかなくちゃいけないの?」といった。というわけで、私はエルサレムから送った九月一一日付のコラムを「どうしていかなくちゃいけないの?」から始めたのだ。イスラエルに対して、娘が、たとえイスラエルで生まれたとしても「近寄りたくない危険な場所」というイメージをもってしまったのは、オスロ合意の破綻がもたらした副産物といえる、といいたかった。題は、イスラエル人とパレスチナ人が物理的にせよ頭の中にせよ、互いに壁を築き、相手から自分を守ろうとしていることを指摘したくて、「壁」とつけた。

あの朝、『ニューヨーク・タイムズ』の読者は、食事を終えようかというところで、その中にはおそらく、イスラエルの危険性についての私のコラムを読んでいた人もいただろう。ハイジャックされた四機が、世界貿易センターに、ペンシルヴェニアの野原に、国防総省（わが家はすぐそばにある）に突っ込んだのは、ちょうどそのころだった。家族は、私がエルサレムで大きな被害にあったのでは、と心配したようだが、まったく逆だった。

そのとき、私はテルアビブ大学の学長イタマル・ラビノヴィッチとのインタビューを終えたところだった。次のインタビューは六時だったので、スケジュールがぽっかりあいていた。そこで、テルアビブ郊外の学長室を出て、車のほうに歩いていった。ドアに手をかける。後部座席に置いてあった水着を取りだそうとしたのだ。地中海で泳ぐつもりだった。しかしドアを開ける前に、運転手のヨラムが恐怖におびえた顔を浮かべ、英語半分、ヘブライ語半分で、「イスラエルのラジオが今、飛行機が二機世界貿易センターに突っ込んだといっています」（東部時間で午前八時四八分）といった。拙著『レクサスとオリーブの木』のため、一九九三年二月二六日、最初のツインタワー爆破計画について相当リサーチをしていたからだろう、これは事故か？　と一秒も、その何分の一も、迷うことはなかった。

私は学長室に駆け戻った。そこでは、大学広報局長とスタッフが、すでに口をぽかんとあけて、

ＣＮＮ報道を見ていた。二機めがタワーに衝突する場面を再生しているところだった。秘書の一人が、九月一一日に対するイスラエルの反応を、こう一言でまとめてみせた。「世界はついに、私たちが直面してきたものを理解するでしょう」。そしてほとんど息もつがずに、付け加えた。「神さま。きっと私たちが非難されてしまいます」

彼女は二つの点で正しかった。

テレビで今、目にしている光景は何なのか。これを何とか理解しようとしながら、意識は、一瞬のうちに、一〇年前のある場面へと戻っていた。一九九一年一月九日、ジュネーヴ。国務長官ジェイムズ・Ａ・ベイカー三世が、イラク副首相タリク・アジズとの会談を終えて行った記者会見のシーンである。ベイカーはジュネーヴ・インターコンチネンタル・ホテルで終日アジズと話し合い、イラクが譲歩してクウェートから平和裏に撤退するよう説得に努めていた。そうしなければ、合衆国を中心とした多国籍軍がクウェートに侵攻し、武力でイラク軍を追い出すだろう、と警告したのだ。両者の会談が長引いたので、私たち記者は退屈しのぎに、互いのインタビューをし始めた。（どういうわけか、インターコンチネンタルのスタッフが、ホテルのプレスルームに現物大のらくだのぬいぐるみを置いていった。いかにも中東発らしい置き物だった。）ベイカーとアジズの会談は数時間に及んだ。その後、ホテルの大広間で記者会見が行われることとなり、クウェートから撤退するようイラクを説得できたかどうか聞くために、私たちは大広間に集まった。

ベイカーは数分間話し、アジズにイラク撤退をどう説得しようとしたか、組み立てた議論をひとつひとつ細かく説明した。私は最前列に座っていた。ラップトップのコンピューターで、話を聴きながらメモを取っていた。いろいろな説得方法を語る長い前置きのあと、ベイカー国務長官が述べたのは次のせりふだった。「しかし、六時間会談を行ったのですが、みなさん、遺憾ながら、今日のところは、イラクの柔軟な態度を感じさせる言葉は何も聴けませんでした……」

この言葉に、私の両手は震えはじめた。指を動かすことができなかった。私にはわかっていたからだ。「みなさん、遺憾ながら……」という単純な一文から、大きな戦争が生まれ、歴史がその朝どの方向に流れていたとしても、急に大きく右折し、世界はそれまでとまったく違う場所になるだろう、と。私が湾岸戦争について、もし本を書いていたら、『みなさん、遺憾ながら』というタイトルにしただろう。

飛行機に衝突されてツインタワーが崩れ、マンハッタンの街路に倒壊する様子をCNNの中継で見ながら、歴史が、九月一一日の朝までどう動いていたとしても、今一度ぐいっと右に折れたことを私は確信した。新しい歴史はすべて、このタワーリング・インフェルノから始まるだろうことも。無意識のうちに独り言をいっていた。「みなさん、遺憾ながら……」

数時間、学長室でイスラエルの女性たちと一緒にCNNを見ていると、やがて電話が鳴った。イスラエルの新聞『イディオト・アハロノト』が、私にすぐ何か書いてくれないか、といってきたのだ。いや、その気はありません。私は妻と娘たちにEメールを送って無事を伝え、家族の様子を尋ねた。それからまたテレビを見続けた。イスラエルにとってこれは何を意味するのでしょうか、と女性たちに何度も聞かれ、私は「わかりませんね」とぶっきらぼうに答えた。これは第三次世界大戦なのだ、イスラエルよりはるかに大きな問題だ、……内心そう思っていたのだ。だんだんと、息が詰まるような気がした。ひとりになりたかった。タクシーでエルサレムに向かったが、ハイウェイは空港周辺で一時封鎖され、渋滞は五マイルも続いていた。そこで、テルアビブに入り、海辺のヒルトン・ホテルにチェックインした。ホテルでも私はテレビを見続けた。ヒルトンのロビーでばったり顔をあわせた友人に、夕食を一緒にしないかと誘われたが、辞退した。ひとりきりのほうがいい。さらにテレビを見た。夜一〇時を回ったころ、部屋を出て、海岸通をひとり散歩した。

地中海の柔らかな風に吹かれて、私の頭は次第にはっきりしていった。そしてついに、もっとも気になっていたことに考えをめぐらした。「二人の娘がこの先成長していく世界は、どんなふうになるのだろう……」。そしてここで初めて、あの文を最後まで完成させたのだった。「みなさん、遺憾ながら……みなさん、遺憾ながら……私の娘も、みなさんの娘さんたちも、私たちとは違う世界で、これから成長していくことになるでしょう。歴史は右に曲がりました。先は袋小路です。私たちにとってとても大切なものが、奪われてしまいました」

怒りがこみあげてきたのはそのときだった。

私ははじめ、この怒りに気づかなかった。しかしあの攻撃から約六週間たった一〇月、数人の友人や読者から、フリードマンのコラムは「すごく怒っている」といわれた。正直いって、私はそんなつもりはなかったのだが、そういわれると、「そうだね、怒ってるさ」と応じた。私は怒っていた。国がこんなふうに踏みにじられたことに。罪のないたくさんの人たちが意味なく亡くなったことに。誇大妄想のオサマ・ビンラーディン一味が、「自分は不満なのだ、だから大量殺人も正当化される」と傲慢にも思っていることに。私は怒っていた。親しい株のブローカー、マーク・マディンの兄が貿易センターで亡くなったことに。世界中で、アメリカが嫌われる理由を分析していることに――私としては、考えられることといったら、私たちがどんなにテロリストを憎んでいるか、この一点だけなのに。

しかしもちろん、最も腹が立ったのは、私が成長期を送ったアメリカが、一三歳と一六歳の娘にとってもはや同じではないということだ。九月一一日から二週間がたつかたたないかという頃、娘オルリーが参加している地元のオーケストラが、夏に計画していたイタリア演奏旅行をキャンセルしてしまった。この演奏旅行でヴァイオリンのパートからおろされまいとして、娘は夏中、ハードな練習をがんばっていたのだ……。しかし、アメリカのオーケストラがイタリア旅行をするのは危険すぎる、とスタッフは結論づけた。この決定はひどい。私は憤慨した。とはいえ、ほかの親たちは不安だったようだ。そのため、スタッフを説得することはできなかった――そうしたいのはやまやまだったが。あれが、新たな世界の扉を叩く音だった。しかし、私は扉を開きたくなかった。

　同じく、娘ナタリーの中学校にて。九月一一日から三週間後、クラスでニューヨーク旅行をすることになっていた。父母会が開かれたが、反対意見が圧倒的だった。教員の中には、「自分の子どもも、生徒が旅行するといったら心配するでしょう」と述べるものもいた。いいたいことはわかった。しかし、私には理解できなかった。これも新たな世界の扉を叩く音だった。私は扉を開きたくなかった。いかなる計画であっても、いささかも変える理由があるとは思わなかった。そこで、いつもどおり、コンサートにも出かけたし、ボルティモア・オリオールズの試合も見に行った。ボルティモアのカムデン・ヤードで急遽強制的に行われたチェックには、いらいらさせられたものだ。ダレス空港のセキュリティ・チェックに長い行列ができていたときも、本当に憤慨した。これもまた、新たな世界の扉を叩く音だった。私が育ったのではない世界。娘たちがこれから成長していくだろう世界。私は扉を開きたくなかった。

　正直いって、これは子どもの話にとどまらない。ジャーナリストとして、私は戦争地帯にもよく出向くし、それほど恵まれていない場所にも行くから、アメリカに帰ってくると、とりわけほっとする。ロシアやベネズエラ、西岸地区やアフリカなどといった旅行から戻ってきて、妻にどうでした？と訊かれると、私はこう答えた。「まあね、向こうじゃ車のタイヤがちゃんとはまってないんだよ」。帰国して、ボルティモアの見事なスタジアム、カムデン・ヤードのもろもろのできごとや、ワシントンのこぎれいで清潔な地下鉄に、びっくりさせられることもあった。こうした公的施設を作るのに、どれほどのコミュニティがかかわり、どれほどの税金が投じられ、市民と諸政府機関と私企業がどれほど協力しただろう、と思いをはせることもあった。公的なもの、公的な空間を作るために互いが協力でき、アメリカというすばらしいキルトを作り上げる。こうした国に住むのは、なんと素晴らしいことだろう。むこうの世界がどんなに狂っていても、アメリカは私にとって繭のようなところ、いつでももぐりこんでいけて、娘たちも安全にいられるところなのだ。

それが、九月一一日におかされてしまった。しかも私たちのことを知りもしない人間の手で。だからこそ、私の中の「アメリカ人」は憤慨したのだが、その反面、私の中にいる「記者」は興味を抑えきれなかった。いったいこの連中は何者なのだ？ 歴史的な力がどんなふうに働いたらこんなふうになるのか？ 九月一一日以来、怒りと好奇心というこの二つの衝動が、常に私の頭と心を支配しようと戦っていた。怒りが勝つ日もあれば好奇心が先を行く日もあった。私のコラムはどれも、この二つの感情からできあがっている。

九月一一日の夕方になって、イスラエルからテロ後初めて載せるコラムでは何を書こうか、と考え始めた。偶然、その週の前半に、イスラエルの軍情報部門トップのアモス・マルカ少将にインタビューしていたのだが、かねがね、その情報力と頭のよさには舌を巻いていた。そこで一一日夜、「明朝お目にかかってお話できないでしょうか、世界の情勢がひっくり返ってしまいましたから……」とメッセージを残した。マルカ少将はワシントンに向けて発つところだったが、朝七時に時間を作ってくれた。軍のテロ問題専門家も一緒だ。合衆国攻撃の裏で糸を引いている人物について、イスラエルがどんな情報をもち、どう考えているかには、もちろん大変興味があった。すでにオサマ・ビンラーディンが容疑者として浮上していた。しかし、もっと話をききたかったのは、イスラエルが長年にわたる自爆テロの経験から何を学んだか、ということだった。自殺したがっている人を、どうやって軍が思いとどまらせることができるだろうか？　これはアメリカにとってきわめて新しい問題である。イスラエル人作家アリ・シャヴィットが指摘したように、かつて冷戦時のアメリカが敵としていたソ連は、私たちを憎むよりも、生命を愛していた。だからこそ最終的には、キューバのミサイル危機の際、互いに破滅することがわかっている計画を思いとどまったのだ。しかし自爆テロリストは、それとは違う。彼らは命への愛情よりも、私たちに対する憎悪のほうが強いのだ。

イスラエル軍のテロ専門家がその席で話してくれたことは、後になっても、私の頭からずっと離れなかった。――イスラエルが実際にパレスチナ人の自爆テロを抑えられたのは、ヤセル・アラファトが動いたときだけだ。アラファトに、国民を抑える動機があったか圧力をかけられたかして、国民の側も、自制する動機があったか圧力をかけられたかしたときだけ、自爆テロが抑止できた。軍関係者はこう説明した。「非常に単純なことです。世界最高の情報網があっても、イスラエル人がパレスチナ人以上にパレスチナ社会に入り込むことはできません。本人たちと同じようにアハメドとムハンメドを見分けるなんて、無理な話です。なぜなら、これは彼らの家族の絆、文化、ＤＮＡといった言葉にできないものに、埋め込まれているのですから。自爆テロリストに働きかけ、自爆テロを抑制したり、非合法化したりできるのは、彼ら自身の社会、それしかありません。外部からでは不可能なのです」

私はこの話を忘れることができなかった。私たちがテロとの戦いに勝てるとしたら、各国・各地域のパートナーが、あくまで自分の利益から、進んで（アメリカの呼びかけを待つのでなく）予防作戦をとることが条件である。それが怪しげな慈善団体を取り締まることであれ、容疑がかけられているテロリストを一斉検挙することであれ、あるいは自爆テロをはっきり非難することであれ。時には私たちに運が回ることもある。テロリストがミスを犯すこともあるだろう。しかしテロリストを持続的に抑止し効果を上げるには、テロリストの社会内部に、私たちに協力するパートナーが必要だ。彼らをあばく警察にも、政府にも、テロを非合法化するマスコミにも。

この朝の話では、もうひとつ記憶に残っていることがある。イスラエル軍将校の言葉であった。私が何か話の流れで、今回のハイジャックの背後には「情報機関」あるいは政府の存在があるに違いない、といったときだ。ビンラーディン一味や、そんなにわか仕立てのグループだけでは、こんなことはできっこありません。特に、飛行機をこれほど正確に世界貿易センターに突っ込ませるには、大変高度な技術が必要でしょうから。

しかし、イスラエルの専門家はこう異論を唱えたのだった。「いったん飛びたってしまえば、飛行機の操縦なんてそんなに難しくありませんよ。それに、着陸できなくていいわけですし」

DIARY 2

DIARY 2
Travels in a World Without Walls: September 11,2001-July 3,2002

数日後。私はそのままヨルダン行きを決めた……

数日後。テロがあってからまだ家に帰っていなかったが、私はそのままヨルダン行きを決めた。アラブ・イスラム世界で、九月一一日の副産物を何か得たかったのだ。爆破から数時間たたないうちに、世界各地のアラブ人とイスラム教徒の友人から、たくさんのEメールが届いた。イスラムの名のもとに起こった事件を謝罪し、私と家族の無事を確認するメールだった。一通一通を読むうちに、元気が湧いてくるのを感じた。アラブ・イスラム世界にも、いい人たちがたくさんいる。自分の国に、別の未来が——ビンラーディンの宗教全体主義とも、軍事独裁政治とも違う未来が——きてほしい、とたくさんの人たちが願っている。メールを読むと、こんなことが思い出された。しかし、気がかりなEメールが一通まじっていた。ペルシャ湾岸諸国でこんな噂がとびかっているのだが、とドバイ在住の友人（アメリカ人）がよこしたメールだった。九月一一日朝、四〇〇〇人のユダヤ人がイスラエルの情報機関から警告され、仕事を休んだらしい——というのだが、「本当だろうか？」　彼のメッセージに、私は動揺してしまった。これほど知的な人さえ「本当だろうか」と口に出していうくらいだから、この噂は相当広まっているに違いない、ということはつまり、この手の、突拍子もない噂の真偽を確かめない大衆は、間違いなくそう信じ込むはずだ、と思ったからだ。

拍子もない作り話を聞いたのは、これが初めてだった。しかし最後ではなかった。九月一一日以後に訪れたアラブ・イスラム諸国では、どこでも何度となくこの質問をぶつけられた。今日、世論調査（本物の世論調査）をすれば、アラブ・イスラム世界で、依然としてこのひどい嘘を真に受けている人が多いことがわかるだろう。現実を否定し、この常軌を逸した事件のなりゆきに直面しようとしない病いが、アラブ・イスラム世界各地に蔓延し始めたのだった。

アンマンでの二晩め、ヨルダン人の友人が、エレクトロニクスと実業界の若者たちを集めて、ディナーを計画してくれた。みな頭のきれる人たちで、話が弾んだ。ディスカッションに私の気持ちはやわらいだが、「この人たちは、私と同じようには九月一一日の事件に嫌悪を覚えていない。私が思うようには、アメリカに罪がないとも思っていないのだ」と知らされた。アラブ・イスラム世界各地にこうした風潮があることを感じたのは、これが初めてだった。が、のちにもっと悪い形で経験することになるのだ。このとき同席したヨルダン人たちは、アメリカを憎悪してはいなかった。それどころか、アメリカはすばらしい、と賞賛していた。けれども、アメリカを賛美するからこそ、アメリカに味方についていてほしいからこそ、アメリカがいつでもイスラエルの肩をもち、パレスチナ側に立ってくれない、と恨んでいた。彼らの考え方は、アラブ世界の多くの人たちと似ている。アメリカがもうちょっと謙遜になって、アラブの怒りを理解するようになれば、……「アラブ人が何を考えていようが、思っていようが、どうでもいい」といいたげなブッシュ政権がそうなってくれれば、それほどいやではないのに。

サウジアラビア駐在のアメリカ人外交官が、九月一一日直後アラブ世界の空気について、語ってくれた言葉を紹介しよう。「多くのアラブ人は『欲求不満で、劣等感をもって』います。鬱積した感情で膨れあがっているのです。九月一一日に対しては、こんなふうに思っています。あんたたちが苦しんでいるのをみてうれしくはないが、あんたの身に、自分ではどうにもならない事件が起こったのは、気持がいい。私が生活している世界では、自分の命すらも、思いどおりにならないんだぜ」

アラブ・イスラム世界に浸透しているのは、自分たちは時代に乗り遅れた、西洋のような自由と技術を確立できなかった、という気持である。これはさまざまな形に表れる。たとえば、アラブ世界でよからぬ事件が発生すると、自分たちのせいではない、といいはり、陰謀説を考え出して責任を他になすりつける。アメリカに複雑な愛憎を抱くのもそのひとつだ。

この人たちは、親米派のアラブ人だ。少なからぬ数の強硬な反米派は、九月一一日についてそれほど複雑な感情を持っていない。これもまた、初めて実感したのはヨルダンでのことだった。このディナーに出席していたあるヨルダン人企業家が、アラブで人気のインターネット・サイトを運営していたのだが、そこで九月一一日直後にオンラインの世論調査を行ったという。結果は、攻撃肯定派が圧倒的だった。あまりに票差が開いたので「数えるのをやめた」ほどだ。

攻撃を最も支持した層を尋ねると、彼はきっぱり答えた。「サウジアラビアとアラブ首長国連邦の人ですね」。私のウェブサイトでは、これほど反米的なメールを匿名で送信することはできません。必ず名前を明らかにすることになっておりますし、みな怒りのコメントには堂々と署名を添えるのです、と強調した。私は思った——ヒューストン、当方問題アリ。当初予想ヨリ根ハ深シ。

このヨルダン訪問で、なるほどそうか、と思ったことがもうひとつある。アブドッラー王にインタビューしたときのことだ。ある午後、事件について語ろうと、王妃とともに宮殿に招待を受けた。王の私室には、床から天井まで、壁一面に拳銃のコレクションが飾られていた。この拳銃は、王の温和な性格といかにもかみ合わないような気がした。が、そんなことを考えていると、ヨルダン人とアラブ人が、なぜアメリカ人ほど九月一一日の事件に衝撃を受けないのか、はっとひらめいた。つまり彼らは私たちとは違う、戦闘の中で日々を送っている人間なのである。

彼らにとって、九月一一日の事件は日常茶飯事の延長であり、多少規模が大きいとか、こころもち、もっと凶暴でおぞましいとかいう程度にすぎないのだ。もし四八年、五六年、六七年、七三年、八二年の戦争を経験していたら、もし「黒い九月」（この際、パレスチナ人がヨルダン首相をカイロのシェラトン・ホテルの前で暗殺、首相の流血をひざまずいてすすろうとした）や湾岸戦争をくぐりぬけていたら、何度となく暗殺やハイジャック、自爆テロを目撃していたら、九月一一日は人生最大の事件とはいえないだろう。そう、中東に住む多くの人たちにとって、九月一一日とは、二〇〇一年九月の第二火曜日でしかないのだ。

アブドッラー王はしんから同情を示したが、生来親米家だからではない。国も王座も、ともにビンラーディンのネットワークによって危険にさらされていたからだ。王との話から得た最大の教訓は、ずばり「カネの流れを追え」。湾岸諸国ではとくに、中東の慈善団体と宗教がらみのNGOの場合、見かけと実情が同じとは限らない、実際にオサマ・ビンラーディンは、疑うことを知らない善良なるイスラム教徒の慈善団体からの寄付金を吸い上げ、アフガニスタンやヨルダンなどでの作戦資金にしている。このことを初めて説明してくれたのが、王だったのだ。

ヨルダンをたつ日がきて、私は午前三時のフライトでロンドンに向かった。出発ラウンジで時間が余ったので、コンピューターを取り出し、コラムを書き始めた。まもなく、仕立てのいいスーツを着たアラブ人青年が寄ってきて、「トーマス・フリードマンさんですか？」と声をかけた。

「ええ、そうです」と私。

「やっぱり！　ちょうどあなたの本を読んでいたところです。――『ベイルートからエルサレムへ』」

「それはそれは。で、どちらから？」

青年はエジプト人で、西側の大手石油企業で働いている。何を書いているのかと訊かれたので、私は、アラブ・イスラム世界の人々がビンラーディンのしわざに本当に動揺しているのかどうか、というテーマでコラムを書いているのだと答えた。一部を見せたところ、これはちょっと生ぬるい気がします、実感をつかんでいるとは思えないんですが、という。青年は、実際に人々がどう感じているか、噛んで含めるように説明してくれた。

思い出せる限りでは、こういっていたと思う。「ベイルートのテロリストについて、あなたは、テロリストがほかの人たちとそれほど違わない、と書いていらっしゃいました。周りの人たちとほとんど同じように感じていて、違うのは、どこでひきがねを引くかの一点だ、と。今回もそう考えたほうがいいのではないでしょうか」

こういうことだ。テロリストには二種類ある。ひとつは、感じることは周りの人たちと同じだが、それを行動に移してしまうテロリスト。もうひとつは、感じかたからまわりの誰とも違い、しかも行動する本当の過激派だ。ビンラーディン一味は前者です、と彼はいった。

「なるほど」。私は彼に礼をいった。そしてコラムに戻って、全体を書き直した。ビンラーディンのことを、頭のおかしい度外れ者くらいに思っている人間は、完全に思い違いしている。これがはっきり伝わるように。

帰宅して約一週間後、「カネの流れを追え」というヨルダンでのアドヴァイスをあらためて思いだすことがあった。このテーマをとりあげたコラムが載った朝、私はミシガン大学で講演するため、デトロイトに飛ぶことになっていた。デトロイトの空港に着いてから、助手のマイヤ・ゴーマンに電話をし、何かメッセージが入っていないかと尋ねた。クウェートの政府高官から電話があり、お話がしたいとのことです、という返事だった。そこでその場で、クウェート高官のオフィスに電話をつないでもらった。

「今朝のコラム、インターネットで読んだよ。われわれは、カネの流れについて、ちゃんと考えてこなかった。クウェート内閣で、イスラム教慈善団体の取り締まり問題が大激論になったのだ。『カネがどこで集められて、どこに行くのか、わかっているではないか』といったのだが、みな怖がって手を出そうとしない。見てみぬふりを決め込んでいる。そこで、君の記事を新聞社数社に渡して、訳して載せろ、といっておいたよ」

これを聞いていたから、二、三か月後の二〇〇二年一月九日、合衆国財務長官ポール・オニールが、ビンラーディンと関係のあるクウェートのNGO「リヴァイヴァル・オブ・イスラミック・ヘリテージ・ソサエティ（RIHS）」の資産を封鎖する、と宣言したときもたいして驚かなかった。オニールはこう述べている。「RIHSはクウェートを基盤とした非政府組織である……同団体のパキスタン事務局は寄付者を欺いて、テロに資金援助している。クウェートのRIHS本部からさらに資金をむしりとろうとして、パキスタンのRIHS事務局は、実在しない、あるいは死亡している孤児の名前を並べ、ケアしているようにみせかけている。送られてきた水増し分はアル・カーイダに回されているのだ」

ご寄付をどうも、はいさよなら、ってわけだ。

九月一一日に関して私が初めて涙したのは、メリーランド州シルバースプリングにある娘ナタリーの通う中学校、イースタン・ミドル・スクールでのある夜だった。ヨルダンから帰宅した私は、新年度が始まる直前に毎年開かれるPTA集会に出席していた。イースタンは、ワシントン郊外の中流地区の公立学校で、生徒は半分以上が黒人あるいはスペイン系だが、出身国はかれこれ四〇に上る。おのおの子どもの授業参観に散る前、私たち親は体育館に集まって、校長の歓迎を受けた。がたぴしの体育館中央には大きなアメリカ国旗が掲げられ、まず、学校の合唱団が「ゴッド・ブレス・アメリカ」を歌い、同じく学校のオーケストラが国歌を演奏した。私はこの場面に涙を抑えるのがやっとだった。これこそが、アメリカだ——さまざまのものから一つのアメリカが生まれている。まさに、私たちが守ろうとして戦っているものであり、私たちが強い理由でもある。この点は、外国人には理解できないだろう。なかでも、ビンラーディン一味にはわかるまい。

ナタリーの学校と世界貿易センターには、多くの共通点がある。宗教にも似た、アメリカ市民の信じるものを祀る宮であるからだ。アメリカ市民の宗教といえようか。基盤にあるのは、誰でも私たちの国に渡ってきて、アメリカ国家の一員となり、一生懸命働き、自分の望むものになれる、という信念だ。アメリカの経済力は、そんな数百万人もの個人によって生みだされる。この根本的価値観が脅かされるならば多種多様な個人が結束できる、このことが、軍事力の源となっているのだ。

世界貿易センターでは、数千もの人たちがこうした市民の宗教を実践していた。毎朝「いってきます」のキスをして、仕事に出かける。みな自分なりに精力を傾け、それが合わさって、もっと大きなものになる。ナタリーの学校と同じで、九〇もの国からやってきた人たちにとって、世界貿易センターこそが「わが家」なのだ。

九月一一日後のある夜、家に帰る途中、車の中で、ナショナル・パブリック・ラジオを聴いていた。「なくし音・さがし音」のコーナーで、アナウンサーが、世界貿易センターの「記憶に残る音」を寄せてください、とリスナーに呼びかけた。貿易センターにまつわる、あなたの忘れられない「音」を吹き込んでほしい、というのだった。

その晩のラジオで、リスナーから寄せられたいくつかの「音」を紹介していた。最も心にしみいったのは、あるスペイン男性の言葉だった。名前は名乗らなかったが、なまりの強い英語でこう話していた。「世界貿易センターは、アメリカのビルだけどさ、掃除していたのは、不法入国してきた女たちだったんだ。メキシコや中米のさ。夜になると、ビルじゃ女たちがいろいろ歌を歌ったりしてたんだ。貿易センターのささやかな思い出、っていうなら、あの女たちの歌を入れてもいいんじゃないかね。ここにやってきて、ビル掃除をしていたメキシコ人もさ。アメリカ人と一緒に死んじまった。あの人たちを助けてくれよ、思い出してやってくれよ。以上……」

ビンラーディンにとって、世界貿易センターは、丘の上から、全世界を軽蔑のまなざしで眺める白いビルであった。けれども、ほとんどのアメリカ人にとっては、この二本の高いタワーは、空にも届こうというアメリカの工夫とエネルギーを体現するもので、眼下に自由の女神をおさめている。ビンラーディンにとって、自由の女神とツインタワーには何のつながりもない。彼は、アメリカが金持ちなのは、ほかの人間から盗んだから、あるいは精神的価値観をもたないからだ、と考えている。しかし、世界貿易センターで働く人たちにとってこのビルは、自由の女神が象徴する理念の体現に他ならない。つまり、数百万もの人たち（その多くは最近アメリカにやってきた移民である）の毎日の仕事を生かし、摩天楼、ビジネス、工場、大学に変えていく力の象徴なのである。

くだんのラジオでは、ビヴァリー・エッカートと名乗る若い女性からの電話も紹介されていた。夫シーン・ルーニーをなくしました、といい、故人の五〇回目の誕生日に作ったCDの話をした。「テープにはほかの歌も入っています。アニマルズの『ウィ・ガッタ・ゲット・アウト・オブ・ディス・プレイス』で、夫が高校時代に友だちと一緒によく歌っていたんです。高校がいやだったのかもしれません。……でも、夫が貿易センターから出られない今にして思えば、あの歌詞の意味は全然違ってくるのです。……ブラッド・スウェット・アンド・ティアーズの『ユーヴ・メイド・ミー・ソー・ヴェリー・ハッピー』もありました。……あれは私たちの歌です。九月一一日会社にいくときにかわした言葉そのものでした。彼は私を本当に幸せにしてくれました……」。あとはすすり泣きになった。

それが、世界貿易センターなのだ。数千ものシーン・ルーニーがいて、スペイン系の労働者がいて、ウォール街の株ブローカーがいる。私が親しくしているブローカー、マーク・マッデンの兄も、いつもの鼻歌を歌いながら出社していった。アメリカ人が彼らの死にこれほど悲しむのは、ある意味で、私たちが犠牲者ひとりひとりを知っているからだ。私たちが高校時代に出会った人たちと似ているからだ。

ビンラーディンにとって、ツインタワーは、神のない、腐敗した物質主義社会、精神的価値観と引きかえに金と力を得た社会の象徴である。本当はその逆であることを、彼は理解していない。私たちが豊かで力をもつのは、ほかでもない、精神的価値観――思想の自由、個人の尊重、法の支配、進取の精神、女性の平等、博愛の精神、出世の可能性、自己批判、実験性、宗教的多元主義があるためだ。

そうはいっても、私たちが力を維持するには、職場が安全で、公共機関・施設が揺るぎないことが必要だ。また社会の核となる価値観が脅かされないよう、常に見張っていなければならない。九月一一日、私たちは、消防夫や警察官、政府機関や指導者に対する敬意を新たにした。私たちの社会基盤――仕事場と公立学校――は彼らによって守られ、維持されている。私たち市民の宗教を祀る宮の番人であるといえるだろう。

ナタリーのPTA集会に参加してから一、二か月後、私はニューヨークにいた。マンハッタンで開かれた世界経済フォーラムに参加するためだ。コンピューターを出してEメールを受信していると、フランス語を話す夫婦連れがやってきて、自己紹介した。アレックス・J・アッタルと名乗る男性は、ソフトウェア企業のアドニックス・ノース・アメリカのCEO（最高経営責任者）であった。夫婦でコラムをいつも読んでいます、といわれた。しかし何よりうれしかったのは、

「お嬢さんの中学校での話を書かれたコラム」が一番好きです、という言葉だった。

どうしてですか？　と訊くと、アッタルはこんなふうに答えた（のちのインタビューで詳しく語っている）。

「私がアメリカのどこが好きか、というと、個人すべてを尊重する価値観があるからです。アメリカというのは、さまざまなものを信じられないほど力強く統合するシステムですが、これがフランス人の家族には、なかなかわかってもらえないんですよ。ええ、アメリカに住まないと、理解できないでしょうね。私はフランスから移民してきた一世です。父はチュニジア人、母は東欧の出身でした。たまたまフランスで生まれたので、フランス人というわけです。しかし、フランスで生まれたといっても、フランス人の親を持つ人とはどこか感じが違うのです。それが、アメリカ生まれでもないのに、今ここに住み、ここで仕事をしていると、アメリカ人の親をもつ人たちと、いささかも違いを感じません。統合というDNAがアメリカ人の遺伝子に埋め込まれていて、ほかではコピー不可能なんです。フランスでは履歴が明らかになっていないと面倒ですが、アメリカでは、信じているものが同じであるかぎり、そんなこと誰も気にしないでしょう。私がアメリカ人でなくても、アメリカ人の生活様式を尊重していれば、文句はいわれません。ビンラーディンにはわからないんですよ。このアメリカ的なものは、二五〇年もの歴史をもつメカニズムによってもたらされた結果であり、――ビンラーディンの世界には、このメカニズムに必要なノウハウがないからです」

2001.10.9

Column 10

「自由」とはこういうことだよ！

たまたま先週、リチャード・リーヴスの迫力にみちたリチャード・ニクソン伝を読んでいたら、イスラエルに関するくだりが目にとまった。一九六九年にニクソンがヘンリー・キッシンジャーに宛てた手紙で、そこには自身とアメリカの対イスラエル感情が述べられている。「われわれは基本的に自由を重んじるのであり、ユダヤ人票ほしさから親イスラエルになっているわけではないことを、［イスラエル人に］理解してもらわないといけない。［ゴルダ］メイア首相は…［ニクソンに］全幅の信頼を寄せるべきだ。イスラエルが常に有利に立つように、考えているのだから。これがわが国の政策だ。［イスラエルが］これを理解しないで、それなのに今わかっているふうな行動をとるならば、自分の首を締めることになる」

このくだりには、そうだったのか、と思わされる。ニクソンがユダヤ人を嫌いだったからだが、彼はアメリカ人をよく理解していた。（それがわかっていなければ、そもそも大統領にはなれない。）ニクソンが理解していたのは、世界においてアメリカが自由——言論の自由、信教の自由、市場の自由、政治活動の自由――を促進し、保護する国とみなされていることである。アメリカが経済あるいは戦略的理由からあらゆる国々と提携するとしても、結果的にいって、見捨てることなく常に特別な結びつきをもとうとする相手は、「基本的に自由を重んじる」国であるからだ。

オサマ・ビンラーディンに対する戦争で同盟をくむパートナーがみなこのことを理解しているかどうかはわからない。事実、アメリカにとって同盟のパートナーというと、英国、フランス、カナダ、ドイツ、オーストラリア、日本、とこの程度である。サウジアラビア、エジプト、シリアは、同じ意味ではこの同盟のメンバーに入らないし、将来も入ることはないだろう。それだけの軍事力がないからではなく、深いところで、私たちが守ろうとしている価値観を受けいれないからだ。

これらアラブ政権は、いわば「隠れ同盟者」であって、私たちにこっそり支持を耳打ちする。しかし大声でいいきれるメンバーではない。アメリカ側であることを国民に公言できないのだ。なぜなら、アメリカの味方であれば自由を擁護しようということになるが、それは彼らがめざすものではないから。自分たちの社会にせよ他国の社会にせよ、自由の維持は望んでいないのだ。彼らの目標は自己を守ることでしかない。

中東情勢評論家であるスティーヴン・P・コーエンはこう述べる。「エジプト、サウジアラビア、パレスチナといった政権は、当然のことながら、民主主義に怖れを抱いています。自由選挙を施行すれば、イスラム主義過激派（基本的に非民主的だ）に利用されるのではないか、と思っているのです。しかしこれら政権のリーダーは理解しなければなりません。私たちが過激派を追い出すのは、民主主義をくいとめるためではないことを。私たちは世界を民主主義にとって安全な場にしたいと願うが、彼らはアラブ世界を民主主義から守りたがっているのです」

このことがわかっていないもうひとりの人間は、イスラエルのアリエル・シャロン首相である。アメリカは第二次世界大戦前夜ヒトラーに譲歩した政治家たちのようになるおそれがある、ブッシュ氏はアメリカのパレスチナ国家支持をくりかえしたから、という彼の言葉は、愚かしいし、侮辱ではないか。

その通り、ブッシュ氏がもしも、「われわれはパレスチナ国家に賛成する。しかし、このような状態で、イスラエルと平和にやっていこうと真剣に考えるパレスチナ人指導者がいるのかどうか、今となってはわからない」といえば、思慮があったといえるだろう。それでも、ここ数十年にわたって軍事的、外交的、経済的支援をしてきた末に、今アメリカはイスラエルを裏切ろうとしている、といわれては、開いた口がふさがらない。

シャロン氏、ご注意。アメリカは自由のために戦っているのだ――この数年間、イスラエルを援助してきたのと同じ戦いを。そして、私たちがわれわれの自由のために戦っているとき、イスラエルにいえることはひとつしかない。私たちはどうすれば役に立てますか？　以上。

シャロン氏には、もう一点ご理解願いたいことがある。アメリカがテロリストを駆除したいのは、イスラエルも含めて私たち自由な国家が、本当に自由を享受できるようにするためだ。すべて、この一言に尽きる。アメリカが過激派を潰そうとするのは、イスラエルが自由により多くの入植地を建設したりパレスチナ人の土地を取りあげたりできるようにするためではない。今日、パレスチナ人はイスラエルと和平を結ぶかどうかで、他国とまさに戦争状態にある。私たちはイスラエルが自由で他国の脅威を受けない世界を作りだそうとするのであって、イスラエルにヨルダン川西岸を（シャロン氏の聖書地図にしたがって）自由に占領させようというのではない。もしもパレスチナがともに和平を進めるならば、シャロン氏はこのことをよく認識する必要がある。そしてこれは譲歩でなく、アメリカ的やりかたなのだ、といってもらおう。

2001.10.12

Column 11

「拝啓　ビンラーディン殿」

オサマ・ビンラーディンによる声明の報道を制限するように、ホワイトハウスが米テレビ局に申し入れをした。私としては、検閲という形でなく、大統領がビンラーディンに答えればよかったのに、と思う。こんなふうに――。

ビンラーディン殿。アル・ジャジーラ・テレビで、君の声明文を聞きました。アラブ・イスラム政権指導者の中で、君に返答しようとする人が思いあたらないので、それなら私がしようと思ったわけです。ずばりいわせてもらえば、君の言葉は感傷的です。君の話をきけば、私たちがなぜこれほど強く、なぜアラブ政権がこれほど弱いか、理由が全然分かっていないことは明らかです。

アメリカに対する自爆攻撃は、イスラム国家がこれまで耐えてきた「八〇年に及ぶ屈辱と恥辱」の復讐である、と君はいいました。ハイジャック犯のことを、「国際的な異端者」である「アメリカを破壊するため」派遣されたイスラム教徒の前衛と呼び、アラブ諸国の政権は「偽善的」「世襲の支配者」だと非難しています。

ところが何よりもはっきりしてしまったのは、むしろ君が口にしなかったことでした。つまり、君の話には、将来のヴィジョンが何も示されていないのです。これはおそらく君にとって最後の遺言で――そう願っています――、これからの世代の人たちに対して、いいたいことがあったのではないでしょうか。とにかく、君は自由に話せたはずなのに、何も話すことがなかった。イスラム世界に送ったメッセージはただ、誰を憎むべきか、何を建設してはいけないか、それだけだったのです。

イスラムの歴史について実はあまりよく知らないから、ということもあるでしょう。イスラム世界の影響力が頂点に達したのは、中世のこと。この頃、古典ギリシャ・ローマの貴重な教えを重視し、数学、科学、医学、哲学における飛躍的進歩のきっかけとなりました。これはまた、イスラム世界が最も世界に開けた時代でもありました。中に存在するキリスト教徒、ギリシャ人、ユダヤ人――今、君が異端者といって侮辱している人たち――のコミュニティによって豊かさを増し、世界各地との取引もさかんだったのです。女性を家畜、非イスラム教徒を敵とみなす、閉鎖的で内向きで、憎悪にみちたイスラム教徒というイメージは、イスラム世界が偉大であったいずれの時代にも見られません。このままでは、これからも偉大な時代はこないでしょう。

もうひとつ君の放送で明らかになったのは、そこで挙げたアラブ国家がイラクだけということです。これは見逃せません。イラクを率いているのはファシストの独裁者、サダム・フセイン。自国民に毒ガスを用い、石油による富を自分の宮殿建築のために浪費し、クウェートを略奪した人間です。ところが、君はそんなことにはまったく口をつぐんでいる。アメリカがこうした政権（ひとつだけでなく）に終止符を打とうとしていることばかりに気をもむのです。

つまり、君はイスラム世界の過去だけでなく、現在をも理解していないということです。ここ八〇年アラブ・イスラム世界が停滞していたのは、アメリカにいる私たちが君たちを押さえつけようとしてきたからではありません。実際のところ、私たちは君たちのことをそんなに考えてこなかったのです。

アメリカ、中国、ラテンアメリカ、アラブ・イスラム各勢力の違いは、ここ八〇年間にそれぞれがしてきたことの現われです。私たち（中国、ラテンアメリカも）は、多くの問いに答えようと努力してきました。子どもたちに最高に教育を与えるにはどうしたらいいか。貿易を発展させるには、産業基盤を作るには、政治参加を進めるには、どうしたらいいか。指導者に対する評価は、こうした問いにどれだけうまく答えたかで決まりました。

しかし、君はアラブ・イスラム教徒の指導者に一つの問いしかさせようとしません。異端者やイスラエル人とどううまく戦ったか？　これだけです。エルサレムを誰が支配するかは、君たちの伝統においてきわめて重要な問題であり、アラブ・イスラム教徒の指導者がみなこの点に目を向けねばならないのは、よくわかります。しかしこれだけが問題であるはずはありません。君たちがこれを唯一の問いにしてしまい、他のことを尋ねたいアラブ人をひとりひとり威嚇するから、サダムのような悪党がのさばってきたのです。

そうです、君は大混乱を引きおこした。しかし、私たちを潰せるといい気になったら間違いです。強いものを破壊しようと思ったら、別の強いものを打ちたてなければなりません。しかし、それは君にはできない。アラブ・イスラム世界の知的・創造的なエネルギーは、せっかく他の地域と同じくらい豊かにあるのに、イラクのような抑圧的な政権や君たちのような指導者の下では十分に花開くことができないからです。

スターリンや毛沢東は自国民を大勢殺しましたが、こんな凶悪な連中にも社会建設の計画はありました。ビンラーディン、君はハイジャック犯そのものです。イスラム教をハイジャックし、他国民のテクノロジーをハイジャックし、アラブ国民の自国政権に対する怒りをハイジャックしたのです。しかも君の国民をどうしようという何のヴィジョンも、計画もない。というわけで、君の墓碑銘は簡単です。

オサマ・ビンラーディン——多くを破壊し、何も建設しなかった。彼の残した影響力は、さながら砂漠につけられた足跡であった。

2001.10.16

Column 12

王子のお金

万歳！　ルディ・ジュリアーニ市長は、サウジアラビアの億万長者、アル・ワリード・ビン・タラール王子が寄付した一〇〇〇〇万ドルを返還した。王子は瓦礫の山と化した世界貿易センターを視察後に、小切手で市長に渡し、さらにこのテロリズムの「根源」をそろそろ理解すべきだと述べたのだが、王子のいう「根源」とは、アメリカがイスラエルを促して和平を進めさせ、パレスチナ人「虐殺」を止められなかったことだそうだ。

合衆国のイスラエル支持に対して、アラブが深いところで怒りを覚えているのは疑いない。大統領がいくら代わっても、アメリカ政府がイスラエルの貪欲な入植地建設計画を抑止できないことに、私自身怒りを感じている。とはいえ、かの地で戦争がなく、両陣営の民間人に犠牲がないかのように、イスラエルは意味なくパレスチナ人を殺している、といわれたり、またパレスチナのためにクリントン大統領が任期をかけて実際の計画を作りあげようとした（のに、エルサレムについてかなりの妥協が必要であるため、背後にサウジ政府が控えるヤセル・アラファトが拒んだ）ことを否定されたり、アラブの怒りのせいだとしてニューヨークの爆撃犯を正当化されたりするのは、事実と違う。

普通ならば、このての何気ない嘘は気にならない。中東政治の核心部分であり、最終的には嘘つきが痛い目をみるだけのことだ。しかし今の場合は危険である。私たちを傷つけかねない、より深い嘘を隠してしまうからだ。「処女懐胎問題」とでもいおうか。

サウジアラビアの役人の言葉を聞いたり、アラブの新聞を読んだりしても、ハイジャック犯の大半がサウジアラビア人の若者であること、オサマ・ビンラーディンへの資金がおもに裕福なサウジアラビア人から流れていること、サウジ政府が最もタリバンに資金を提供していることは、わからない。そう、彼らの話を聞くと、ハイジャック犯は全員、処女《おとめ》から生まれたと思わざるをえない。どこでもない場所からやってきて、どの社会にも属さない。こうしたグロテスクな行為をしでかした輩が自分の国から生まれたかもしれない、などと、どのアラブ国家も考えなくてすむ。

アル・ワリード王子よ、忘れては困る。この若者たちは王子の国の出身だ。パレスチナ問題に憤慨しているのは疑いないとしても、これはサウジアラビアをはじめ、ビンラーディン氏のいう腐敗した「偽善的」「世襲」のアラブ政権への憎悪とは比較できない。

だから、王子が一〇〇〇万ドルで何か役に立つことをしたいならば、サウジアラビアで腐敗反対キャンペーンに寄付するとか、サウジの全大学にあるアメリカンスタディ学科や、イスラム教改革派学者の教義に重点をおくようなイスラム教学センターに寄付するとかすればいい。あるいは、アラブとイスラエルの若者を結びつける「平和の種」に提供するのもいいし、サウジアラビアやパレスチナの産業発展のため投資して、若者がやりがいのある職業につけるようにするのもいい。

そうでなければ、ファハド国王を説得し、「イスラエルが一九六七年の境界線まで撤退するなら、サウジアラビアは、イスラム世界がイスラエルと外交関係を結ぶように働きかける」と公言してもらうことだ。

しかし何をするにしても、私たちにも自分自身にも嘘をついてはいけない。嘘には嫌気がさしているし、真実を知るのは私たちだけではないのだから。

子どものためよりよい未来を求める多くのアラブ市民もまた、真実に飢えている。スーダン人ハシム・ハッサンが書いたこの手紙について、考えてみてほしい。これは先週ロンドンに本社をおくアラブ日刊紙『アル・クドス・アル・アラビー』に載ったもので、MEMRI（中東メディア・リサーチ・インスティチュート）リサーチサービスによる名訳である。

「われわれはもう、［ビンラーディン氏を］アメリカと西洋の覇権の継子とみなすべきではない。彼は無力なアラブ・イスラム世界の嫡子である。どこをとっても法的に認められた息子であり、紛れもなく我々、汎アラブ主義の支持者たちが生んだ子だ。あなたがた、マルクス主義者、イスラム主義者、教育を受けた他の人たち。われわれは祖国と国民を傷つけ、その結果わが国民は、やすやすとアメリカやイスラエルなどの利益の餌食になってしまった…。放蕩息子を勘当し、西洋のせいにしてしまうことは、責任のがれでしかない。われわれが父親であると認めよう。そして、彼らに施した教育の第一の間違いは社会、学校、メディアから自由・知識を締めだし、間違いから学ぶ可能性を潰してしまったことだ［と、認めるべきだ］」

アル・ワリード王子よ、テロリストの犠牲になった人たちを本当にたたえたいならば、ロンドンでなく、サウジアラビアで新聞とテレビ局を立ち上げ、こうした思想を自由に発表できるようにしてほしい。そうすれば、私たちはこの悲劇の根源が示されている、と感じるようになるだろう。

それまでは、私はルディと同意見だ。――お金は、お返しいたします。

2001.10.19

Column 13

毛抜きが多すぎる

最近、皆さんには「そうだったのか！」と思う瞬間がないだろうか。九月一一日以後、私たちは新しい世界に住んでいるのだ、と認識させられた瞬間。私の場合は、先日空港で、ニューヨーク行きデルタ航空のシャトル便に搭乗手続きをしたときがそうだった。一泊用の小さい旅行鞄がセキュリティ・チェックでひっかかったのだ。それは、毛抜きだった。

「申し訳ないですが、これはお預けいただかないと」と係の女性。

一瞬、小さな赤い毛抜きを見つめて、私はぼんやりと考えた。チェックイン・カウンターに戻って、デルタ航空の女性に「この毛抜きをラガーディア空港まで預けたいのですが」というとする。おそらく、「この毛抜きはお客さまがお包みに？　いつも持ち歩いていらっしゃるのですか？」ときかれるだろう。そうです、と頷く。すると彼女は毛抜きにデルタのタグを巻き、私はそのあいたところに名前のタグを巻く。それがすむと、毛抜きはそっとコンベヤーに載せられる。大きなスーツケースにまじって、まるで象の群れの中に入りこんだねずみのようだ。ラガーディア空港に着いたら、毛抜きがベルトに載って出てくるのを、気長に待たなければならないのだろう。

しかし、もし届かなかったら？　ロストバゲージ・カウンターに行って、「すみません。ワシントンで毛抜きを預けましたが、届いていないのです」といわなければならないとすると、どんなことになるだろう。どのブランドですか、サムソナイト、ルイ・ヴィトン？　ときかれたら、なんて答えよう。「ライトエイド薬局です」

こんなことを思い浮かべながら、私は一泊用旅行鞄をそっくり（毛抜きも含めて）預けた。とはいえ、このコラムで毛抜きの話をしようというのではない。私たちが今住んでいるのは、毛抜きがこれほど危険になりうる世界なのだ、ということが、本日のテーマである。

私たちは、冷戦システムからグローバリゼーション・システムへと進んできた。ネットワークで結ばれ、壁のない、統合されたこの新しい世界では、毛抜きがおかしな人間の手に渡ると、飛行機もミサイルとなりかねない。そして、突入した建物がぴったりだと、ドミノ倒しとなって全世界を震撼させてしまう。貧しいこと、あるいは教育がないことは、もはや弱者を意味しない。この新システムは、信じられないほど力を倍増させ、邪悪な考えをもつ人たちに、超大国を揺るがせるほど超弩級の力を与えるからだ。

こうした世界とどうつきあっていけばいいだろう。

まず、オサマ・ビンラーディンを排除しなければならない。自分たちが超権力をもって私たちに害を及ぼすためなら、いかなる道具でも夢中になって使おうとする人間だ。私たちは、この戦争の必要性について論争して、アラブの同盟諸国の支持を取りつけようとは思わない。戦争に勝ち、ビンラーディンとタリバンを追い出すことで、同盟国の支持と尊敬を勝ち取るのだ。

第二に、粘り強くならなければならない。デニス・ハスタート議長が炭疽菌パニックを理由に下院閉会を宣言したのは、まったくもって嘆かわしい。米国軍はアフガニスタン各地に出征しているではないか。

楽なおつとめとはいわない。しかし、議会はうろたえてしまっている。それこそが、テロリストの狙いなのだ。議員たちは、連邦議会議事堂の階段ででも会議をして、米軍と敵軍に、何ものも――な・に・も・の・も――私たちの民主主義をくじくことはできない、といい渡すべきなのだ。

第三に、国外の人たちの気持や考え方を変えることが必要だ。私たちのすることに憤慨する人たちのことではない。人々には、私たちの行動に反対する権利はある。そうではなく、私たちがこういう人間だから、つまり彼らと信条が違う「異端者」だから、という理由で憎悪するように教えこまれている人たちのことだ。

これには、多岐にわたるアプローチが求められる。一つには、このように怒る人たちが多いのは、抑圧的で腐敗した政権下にある落ちこぼれ国であることを理解しなければならない。これらの国は暗黙のうちにアメリカの支持を受けている。アメリカは発展支援を三倍にし、これら落ちこぼれ国家における統治改善に真剣に取りくむべきだ。ここでは、多くの若者がタリバン式学校で教育を受け、反米的イスラム教を教えこまれ、生きるために必要な技能は何も与えられていない。

とはいえ、イスラム圏の同盟国がなければ、うまくいかない。ビンラーディンによって押しつけられた憎悪という政治理論にかわるイデオロギーを提供できる政治指導者が必要だ。自分たちに向けられた国民の怒りをそらし、アメリカを悪者にするのでなく、自分たちの政権をきちんと見つめようとする指導者が。またイスラム教の精神指導者には、同教は聖戦と殉教の宗教である、つまり、他のさまざまな宗教や文化、思想と共存して互いに豊かにしあってきた宗教ではない、といいはる連中に対して、どんどん反論してもらわなければならない。

もし私たちも同盟国もそれぞれの役割を果たさなければ、これは文明間の戦いになるだろう。そうなったら、私たちに勝ちめはない。怒れる人たちはあまりに多い。毛抜きは多すぎてチェックのしようがないのだから。

2001.10.23
Column 14

一筆啓上、ジョージより

ジョージ・ブッシュより

アリエル・シャロン殿　ヤセル・アラファト殿

お二人の対立があまりにいきすぎ、急激に悪化しており、私がオサマ・ビンラーディンに対する戦争を続けていけなくなるおそれがあるため、急ぎペンを取った次第です。

アリエル殿、まず君から先にお話ししましょう。アメリカが現在攻撃を受けていることを君が理解しているのか、私としては確信がもてません。私たちが戦っているのは、自分を守るためです。アメリカとイスラエルにおける善なるものすべての基盤である、自由で開かれた社会を維持するためなのです。友人のアメリカがそのために戦っているとしたら、イスラエルがするべき問いは、「助けるには、どうしたらいいでしょうか?」これしかないはず。

前からいわれているように、アラファトが君にとってのオサマ・ビンラーディンかどうか、議論するつもりはありません。君の決心がぐらついていることは明らかです。どのみち、アラファトとこっそり交渉し、令息のオムリを数回送って、会わせているのですから。私は一度たりとも、娘たちをビンラーディンに会わせたりしていません。

アラファトが何者か、私はよく知っています。アラブ同盟国の指導者によくあるタイプです。堕落した独裁主義者で、どうしようもない人間。国外の風向きにすぐ左右されるし、その連中がまた扱いにくい。しかし国内の敵対者はさらに厄介ときています。アラファトは問題でもあり、答でもあるのです。

気がかりなのは、イスラエルが何者か、ということです。イスラエルの民間人を殺すパレスチナ人に対して報復しても、悪いと思いません。誰も反対はできません。テルアビブのディスコ自爆テロを組織したパレスチナ人テロリストが君の狙撃兵に暗殺されたとき、アメリカのスポークスマンは、それに関して反対しない、と明言しました。しかし、ここにレッドラインがあります。君の内閣がせきたてるように、この状況を利用してパレスチナ自治政府を潰し、ヨルダン川西岸とガザにおけるアラファト支配に終止符を打とうとするのか、しないのか。これが大きな分かれ目です。

もし今君がこの行動に出るならば、そして西岸・ガザ全体が混沌状態となり、あるいは運が悪ければイスラム主義過激派が支配してしまい、君が両地区を再び占領して、アラブ・イスラム世界を刺激するならば、ビンラーディンに抵抗する私たちの連帯が深く傷つけられることになります。この連帯を傷つけるものは誰でも、私たちを傷つけているのです。

アリエル殿。この戦争がアメリカにとっていかに深刻なものか、アメリカの友人や大使から伝えられなかったのではないでしょうか。パレスチナ人過激派が君を苦しめていることは知っています。大臣を殺される前には、停戦のために努力していたことも知っています。すばらしいことだと思います。しかし、大臣を暗殺されたことに刺激されて、気違いじみたことをするのはやめてもらいたいのです。それではテロリストの思うつぼです。

おわかりですか？　ビンラーディンが私たちを攻撃してきたのは、パレスチナを解放するためではありません。アラブ市民が自国のひどい政権に怒りを覚えていることが、根本にあるのです。イスラム教を怒りと殉教の宗教に歪めようとする狂信者に、そもそもの問題があるのです。こうした事実は明白で、隠しようがない――君が邪魔してイスラエルのせいにしないなら、ですが。レーダー画面を取り払わなければ。私たちは今、決意のほどを敵に試されているのです。友人に試される必要はありません。もし君が試すというなら――特に、アフガニスタンでアメリカ人犠牲者が出てから――、米国とイスラエルの特別な関係に深刻なダメージを与えることでしょう。

さて、ヤセル殿。君は世界の禁煙コーナー、つまり反テロリズムの仲間に入りたい、といわれました。わかりました。それなら、葉巻をくゆらしながらそばに寄るのはやめてください。パレスチナ国家は喜んで支援するつもりですが、この戦争で君が私たちを支持しないならば、なかったことにしましょう。

君の支配する国民がイスラエル人兵士に石を投げようとするならば、それは君の問題です。イスラエルのディスコを爆破したり、イスラエルの大臣を暗殺してシャロンにかかるプレッシャーを弱めるパレスチナ人に対して、断固たる態度を取ろうとしないとしたら、君はビンラーディンとタリバン側の人間、テロリストをかくまう凶悪犯の一味だ、と思うことにします。自国民を掌握できない、などといわないでもらいたい。同じいい草をもう何度も聞かされました。もしやめないならば、議会に強いられるままに君への援助をすべて打ち切り、君をテロリストとみなして、あらゆる手段を用い、非正当化することになるでしょう。そうしない理由はないのです。無責任にも、イスラム主義のパレスチナ人の間に殉教と自殺熱が高まるのを放っておいたことで、脅威にさらされるのはイスラエルと君だけではありません。これは、私たちへの脅威でもあります。

何年もの間、問題はいつも君たち二人のものでした。が、今は私たちの問題です。両君の戦争を延期してもらわなければなりません。拒むのならば、私たちに敵対するものと考えるでしょう。

2001.10.26 Column 15

あてにならない

さて、私がちゃんと整理できているか、確認させてほしい。パキスタンは月、水、金と、私たちに基地を使わせてくれる――オマルで始まる名前をもちパキスタン諜報部にいとこのいないタリバンだけを爆撃するならば。火、金《[ママ]》はインドが味方してくれる――それ以外の日に、インドがカシミール周辺のパキスタン軍を砲撃できるならば。日曜日はエジプトだ。このことを私たちが秘密にし、またエジプトに年二〇億ドル援助していることにふれないならば。

ヤセル・アラファトが私たちの味方になるのは、平日の午後一〇時以降、世界貿易センターの攻撃後に街頭でお祭り騒ぎをしたパレスチナ人が眠ってからでしかない。北部同盟の場合は、軍隊全員に私たちがサンダルを買い、カブールに行く最初の一〇〇〇人に合衆国のパスポートを与えるならば、という条件がつく。

イスラエルも、私たちに味方する条件として、ガザ地区で一〇〇万ものパレスチナ人にまじって住むイスラエル人入植者七〇〇〇人のあきれた行動について、私たちが問わないならば、という。クウェートも、アメリカのおかげでイラクから救われたのだから、味方をしようとするだろう。ところがクウェート議会で二人のイスラム主義者が反戦を表明したため、首長はあえて踏みこむ気を失っている。おわかりだろう。もちろん、サウジアラビアも私たちの側につきたがっているが、戦争はしたくないという。つまりは王室の役に立つなら、ということだ。まあそれでもいい。アル・ワリード王子は、サウジの人材派遣会社を通じてバングラデシュ兵士を貸そうと約束した――うんと安く。

サウジアラビアの王族はハイジャックに加わった一五人のサウジ人に関する警察の記録を引き渡し、協力したいというが、それでは主権の侵害になってしまう。彼らがどれだけ主権を重んじているか、いうまでもなかろう。たとえば、ワシントンのサウジ大使館は、九月一一日の後、FBIの取調べを受ける前に、オサマ・ビンラーディンの親戚を残らずサウジ専用機でアメリカから出国させたではないか。

個人的なコメントだが――アラブ・イスラム世界に属する私たちの同盟国は、こぞってアメリカがビンラーディンを早く見つけ出してほしい、といいながら、まもなくイスラムの神聖なるラマダン（断食月）になるから、その間どうしても戦闘に巻きこまれたくないそうだ。それならば、一九七三年の中東戦争で、エジプトとシリアがイスラエル攻撃を開始したのを忘れたのだろうか？　アラブ世界で、この戦争がなんと呼ばれたか、覚えていないというのか。「ラマダン戦争」、そう、この戦争はラマダンに始まったのだ。なるほどね。アラブ世界はラマダンに戦争をしかけるのはかまわないが、攻撃されるのはいやだ、とこういうわけか。

同胞なるアメリカ人のみなさん。いいたくはないけれど、旧友の英国を除いては、私たちは世界でひとりぼっちなのだ。つまるところ、現場に入っていって、ビンラーディンを生け捕りにするのは、米英軍しかいない、ということだ。

そうはいっても、対イラク湾岸戦争であんなに多くの同盟国があったではないか、って？　あれは、サウジとクウェートのカネの力だ。彼らは数十億ドルでシリア軍を買収し、さらに巨大な再建契約をちらつかせ、全経費を出すことで、私たちとヨーロッパを買収した。実際、日本が支払ったカネで、私たちは湾岸戦争でもうけることができた。〝ドーメイザラス〟のおかげである。

今回は、自分の分は（他人の分も）自分で払わなければならない。不幸なことに、ニューヨークで五〇〇〇人もの罪なきアメリカ人が殺されたといっても、世界の他の国々が負担してくれるわけではない。私たちにも、責任がある。

ブッシュ政権が就任初日から発表した一方的メッセージ、すなわち京都議定書に加わらず、軍備抑制を無視し、諸外国から文句が出ても屈しないやりかたが、今になって私たちの足をひっぱっているのだ。

だいたい、他の国がアメリカの納税者からカネを巻き上げようとしているからといって、誰が非難できようか。ディック・アーミーら強欲な下院メンバーのしているのも、同じことではないか。富裕層、ロビイスト、企業の税制をさらに優遇し、この戦争で戦うことになる労働者にはほとんど何の減税も認めないような法案を、強硬に通そうとするのだから。

　私がアドバイスするなら、こういうだろう。こんなことを深追いするのはやめて、そのかわり、「いくらで?」と聞くでもなく、世界貿易センターに突入していった消防隊のことを考えよう。「私に何の得がある?」と聞きもせず、職場を離れ、家族をおいて、アフガニスタンでの戦争に赴く数千ものアメリカ在郷軍人のことを考えよう。アメリカと同盟を組むただのり連中と違って、こうしたアメリカ人青年たちは、九月一一日が私たちの聖日であることを知っている。さまざまな宗教が共存する、自由で民主的な私たちの社会を守るため、正義の戦いが始まった日であることを。この戦争がラマダンの最中であろうと、クリスマス、ハヌカー(ユダヤ教の聖殿献堂記念日)、ブッダ生誕日とかちあおうと、かまうまい。正義が勝つまで戦う――これこそが今、私たちにできる最も霊的で大切なことなのだから。

2001.10.30 Column 16

ミニバンか、教科書か

一九八八年四月、サウジアラビアは、任命されたばかりの大使ヒューム・ホランを退任させるよう、アメリカに求めた。着任わずか半年のことだ。報道によれば、単にファハド国王がこの米大使を嫌ったからだという。とはいえ、ホランが気に入られなかったのは、米国務省で最もアラビア語がうまく、語学力を生かして、あらゆる種類のサウジアラビア人と接触したからだ。その中には、王族に批判的な保守的宗教指導者も含まれていた。サウジアラビアは、これほど巧みに社会に入りこむ人間を好まない。そこで、（もちろん）アメリカは大使を交替させたわけだ。

それ以来リヤドには、アラビア語のできない大使が派遣されている。ホワイトハウスに入りこむノウハウは心得ても、サウジアラビアに入り込むコツを知らないような大統領のお友だちばかりだ。了解。こういうことだ——サウジから原油が出る限り、学校やモスクで彼らが何を教えようが、アメリカには関係ない。知らなかったことなら、私たちは別に困らない。

しかし、そうだった。九月一一日、私たちはこれがいかに間違っているかを痛感した。知らなかったことのせいで、大変な目にあってしまった。九月一一日、私たちは、それまで知らなかったサウジアラビアのすべてを知った。サウジアラビアがタリバンの主要な資金提供者であったこと、ハイジャック犯のうち一五人がサウジの不満を抱いた若者であったこと、オサマ・ビンラーディンのための資金調達を（政権攻撃に使わない限り）サウジアラビアが放置していたこと。

とりわけ、サウジの学校については今回初めて明らかになった。最近の新聞でリヤドからの記事が載っていたが、全公立学校の必修科目である宗教（五つのうち一つ）の一〇年生用教科書には、こうある。「イスラム教徒は互いに忠実で、異端者を敵とみなさなければならない」。非イスラム教徒に対するこうした敵意は、サウジの厳格なワッハーブ派イスラム教ではとくに強調され、サウジの説教やテレビ、インターネットを通じてますますあおられている。

この図は間違っている。九月一一日以来、ブッシュ大統領は数回にわたり、イスラム教が寛容な宗教であって西洋をしんから敵視しているわけではない、と述べてきた。しかし、イスラム教の聖地を守るサウジアラビアの指導者は、一度もスピーチをしていない。

事実、サウジアラビアには少なくとも二つの顔があるのに、私たちは一つしかないと思うふりをしてきた。富裕な王族およびアッパーミドルクラス（上層中流階級）が、それである。彼らの子どもたちはアメリカへ留学して、海外で西洋風の生活を送り、国内では姿が見えない。しかしサウジには、もう一つ別の顔があった。米欧に宗教的敵意をもつイスラム主義者のグループで、職につかず、政府に不満をもつ青年たちに多い。

戦争で第一に犠牲になるのは「真実」である、といわれる。今回の戦争は、そうではない。九月一一日の戦争では、真実を誰にも――自分たちにも他人にも――いえなかったことが原因で、私たちが犠牲となった。もうそろそろ、本当のことを話してもいいだろう。

本当のこと、それは大量破壊兵器が簡単に手に入る今日、政府が若者の意識、精神性、想像力をいかに形づくるかは、もはや私的問題ではない、ということだ。

私たちには二つの選択肢がある。第一には、サウジの王族は異文化に寛容で力があり、解決に貢献したいと望んでいるのだと判断したうえで、必ず王族の子どもたちに今と違う教育を受けさせ、アメリカの破壊を狙う人間のもとに資金が流れないことを確約させる。もしこれができれば、子どもたちにアメリカを愛せよと教えるとか、イスラム教以外の信仰をもたせるとか、そんなことは期待しない。

けれども、私たちとよい関係を結びたいと思う国には、知ってもらわねばならない。公立学校でいかなる宗教を教えるにせよ、そのヴィジョンの「平和的」実現を学ばせてほしいのだ。合衆国大使は皆、この信念をもつべきだ。世界が他の宗教に寛容になれないならば、共存は不可能である。しかし、他に寛容であれといういかにも単純な教えこそ、サウジアラビアの学校で教えてこなかったことなのだ。

もしサウジにこれができない、あるいはしないならば、実のところアメリカの味方ではない、と結論づけるしかないし、彼らに依存しなくてすむよう、私たちは早急に手を打つべきだ。私は九月一一日の前からラディカルなエネルギー節約派で、高燃費車をやめ、原油輸入量を減らすことに賛成してきたが、今では、その思いがさらに強くなった。

ジョンズ・ホプキンズ大学の外交問題専門家であるマイケル・マンデルバウムはこう語る。「私たちがミニバンをお払い箱にするか、サウジアラビアが今使っている教科書を捨てるか。しかし確かなことが一つある。両者が共存できる、とこの先も思っていては危険だ、ということである」

Column 17

2001.11.2

もう一つの前線

アフガニスタンの戦争が始まって一か月、既に、いつまで続くかという問題に注目が集まりはじめている。一つ深呼吸して、こう繰り返してほしい。戦争が成果をもたらすことをもう一度信じてみよう。私がいっているのはアフガニスタンのことだ。地図をみてほしい。はるか遠い地である。

今日、ブッシュに長期戦を勝てるだけの軍事戦略があることは疑いない。気になるのは、長期戦を続けるためのＰＲ戦略があるかどうかである。時間がたつにつれ、アラブ・イスラム世界の世論が重要になってくるだろう。言葉を発しないパキスタンの大衆は、今のところペルベズ・ムシャラフ大統領がアメリカとの同盟に踏みきったこと——アメリカにとって戦略的にきわめて重大である——を支持しているが、それもアラブ・イスラムの風向きが変わればあてにならない。この地区の若い世代も同じことだ。次世代がビンラーディンを理想のモデルとしてでなく、悪党とみなせるかどうかが鍵となる。では、このＰＲ戦争をどのように戦えばよいか。

最も重要なのは、まず実際の戦争に勝つことだ。タリバン政権とビンラーディンのネットワークを根こぎにして、さらに、罪のない五〇〇〇人ものアメリカ人を殺した輩は誰でもこういう末路をたどる、というメッセージを発信するのである。実に簡単なことだ。もしこの戦争に勝ち、それが周囲にも認められれば、アラブ・イスラム諸国が友人あるいは同盟者になるだろうし、逆に、敗色が濃いとか足元がぐらついているとか思われたなら、同盟者はたちまちのうちに姿を消してしまう。

事実、アラブ系の新聞に載る論評をいくつか読んでみると、ビンラーディンとサダム・フセインが大衆に相当支持されていることがわかる。本来、この二人の大量殺戮者にPR戦争で負けるわけがないのだが、しかし最近はおされ気味だ。ホワイトハウスが彼らを「ならず者」呼ばわりするだけでは十分ではない。実際の戦争と同じように、このPR戦争にも本気で取りくむ必要がある。

アフガニスタン爆撃による民間人の死傷者について尋ねられた場合、大統領あるいはスポークスマンはこう答えるべきなのだ。「大量殺戮者オサマ・ビンラーディンがアフガン市民の中に身を隠してから、ちょうど三〇日になる。不幸なことだが、これが原因で、民間人が数名亡くなった」「イスラム教徒を死に追いやっておきながら自分の命を危険にさらすようなことは絶対にしないオサマ・ビンラーディンが、自分のためにアフガニスタン人を死なせるようになって、四週間が経った」

サダムも同様。サダムについて語るときは、アメリカの役人には、いつもこんな形容詞をつけてほしい。「二〇世紀において誰より多くのイスラム教徒を殺してきた男、サダム・フセイン…」（一〇〇万ものイラン人、イラク・クルド人、クウェート人を殺しているのだから）。サダムとビンラーディンは「世界最大のハイジャック犯――それぞれ国をハイジャックし、民間人を人質にとっている。我々は彼らを解放しようとしているのだ」といってもよい。

ディフェンスを磨くだけでなく、オフェンスも重要だ。そう、そろそろブッシュ政権は、パレスチナ対イスラエルの不愉快な戦いをテレビで流さないほうがいい。この対立を解決する必要はなくても、有能な高官を公使として送りこみ、停戦や一時的休戦協定に取りくむ必要がある。イスラエル人とパレスチナ人は、自分では、この行きづまりから脱出する方法を探そうとしないのだ。交渉では暴力に終止符を打てないが、少なくとも強力な筋道を作ることはできるかもしれない。

とはいえ、オフェンスはアメリカだけではできない。エジプト、サウジアラビア、クウェートといった同盟国が合衆国を支持する公式声明を出しただけで、そのままひょいと身をかわしてしまっては、とても足りない。アラブ・イスラム教徒の指導者は、テープを通じて全世界に流されたビンラーディンのメッセージに一人として、答えていないのだ。アラブ・イスラム世界の米同盟諸国は、なぜ自分たちがアメリカ側についているか――新聞が反米憎悪をかきたてる一方で、アメリカにこっそり基地使用を認めているだけでなく――、国民にきちんと示す必要がある。

ビンラーディンは、アラブ世界に向かって、アラブの近代化戦略は失敗した、イスラム教だけが、特に怒りに満ち逆行するイスラム教だけが残った、と述べた。アラブ諸国の主導的立場にあるエジプトは、このメッセージに対して、こう主張すべきだ。アラブ的ヴィジョンによって、アラブ文化・伝統への敬意と近代化は融合できる、と。イスラム教国家のリーダーであるサウジアラビアには、こう主張してほしい。イスラムの理想は、信仰と他宗教への寛容、近代性を融合できる、と。

しかし、まず彼ら自身が、このヴィジョンをもたねば話にならない。

要するに、こういうことだ。礼をわきまえた議論だの、消極的な外交政策だのでは、また、腰が引けてしまって、過去とともに未来を葬り去ろうとする人間からその未来を取り戻そうとしない面々が同盟者では、ＰＲ戦争には勝てないのだ。

DIARY 3
Travels in a World Without Walls: September 11,2001-July 3,2002

オサマ・ビンラーディンは白昼夢をみる人間だ……

フランス人がここまで完璧にわかっているのに、どうしてアメリカ人の大学生や教授らにわからないのだろう。正直なことを打ちあけると、九月一一日の後、がっくりさせられた会話はいろいろあっても、アメリカの大学で、そのへんがわかっていないらしいアメリカ人教授や学生と話をしたときほど、落ちこんだことはなかった。ビンラーディン一味がテロを起こしたのは、アメリカの中東政策を変えようとしてではないのに、それが彼らにはわかっていない。ビンラーディンが「アメリカがサウジアラビアに駐留している米軍を縮小し、あるいはマクドナルドを撤退させるなら、アメリカに文句はない。イスラエルが一九六七年前の境界線に戻りさえすれば不満はない」といったとでもいうのだろうか？　ビンラーディンは、私たちとの新たな共存関係を探っているわけではない。アメリカの力を弱め、あるいは国を破壊したいだけ。だからこそ、ハイジャック犯は要求のリストを記したメモを残さなかったのだ。その必要はない。ハイジャック行為そのものが要求だからだ。そして、それこそが戦争なのである。彼らは、自分たちの大義や不満に世界の注目をひきつけようとするテロリストではない。他国を自分の思い通りにしようとする、つまりアメリカを倒せ、と主張する兵士である。もちろん、彼らはそんな声明のメモを残していない。だいたい、D

デイに際して、そんなものをナチスに残しただろうか？『ウォール・ストリート・ジャーナル』記者のダニー・パールを殺害した――ユダヤ人であることをカメラの前で告白させたのち、記者ののどを裂き、首をはねた――パキスタンの狂信的イスラム教徒も声明メモを残さなかった。これも、同じ理由からである。つまり、行為そのものが声明メモなのだ。

はっきりさせよう。過去、現在にわたるアメリカの行為は何もかも正しいとか、完璧でこれ以上よくなりようがないとかいうわけではない。私たちは何度か世界のあちこちで、愚かなこと、悪いことをしてきた。とくに中東では醜悪な政権を支持したこともあるし、今日も支持し続けている。常に最善を尽くしてきた、とはいえないだろう。

が、そういうときもあったとはいえ、多くの場所、多くの時代で、アメリカは世界がより多くの人々にとって、よりよく、より住みやすい場所になるよう努めてきた。歴史上そんな国はない。それを好まない人たちもいる。自由、さまざまな思想との共存、他宗教に対する寛容な態度、アンチ神権政治、ジェンダーの平等、民主主義、個人の信念、自由経済、多民族性といったものを、私たちは社会を築く手段とし、他の国々にも倣ってほしいと求めてきたが、それが面白くない人たちもいる。私たちの行為でなく、私たちのありかたが――私たちの存在は、彼らが信じているものすべてを否定するから――嫌いなのだ、という人たちもいる。私たちの世界は、彼らが望む世界と正反対なのだ。キリスト教徒、ユダヤ人、世俗政権、女性の平等を嫌う人たちもいる。ある点で、彼らと私たちは、殺すか、殺されるかだ。文化的多元主義を用いて解消できるような生易しい誤解ではないのである。

こんなことを考えていると、ピーター・L・バーゲンによるビンラーディン関連書『聖戦株式会社』を取りあげた書評が目にとまった。『アトランティック・マンスリー』(二〇〇二年一月号)に掲載されたもので、よく考えぬかれている。評者はブルース・ホフマン。西側では文明間の戦争としてみたがらない人が多いが、これこそビンラーディンの見方なのだ、と指摘する。「宗教からくる熱情と敬虔なイスラム教信仰と政治不満を、力強いイデオロギーに融合させる手腕のうまさは、どんなに不愉快でいとわしいとしても、名人芸の域に達している。ビンラーディンは、この戦いがアメリカと同盟諸国がこれまで必死になって避けようとしてきた『文明間の衝突』である、とみている。一一月三日、アルジャジーラ・テレビで放映されたスピーチで、彼はこう宣言した。『これは宗教と信条の問題である。私たちと異端者の間に横たわる敵意は、なんとしても忘れがたい。これはイデオロギーの戦いである。だから、イスラム教徒はイスラム教徒どうし、同盟を組まなければならないのだ』」

七四七型旅客機の操縦法を知りたがったことからミネソタ州で逮捕された「二〇人めのハイジャック犯」ザカリアス・ムサウィは、二〇〇二年四月、法廷で五〇分間発言を許可された。彼はここで、「合衆国の破壊」「ユダヤ人とユダヤ人国家の破壊」を祈念し、また「スペインがイスラム教支配下に戻りますように」と祈った。

さまざまな要素から私たちに対して怒りを抱いているのは、ビンラーディン一味だけではない。しかし、私たちを潰そうとして、あそこまで厚顔無恥に想像をたくましくするのは、彼らしかいない。ホフマンは、アラビアのロレンスとして知られるT・E・ロレンスの言葉を引用しているが、これが実にうまくビンラーディンという人間をいいあてる。「あらゆる人間は夢をみる。しかし、みなが同じように夢をみるわけではない。夜、心の隅であいまいな夢をみるならば、朝、目が覚めたとき、むなしい夢だったことがわかる。しかし昼に夢をみる人間は、危険である。目を見開いて夢を行動に移そうとし、実現しようとするからだ」

オサマ・ビンラーディンは白昼夢をみる人間だ。しかしこうした輩、つまり私たちに面と向かって「アメリカの存在そのものが嫌いだ」という人間、何の罪もない記者をユダヤ人だからといって殺す人間、自分を直視できないからといって問題をすべて他人に押しつけようとする人間は、「政治的に正しい」ことを第一とするアメリカの大学には見えないのだ。大学に「ワル入門」の授業はない。

私がこれを悟ったのは、九月一一日のあとまもなく、中東部ビッグテンに数えられる大学で講演をしたときのことだ。教授や関係者、学生との集会で、同大学中東研究学科の教授が、ビンラーディンの怒りおよびハイジャック犯の怒りは、イスラエルのパレスチナ人に対する残虐なふるまいがアラブ・テレビで始終流された結果です、とやっきになって説明しようとした。個人的にいって、私は、イスラエルの西岸・ガザ地区占領は言語道断だと思う。イスラエルとその主要支援者であるアメリカに対するアラブの怒りをあおったことは、疑うよしもない。しかしながら、ビンラーディンがこの問題を重視したことは一度もないのだ。彼が「パレスチナ」について語りはじめたのは、九月一一日の後、アラブの世論の支持を失うかもしれない、と感じたからである。しかも、テレビでこのようにイスラエル人が忌むべき存在になっているのは、パレスチナ人に責任があるのだが、この教授には全く気にならないようだ。

　九月一一日後、知的ハイジャックがはびころうとしている。このとき、初めてそれを実感した。まず九月一一日にハイジャックが起こった。そのあとで、自分の大義や不満、世界観を主張するため九月一一日を利用しようとする人たちによって、はてのない「ハイジャック犯のハイジャック」が起こった。ハイジャック犯が書かなかった要求や声明を、自分の手で書きたがる。こんな具合に――「われわれは、パレスチナのためにやったのだ！」「グローバリゼーションを倒すために！」「アメリカの暴虐な行為から、イラクを守ろうとしたのだ！」

　とにかくまずはアメリカを非難しておこう、という衝動は、アメリカの諸大学で蔓延している病気である。ヨーロッパの大学ではいうまでもない。ある南部の大学で、教員相手に講演をした際、「ハイジャック犯が要求も説明も残さなかったのは、自分の行為そのものがメモだからです」といったら、ある教授に反論された。「違います、それは違います。アメリカの政策に対する異論申し立てです。ビンラーディンは、アメリカ軍をサウジアラビアから撤退させようとしているのです。どうして、おわかりにならないのですか？」私はあいた口がふさがらなかった。サウジアラビアから米軍を撤退させる目的があれば、ニューヨーク市の罪もない約三〇〇〇もの市民を殺していいというのか？　ほかの手段がなかったのか？　どうして、ビンラーディンに、サウジアラビアの名でこんなことを要求する権利があるのか。だいたいサウジアラビアは、ほんの二、三年前イラクに攻撃されたばかりで、実際アメリカの保護を望んでいたのではないか？

過激派イスラム教徒が私たちを憎むのは、私たちを「異端者」とみているからであり、イスラム社会が病におかされているのはすべてアメリカが悪いことになっているからだ――ほとんどの大学で、これは禁句である。悪いが、しかしこれが真実なのだ。オサマ・ビンラーディンの手下は、世界貿易センターに突っ込んだとき「ウィー・アー・ザ・ワールド」を歌いはしなかった。

この議論で私は平静を保つのが難しくなり、早めに切り上げてしまった。私がキャンパスにいる間は、大学側から警備がついていた。非番の消防夫か警官だったか……忘れた。いずれにせよ、びっくりするほど純朴で、いいやつだった。アメリカはこういう警官や消防夫のおかげで、できあがっているのだ。例のやりとりの間、彼も会場内にいたから、外に出たとき、私がかなり頭にきていたのもわかっていただろう。私が口を開くより先に、「ああいう人たちは、どんな世界に住んでいるんでしょうね。ぼくにはわかりません」といって、頭をふった。会場でこう思ったのが自分ひとりでなかったことに、私はほっとした。

「9　それはそうだ、しかし…」はこの経験に基づいている。「そうですね。九月一一日の攻撃はひどい。しかし、アメリカはそうされてもしかたないんじゃないでしょうか」と口走る人のことを書いたコラムだ。また、こうした大学での講演がきっかけとなって、ある日の夕食のとき、私は娘たちに向かってこんな話をした。「自分が考えたいように考えていいんだよ。右よりでも左よりでも、中道でもいい。黒人でも白人でも紫でも、この家に誰を連れてきてもかまわない。しかし国を愛し、アメリカ人として生まれたことを毎日神さまに感謝しないならば、この家の敷居をまたいじゃいけない」

二〇〇二年一月、ブリュッセルでのNATO会議でこの話をしたところ、後で、出席していたフランス人の学者が、私のほうにやってきた。「お考えのとおりだと思います。けれども、お嬢さんにいわれたことは……ちょっといいすぎですよ」。アメリカ人の学者、大学教授、知識人、ジャーナリスト、評論家が愛国主義を語ったり、国への愛情を表現したりすると、どういうわけか、人々は落ちつかない気分になるらしい。冷戦が終結して以来、反アメリカ主義が世界を支配してしまった。インテリの間では一般論として、何が起ころうが、まずアメリカを非難、アメリカの知識人は世界のサンドバッグとしての役割を受け入れて当然だ、と思われている。これに反対すれば、まるでカクテルパーティで盛大に屁を放ちでもしたみたいに、奇妙なものを見るような目が一斉に向けられ、近くに誰もいなくなるだろう。

しかし、みながそうだというわけではなかった。多少悲観的になって、「15　あてにならない」というタイトルのコラムを書いた翌朝、オフィスに電話が鳴った。電話をかけてきたのは、シドニーに住む主婦だった。その朝の新聞に載った私のコラムを読み、はるばるオーストラリアから電話をかけてきたのだ。オーストラリアの特殊部隊ＳＡＳに勤務している夫は、アフガニスタンでアメリカとともに戦うために出て行きました。夫がいなくなってとても寂しいのです。アメリカはひとりで戦っている、なんていわないでください、という。私は電話をくれたことに感謝し、間違いを詫びた。非常にうれしいお電話です、ともいった。

今回の日記は、コメディアンでライターのラリー・ミラーが『ウィークリー・スタンダード』二〇〇二年一月一四日号に寄せたエッセイを引用して、締めくくることにしよう。これはとても面白かった。ミラーも、政治的な正しさをふりまわす大学で遭遇した場面に腹を立てていた。このエッセイでは、九月一一日にまつわるばかばかしい常套句のリストがあがっている。中でも最たるものは、これだ――「私たちは良くない、彼らは悪くない、あらゆる物事は相対的である」

ミラーは次のようにコメントしている。

> よく聞いてくださいよ。私たちは良い、彼らは悪い。何も相対的なものなんかない。さあ、もう一度ご一緒に。そして、自分を解放しましょう。「私たちは良い」とは「私たちは完璧だ」とは違います。いいですか？　完璧なのは、システィナ礼拝堂の天井に描かれた、あの髭の人だけです。私たちの国は、確かにいろいろ間違いはしてきましたが、これまでもこれからも、自由、慈善、チャンス、愛情を示す史上最大の信号なのです。わかりきったことではないですか。もし証拠がほしいならば、地球上の国境をすべて開放して、

どうなるか見てごらんなさい。半日のうちに、全世界はゴーストタウンになって、合衆国はミュージカル『プロデューサーズ』に並ぶ長い行列のようにみえるでしょう。

ミラーはこう付け加えている。「というわけで、私の新年の決意はこれです。私たちの、殺された兄弟姉妹を忘れないこと。相対主義者に、道徳からはずれたことをいわせておかないこと。どこぞの政治学教授が何といおうが、アメリカが先手を打ったわけではなかったのですから」

2001.11.6
ドーハ（カタール）

Column 18

敵はビンラーディン主義

合衆国がなぜアラブの人たちに嫌われているか、その理由を知りたいならば、エジプトの半公式な日刊紙『アル・アハラム』に最近載った社説（筆者は編集長イブラヒム・ナーフィウ）を読めばいい。合衆国は、アフガニスタンの地雷が大量に敷かれた地域を故意に選んで、人道的援助として食糧を落している、と述べた後で、筆者はこう付け加える。「同様に、合衆国による人道的物資は遺伝子組み替え食品であり、アフガニスタンの人民の健康に悪影響を与えるのが狙いだ、という報告もある。これが事実ならば、アフガン人に有害な人道的物資を与えるとは、アメリカの行為は、人類に対する犯罪である」

社説を書いたのは、ホスニ・ムバラク大統領からじきじきに任命された、エジプト有数の編集長である。出どころの曖昧な「報告」にしたがい、アメリカがアフガニスタンに有毒食品を落下させたといって非難している。これでは、アメリカがエジプトの一般市民に嫌われても当然だろう。

ビンラーディン主義を生んだのは、まさにこの作戦である。アラブ政権は、国民のために実のある未来を建設することができない。このため、国民に激しい怒りが生じる。ビザが取れる若者は国外に逃亡する。モスクにもイスラム教にも頼れない人たちだ。政府は、暴力で抵抗するイスラム教徒を鎮圧する一方で、反イスラムと非難されるのを怖れ、最も強硬派だが非暴力的なイスラム教聖職者にカネと自由を与える。同時にマスコミを通じて、大衆の怒りをアメリカにふり向けさせるのである。

結果はこうだ。アメリカは嫌悪され、イスラムは最も反近代的勢力の手に渡される。以上。

あの九月一一日によって彼らの作戦は白日のもとにさらされたのだが、アラブ諸国はそのことがわかっていない。今アメリカは試されている、と思っているらしいが、本当に試されているのは、エジプトやサウジアラビアなど、ハイジャック犯の出身国である腐敗政権のほうだ。イスラム教を反近代主義者にハイジャックされたまま、これからも放っておくのか。連中に任せたら、アラブ世界は間違いなく置いていかれるというのに？　これからも他人に罪をなすりつけるのか。それとも、鏡をのぞいて自分を見、他の未来に向けて社会を開こうとする気があるか？

明るいニュースが届いた。アラブ・イスラム世界に、政権が押しつけてきたクズを拒否するような新しい声が生まれている。ロンドンに本社をおく新聞『アル・ハヤート』が、エジプト人映画評論家サミル・ファリドからの手紙を載せた。引用しよう。「九月一一日について、エジプトの新聞に掲載された論評をほとんど全部読み、私は恥ずかしさを覚えた。…全部とはいわないが、そのほとんどが、アラブの非民主的軍事政権の猛毒が知的エリートの身体に染みついてしまったことを証明している。これらの人たちはもはや…破壊のための破壊を恥辱と思っていない。この地域に待ちうける未来は、いかに暗いことだろう」

ここペルシャ湾岸の町カタールで、アラブ世界で最も自由で人気のあるアル・ジャジーラ・テレビでは、最近、かたやリベラルなクウェート人政治学者シャフィーク・ガブラ、かたやイスラム主義者とアラブ人急進的ナショナリスト（各一人）による論争の模様を放送した。後者が二人してオサマ・ビンラーディンを弁護しようとするのに対し、ガブラ氏はこう反駁した。「レバノン内戦はアメリカが作り出したものではありません。イラン・イラク戦争もそうですし、ビンラーディンもアメリカのせいではありません。皆われわれが作り出したものなのです。われわれは自分たちの内側を見なければなりません。他人に罪をなすりつけるやり方は、もうやめにしなければ」

カタール大学法科大学院《ロースクール》のアブデルハミード・アル・アンサリ博士は、『アル・ラーヤ』に次のように書いている。「テロリスト［ビンラーディン］がどうしてヒーローになれるのか。アラブ全体の展望はどうなっているのだろう。イスラムの有名学者たちに何が起こっているのか。…我々は、この問題を根本から解決しなければならない。教育がその鍵を握っている」

アラブの指導者たちは、イスラエルと膠着状態になった責任がいささかなりともパレスチナ側にあることを認めようとしないが、エルサレムを拠点とするパレスチナ人指導者サリ・ヌセイベは、つい二、三週間前、勇気をふるってパレスチナ人の戦略を批判した。「われわれはイスラエル人に対して、こういってきた。おまえたちを追い出してやりたい、それはヨルダン川西岸とガザの解放、自由、独立を望むからではない。おまえたちを祖国から追い出してやりたいのだ。イスラエル人にこのことをわからせるために、われわれはディスコやレストランに出むいて自爆する。すべて狂気のさた、醜悪で、まったく反生産的だ。イスラエルはあなたたちの味方につき、われわれは同盟者を失った」

ブッシュは、アラブのパートナーにいうべきだ。——アメリカは君たちの基地も軍隊も必要ない、ただ、アラブに今と違う未来を望む人たちの声が聞こえるように、社会を開放してほしいだけだ、と。

ビンラーディンのことは、私たちがなんとかする。君たちは、ビンラーディン主義をなんとかしなければならない。

2001.11.9
ペシャワール
(パキスタン)

Column 19

タイタニック！

先日、ドバイからパキスタンに向かう飛行機に乗ったときのこと。私の前に座っていたパキスタン人青年が着ていたコーデュロイの茶のジャケットは、背中に大きく「TITANIC」と白抜きの字で書かれていた。

ふむ。あまりありがたいしるしではない。私は思った。アメリカはタイタニック号で、アフガニスタンの霧の中、オサマ・ビンラーディンを探すうちに衝突しそうな氷山がパキスタンだろうか？　それとも、タイタニックはパキスタンのほうか？　ペルベズ・ムシャラフ大統領が船長で、アメリカは乗客ということになる。すると、アフガニスタンが目前の氷山か。

誰にもわからない。しかしパキスタンについていろいろ知れば知るほど、この氷山というイメージがぴったりだと思われてくる。波の上にふっと現われているものは、水面下に潜むものとあまり関係がないことも多いからだ。つまり、こういうことである。

表面上、ムシャラフ大統領はタリバン支持から思いきった方針転換をし、タリバンとビンラーディンを潰すアメリカ同盟に加わった。しかし、水面下では、大統領の考えははっきりしない。パキスタン政治には実際一つの機関、軍部しか存在しない。今では、パキスタン軍は大統領とともに一八〇度転換したようにみえる。ところが、一般大衆は違う。そして軍は、指導者こそ西洋志向だが、基盤はイスラムの諸潮流に左右されており、一般大衆、とくに宗教政党の意向から影響を受けている。

パキスタン人は、この地で起こることは三つのものによって決まる、とよくいう。「アッラー、アメリカ、軍」の三つだ。現在、アメリカと軍は一まとめにしていい。両者が手をくんでパキスタン人に益となるならば、政権は安泰だ。そうでない場合、アッラーの導きを求めるパキスタン人はますます増えるだろう。

表面上、私たちはパキスタン人と同じ戦争を戦っている。しかしその下では、別々の相手と戦っているのだ。「アメリカはアフガニスタンでオサマ・ビンラーディンと戦い、パキスタンはアフガニスタンを通じてインドと戦っている」といったのはパキスタン専門家フサイン・ハッカニである。「パキスタンが最初にアフガニスタンのタリバンを支持したのは、これまで三度も戦ってきた相手、インドに対する戦略からにすぎない。今日アメリカと組んだ主な理由は、タリバン後のアフガニスタンで、インドより強い影響力を確実にもつためであり、インドに対してパキスタンの力を強めることができるからだ」

表面上、サウジアラビアとイランはアメリカ側についているようにみえる。しかしその下では、イスラム世界に及ぼす影響力をめぐるイランとサウジの間の「戦争」があり、これがアフガニスタンとパキスタンにイスラム原理主義が台頭するきっかけとなった。これは、パキスタンの誰もが知っていることだ。二〇年にわたるイランとサウジのこの戦いは、学校、モスク、銀行、社会福祉団体のためのカネを使って続けられた。力を失った政府が作った真空状態を埋めたのは、これらイスラム教の諸機関だが、そのおかげで、この地域にはアメリカよりビンラーディンに同情する人たちが育っている。ペシャワールで私が話をした若者は、ビンラーディンを逮捕することをどう思うかと訊かれると、皆同じ反応を示したのだ。「証拠をみせてください」

表面上、アフガニスタンの戦争はテロリズムを絶つ正義の戦争だとみなされる。しかしその下では、パキスタン人もアフガン人も、タリバン（民族的にはパシュトゥン人で、アフガニスタンからパキスタン国境を超えてペシャワールにも広がっている）と北部同盟（おもにタジク人とウズベク人）の戦いだと思っている。私たちにとっては、これは善対悪の戦いである。彼らにしてみれば、ハットフィールド家対マッコイ家のようなどっちもどっちの仇敵どうしがまた戦っている、というところだ。パシュトゥン人が率いるタリバンは、簡単には崩壊しないだろう。自分たちが戦っているのはビンラーディンが生きのびるためでなく、自分たちがアフガニスタンで生きのびるためだ、と考えているからだ。これで得をするのはビンラーディンだ、といえるのだけれど。

イスラマバード大学で戦略学を専門とするリファート・フッサインは次のように述べる。「ビンラーディンとタリバンの指導者ムッラー・オマルを排除することに力を注ぐべきではあるが、新たな役割を果たそうとするタリバンは、進んで受けいれるほうがよい。そうしなければ、アフガニスタンにおける民族のバランスがひどく悪くなってしまう。アフガニスタンからパシュトゥン人のタリバンをすべて追いだそうとすれば、彼らはパキスタンまで後退するだろう」

だからアメリカがアフガニスタンでは勝てない、ということにはならない。勝てる。しかし、頭を使わなければ。ドロシー、ここは（生まれ故郷の）カンザスじゃない。勝つためには、同盟国をうまくさばくことが必要なのだ。ここでは、何も本当の名前で呼ばない。皆が仮面をかぶっている。そして、表にみえるものはただの切れ端で、手に入るかもしれないものはその下に隠れているのだよ。

Column 20

2001.11.13
ペシャワール
（パキスタン）

ジハードが続く街で

アフガニスタン国境からわずか数マイルという、ここペシャワールのストーリーテラーズ・バザールを午後にでも散歩してみれば、アメリカがアフガニスタンでの仕事――オサマ・ビンラーディンとタリバン擁護者を追放することだ――をできるだけ早くすませて、ここから出ていくべきだ、ということがわかる。ここは長居するところではない。安心できる近場とは違うのだ。

どうしてそんなことをいうのか？　私にもはっきりいえない。町で、露天商に「何色のオサマ・ビンラーディンＴシャツがいいかね？」と訊かれたからかもしれない。ビンラーディンの絵がついている黄色のＴシャツか、あるいはビンラーディンをイスラム国家のヒーローとほめたたえ、「聖戦《ジハード》は我々の使命」と誓いの言葉をプリントした白いＴシャツか。（地元民相手に、この露天商の景気は上々だった。）それとも、「『反米ジハード』に参加したいかたは、この電話番号までどうぞ」というポスターを見たことだろうか。どこかの壁に、「栄誉はジハードにあり」とか「インド人とユダヤ人の同盟はダメだ」とか、ウルドゥー語の落書きがあったからかもしれない。明らかに外国人とわかる人間を迎える冷たい視線も感じたことも、理由の一つといえる。彼らの目が語るのは、「アメリカン・エクスプレスはお使いになれません」ではない。「出ていけ」だ。

ペシャワールへようこそ。ああ、いい忘れたかもしれない。ここはパキスタン。彼らは私たちの側にいるはずだ。が、期待はできない。パキスタン北西部は全域がアフガニスタンの延長上であって、タリバンを構成しているのと同じパシュトゥン人が支配している。いってみれば、ビンラーディンの国である。アメリカが友情から根をおろせるような場所ではない。この地のパシュトゥン人が、アフガニスタンにいる同胞に味方するからでもある(まあ理解できる)し、前に一度、アメリカに捨てられた——ソ連がアフガニスタンから出ていったとき、まるで使い古しのハンカチのようにポイ捨てされてしまった——からでもある。が、アメリカを嫌う最も重要な理由は、ここペシャワールの教育だ。

ペシャワールに向かう途中、パキスタン最大のマドラサ(イスラム教学校)、ダールル・ウルーム・ハッカニアに立ち寄った。そこには二八〇〇人の学生が寮生活をし、ムッラー(聖職者)になるのを夢みて、コーランと預言者ムハンマドの教えを学んでいる。私は許可を得て、少年たちにまじり、授業に出席した。生徒は皆、床に座りこんで、木製のケースに置かれたコーランを丸暗記している。これが勉強の中心を占めていた。ほとんどの場合、批判的思考や現代的問題を学ぶことは、まずないのだ。

これは印象的であるとともに、穏やかならない光景であった。印象的というのは、マドラサがパキスタンの何千もの少年たちに教室、黒板、教育、衣服を提供しているからだ。パキスタンでは世俗的教育制度が破綻しつつあるため、少年たちは、マドラサがなければ路上に放っておかれることになる。一九七八年、パキスタンには三〇〇〇のマドラサがあった。今日その数は三九〇〇〇に増えている。また、穏やかならないといったのは、宗教科目は一七〇七年に亡くなったムガル帝国のアウランゼーブ・アーラムギールによって定められたものばかりだからだ。図書館には科学書の棚が一本あるが、ほとんどは一九二〇年代の書物である。

コーランの授業は、重くかびくさい空気がたちこめている。氷のようにブロックに切り分けて、売りものにできそうなほどだ。壁にかけられた掲示には、この教室が「サウジアラビア王国の贈り物」であると記されている。お客さまにコーランの一節をおきかせしなさい、と教師にいわれると、八歳の男の子は馴れた様子で、美しく上品に朗唱した。「信仰篤き者は天国に入り、不信仰な者は永遠の劫火にかけられるだろう」という意味の有名な詩だった。

私は、アフガン難民だという生徒（一二歳）に、九月一一日の攻撃をどう思ったか、と尋ねた。この少年はこう答えた。「あれは、アメリカ内部でアメリカ人が攻撃したものではないでしょうか。アメリカが痛みと直面することになって、よかったと思います。なぜかというと、これまで世界中の国が同じ痛みをなめてきたからです」。アメリカ人全体については、どう思う？　「不信心で、イスラム教徒と友だちになろうとしません。権力で世界を支配したいと思っている人たちです」

このマドラサが有名なのは、多くのタリバン幹部と同じく、タリバン指導者ムッラー・ムハンマド・オマルがかつて通っていたからである。ガイドによれば、ムッラー・オマルは卒業しなかったが、「ジハードに参加し、イスラム政府を創設するための中退ですから、名誉学位を授与いたしました」

学校を出るとき、パキスタン人の友人が校長に質問した。私も訊かれたものの、答えられなかった。それは、「アメリカ人は、世界中にコカコーラとマクドナルドを売るのがあれほどうまいのに、政策を売りこめないのはどうしてでしょうか」。校長の答えは、こうだった。「彼らの政策が害毒で、コカコーラは甘いからです」

アメリカの政策を見直すのはやぶさかでないが、しかし学校を再建して、近代性、イスラム教、多元主義の三つを融合できるのは、パキスタン人自身だけだ。ビンラーディンは脇役だが、きちんと対処しなければならない相手である。しかし、この地域での平和を求める戦争は、実は学校の中にある。だからこそ、私たちはビンラーディンに対してすみやかに軍事作戦を遂行し、さっさとここから出て行くべきなのだ。戻ってくるときは(その必要はある)、戦車でなく、現代にふさわしい書物と学校で軍備を固めていなければならない。そうして初めて、新しい土壌——私たちのハンバーガーと同じく、政策も喜んで受け入れる新世代——が開発できるはずだ。

それまで、親米の種は何ひとつ、ここでは育ちそうにない。

2001.11.16
イスラマバード
（パキスタン）

Column 21

後退でなく前進を

本人が意図したわけではないだろうが、ここ数年にわたって、オサマ・ビンラーディンはイスラム教徒の間に真剣な論争を巻き起こしている。テーマは「イスラムは現代に適応できるか」。アラブ諸国で、この論争はまだ表だったものとはいえないが、パキスタンなど、比較的自由な新聞を有するイスラム国家では、堂々とこの問題を取りあげている。これ以上重要なことがあるだろうか。

どうしてか？　今日のアラブ・イスラム諸国で、硬直した政治構造はたいてい共通している。二つの島があると考えれば、わかりやすい。島の一つは、世俗の独裁政権とそれを取り囲む実業家たちが占め、もう一方にいるのはムッラー、イマームなど、イスラム教の義務と教育を支配する宗教的権威である。宗教義務と教育は、いまだに伝統的コーラン解釈に基き、現代性や他宗教との共存を受け入れず、女性の平等も認めない。現政権の支配がいつまでも続き、ムッラーが宗教義務と教育をいつまでも独占する。こんな取引ができあがっているのだ。

この状態が続いたのも、アラブ・イスラム諸国の多くがオイルマネーや米ソの援助のおかげで、経済を開放したり教育制度を近代化したりしないまま、生きのびてこられたからだ。しかし原油収入が減り、職を探す若者の人口が爆発的に増えるにつれ、この状態も長くもちそうにない。扉を開放して地球規模の投資やインターネット、近代教育、女性解放を受けいれなくては、とても生き残れないだろう。しかし開放すればするほど、宗教的権威はますます脅威に感じる。

ビンラーディンの挑戦は、イスラム主義過激派が自分たちの島から飛びだし、世俗の島を支配しようとする試みであった。国家はこれに対してイスラム主義者を鎮圧・追放したが、怒れる若者たちを次々と送りだすマドラサ（イスラム教学校）や政治状況を改革しようとは考えなかった。こうして、貧困、独裁、反近代的宗教という、ビンラーディン主義を生んだ死の悪循環が、互いに強化しあいながら永久に続くことになる。

ところが、今日では、この悪循環を絶つべきだ、と主張するむきも出てきた。パキスタン人の作家兼実業家、イッザト・マジードが、ビンラーディンに宛てて注目すべき公開書簡を書いている。パキスタンの大衆日刊紙『ネーション』に先週金曜日掲載されたものだ。以下に引用しよう。

われわれイスラム教徒は、自分の病気を、何から何まで西洋のせいにし続けることはできません。…われわれは既に、修復不可能なほど悲惨きわまりない状態にきています。自らを悲惨だと思うのは、貧困、識字率の低さ、一般に認められた社会契約の欠如だけが原因ではありません。むしろ、内部にある歴史・社会・政治的悪魔と対峙せず、市民社会として失敗したことがますます強く感じられるためです。…イスラム教を後退でなく前進させるような宗教的改革をしなければ、われわれイスラム教徒に希望はありません。イスラム教は、国が支援するムッラー制度という組織的偽善に成り下がってしまいました。一〇〇〇年以上もの間、イスラム教が揺らぐことなく続いてきたのはなぜでしょうか。ムッラーが本物の学者でなく事実上聖職者と化し、近代性に照らした教義の再解釈を拒んだこと、コーランの教えを発展的に適用させようとする人が誰一人いなかったこと、理由はこの二つです。現在のムッラーは、いかに一〇〇〇年前に戻るか、ということしかいいません。宗教義務を発展させ、各時代の言語でイスラム教を広めることができないまま、今日まできてしまいました。…オックスフォードやケンブリッジは、一三世紀のキリスト教世界における「マドラサ」でした。それが今では、世界有数の教育機関に発展しています。はたして、われわれの研究機関はどこにあるというのでしょう。

キリスト教と近代性を融合させたプロテスタント改革は、当時の富裕な王子たちが旧習を打破しようとする改革者たちに資金援助と保護を申しでたとき、初めて実現した。ところが今日のイスラム世界で、サウジアラビアの王族など最も金持ちの王子たちが資金を出しているのは、パキスタンからボスニアまで、現代に逆行する学校ばかりであり、独裁者たちはそうした前時代的ムッラーを改革するというよりも、買収している（あるいは、リベラル主義者潰しに利用する）。こんな有様では、イスラム世界はこれからもビンラーディン主義にとってありがたい温室に変わりはないだろう。

ビンラーディンに対して、マジード氏は次のように締めくくっている。「イスラム教徒にとって最も不要なのは、あなたが住まう洞窟の暗闇です。…預言者ムハンマドは、戦いから戻ったとき、『われわれは小さなジハードから、大きなジハードに戻るのだ』といわれたではありませんか。今日、本当のジハードは、飛行機をハイジャックすることではなく、飛行機を製造することにあるはずです」

2001.11.20
ニューデリー

Column 22

インドからの伝言

では、皆さん。時事クイズです。世界第二のイスラム教コミュニティはどこでしょうか。イラン？　違います。パキスタン？　違います。　サウジアラビア？　それも違います。時間切れ…失格です。

正解は、インドです。そう、インドにはイスラム教徒が一億五千万人近くいますから、パキスタン、バングラデシュよりもその数は多いでしょう。その数を上回るのは、インドネシアだけです。そこで、もうひとつ、ここニューデリーで私が問い続けた質問です。インドのイスラム教徒（ヒンドゥー教が支配するこの巨大な国では少数派）が、自分たちの問題をすべてアメリカのせいにしたり、航空機でインド議会につっこんで自爆テロを起こしたがったり、という噂をきかないのは、どうしてでしょう？

正解は、インドが多民族からなり、複数の思想・宗教が共存し、民主主義を守る、自由市場経済の国だからです。確かに、インドのイスラム教徒も、同国の他の少数民族と同じく欲求不満を抱えており、長年、ヒンドゥー教徒に対して武力衝突を続けてきました。が彼らは、騒々しく、取り散らかしたような民主主義社会で生活しており、そこではいろいろなチャンスが開け、政治的意見も出されています。これは、非常に大きな違いです。

——さて、インドの非イスラム教徒が資金を出している全国的英字新聞『エイジアン・エイジ』編集長、M・J・アクバル（イスラム教徒）が、こんなことを書いていた。「クイズを出します。この五〇年、民主主義を守ってきた大規模なイスラム教徒コミュニティはどこでしょうか。それは、インドのイスラム教徒です。インドにおけるイスラム教徒の幸運を誇張しようというのではありません。実際に緊張状態や経済的差別もありますし、アヨジャでモスクが破壊されたように、挑発行為を受けることもあります。しかしインド憲法は世俗的なものですから、才能があれば、いかなるコミュニティにも経済発展のチャンスを提供することになっています。こういうわけで、中流階級のイスラム教徒はどんどん出世できるのです。民主主義をとらない多くのイスラム諸国で感じられる深い怒りも、ここでは概して見うけられません」

こんなふうにいいかえられる。イスラム教やイスラム教徒の怒りについていろいろなことが語られているが、本当は、それがどんな社会でのことか、が問題である。イスラム教が独裁主義社会に埋めこまれている場合は、怒りにみちた反抗の道具となりがちだ。というのは、人々が独裁的指導者に組織だって抵抗できる場は、宗教とモスクだけだから。その指導者がアメリカの支援を受けていると思われれば、アメリカもイスラム教徒の怒りのターゲットにされてしまう。

ところが、さまざまな思想や宗教が共存する民主的な社会に根づいているとしたら、イスラム教は他の宗教と同じように繁栄する。インドでは、イスラム教徒で大統領になった人が二人、最高裁判事にもイスラム教徒の女性がいる。ミサイル計画を作ったA・P・J・アブドゥル・カラムもイスラム教徒だし、女性も含めて、知事になったイスラム教徒も多い。同国で最も裕福な男性は情報テクノロジーの天才だが、彼もまたイスラム教徒である。先日、イスラム映画スターで国会議員のショバナ・アズミが、ニューデリー最大のモスクで、イマームに激しくつっかかっていた。イスラムをみすみす不利な立場においやった、と責め、カンダハルに行ってタリバンに加われればいい、という。民主主義社会では、リベラルなイスラム教徒、とくに女性は、厳格なムッラーと口論するのも平気なのだ。

最近では、バングラデシュも同様の変化を遂げている。バングラデシュには、パキスタンとほぼ同数のイスラム教徒がいる。しかしここ一〇年、世界も気がつかないうちに、同国では民主的な政治変化が三度起こった。そのうちの二つというのは——いいですか?——イスラムの女性が首相に選出されたことだ。その結果、バングラデシュの経済・社会的指標は近年上昇傾向にあり、人々の反米感情も薄れつつある。さて、その一方でパキスタンはどうか。軍事独裁政権、貧困、反近代的な宗教教育の三つが互いに補強しあうビンラーディン主義のわなにはまり、社会指標は軒並み下がり、アメリカに対する憎悪も蔓延している。

もしもし?　伝言をあずかっております。「わからんちん。これが民主主義っていうものだよ！」。アラブ・イスラム諸国で民主主義を迫る必要はなく、抑圧的な政権に頼っていればよいのだ、と論じる人たちは、皆間違っている。革命によらない社会変化を起こしうる他の手段をすべて絶ったところで、変化を求める気運はいずれ爆発するだろう…イスラム教徒の怒りと反アメリカ主義という形で。

もしアメリカが、アラブ・イスラム世界にはびこるビンラーディン・サークルの悪循環を絶ち切りたいなら、「複数の宗教が共存し、民主的で、近代化し、繁栄している社会の手本を探しだして——たとえば、あらゆる宗教の過激派によってしょっちゅう戦いをしかけられているインドがそうだ——、支援するべきだ」と『ヒンドゥー』紙で外交戦略を専門とするラジャ・モハンは指摘する。

その通りだ。イスラム社会が潜在的可能性を十分に発揮するには、民主主義だけでは十分でないかもしれないが、それでも必要なことは確かだ。違う、と思うならば、それは本気とはいえない。

2001.11.23
ドバイ
(アラブ首長国連邦)

Column 23

ソフトを叩け!

ここペルシャ湾岸の国で、先日コーヒーをのみながら、アラブ人の友人――親切で、思慮深く、リベラルな人物である――が、私にある悩みを打ち明けた。「一一歳の息子が、ビンラーディンはいい人だよ、というんだ」

アメリカ人からみれば、オサマ・ビンラーディンは大量殺戮者である。しかし、多くのアラブ青年にとって、ビンラーディンは敗走したとしても、いまださながらロビン・フッドなのだ。ビンラーディンが魅力的なイスラム社会の理想を示しているからではない。そんなところに住みたい人はまずないだろう。そうでなく、アラブ・イスラムの若者が嫌うもの、つまり偽善的支配者、イスラエル、アメリカの支配、経済の立ち遅れ、その一つ一つに抵抗するところが魅力なのだ。彼は世界の目からみれば危険人物であるが、そこにアラブの欲求不満を抱えた力のない多くの人たちは憧れる。

ビンラーディンを消さなければならない理由は、正義のため、ということを除けば、タリバン根絶が不可欠なのと同じだ。私たちが彼を追いまわしている限り、イスラム・アラブの人たちは自分たちの未来について、正直に議論できない。マスコミ、とくにヨーロッパやアラブ系のメディアが、アフガニスタンの「民間人の死傷者」に対して、どれほどくだらない懸念を書きたてているか、考えてみてほしい。実のところ、アフガンの「民間人」の多くは、B-52がもう一度やってきて、タリバンから自分たちを解放してくれることを求めていた。タリバンがいなくなった今、アフガン人は、自分たちがどんな社会を求めるのかをめぐって、ようやく自由な議論を戦わせることができる。

望ましいのは、ビンラーディンが消された暁には、アラブ・イスラムの人たちも、同じように議論したい、と思うようになることだ。つまり、腐敗した抑圧的な支配者や、アメリカの政策に対する怒りを表わそうとしてビンラーディンを応援するのでなく、自分自身の声を上げていってほしい。アフガン人がタリバンという覆いを捨てたように、アラブ・イスラム世界がビンラーディンという覆いを捨てて、九月一一日の事件はアメリカ社会でなく自分たちの社会の問題とそれに対する怒りが原因であるという事実に直面して初めて、私たちはテロのハード面だけでなくソフトをも根こぎにすることができる。

中東情勢評論家スティーヴン・P・コーエンは、「われわれ西洋の人間が、アラブの人たちに代わって議論することはできないとしても、論争する状況を作る手伝いならできる。アメリカの役割は、いっそう大きな変化がどうしたら起こるか、教えてやることだ。この変化とは、即席の民主主義でなく、啓蒙的な独裁政治がわれわれの利益になるという空想でもない。内部での事情を知ろうとしないで、これからもアラブ世界が巨大なガソリンスタンドであるようなつもりでいてはだめだ。ガスは漏れ始め、周りの人たちが皆マッチを放っているのだから」

毎日、さまざまなことから、こんなふうに意見を戦わせることも可能である、と確信できる。あるアラブのジャーナリストは、今日のアラブ世界について、「頭痛だというのに、自分で頭痛薬を作ることもできない」と怒ったように話してくれた。また、クウェート人教授アハマド・アル・バグダディは最近、クウェートの『アル・アンバー』およびエジプトの『アクバル・アル・ヨウム』に、「シャロンはテロリスト――あなたも?」と題した注目すべきエッセイを寄稿した。バグダディ氏は「シャロンは…シオニスト国家が誕生した最初の瞬間から、テロリストだった」と述べる。しかしそれならば、アラブ・イスラム世界の支配者たちはどうだろう?

法廷で知識人を迫害し、異端として裁判にかける…これはすべて、イスラム世界でのみ行われていることだ。これがテロでないといえようか。…自国と隣国の民に対して国家がテロ行為を際限なく続けるのは、イラクだけである。これがテロでないといえようか。

…航空機をハイジャックして乗客を恐怖の底に突き落とそう、と初めて考えついたのは、パレスチナのアラブ人だった。これがテロでないというのか。この点で、アラブのイスラム教徒に並ぶものはない。彼らは自国民に対するテロの達人であり、時には世界の罪のない人たちまで巻きこんでしまう。しかも、聖職者の一部はそれを支持しているのだ。…わが民族は、無知のせいで世界の笑いものになっている。知識人たちが――執筆したというだけの罪で――刑務所に入れられる国が、イスラム・アラブ世界以外にあろうか。寛容の宗教といいながら、アラブ人とイスラム教徒は、意見の違う人たちには決して寛容な態度を示さない。今、償いをすべき時が来ている…請求書は延々と続き、タリバン連中の髭を全員分足したよりも長い。西側からアラブ・イスラム世界へのメッセージははっきりしている。「やり方を改めよ。さもないとどうなるかわかっているだろう」（以上、ＭＥＭＲＩによる翻訳）

私たちの戦いは、ビンラーディンを捕らえ、そのハードを壊すためである。が、アラブ人とイスラム教徒は、ビンラーディンのソフトを断ち切るべく、意見を戦わせなければならない。彼らがこの戦いに取りくめるように、私たちは少しでも早く手を貸すべきだ。カブールの人たちに訊いてごらん。

2001.11.27

Column 24

イエス-ノーの戦い

もしも九月一一日が、本当に第三次世界大戦の開戦日であったならば、これが何の戦争か理解しておく必要がある。私たちが戦っているのは、「テロリズム」を根絶するためではない。テロは単なる道具にすぎない。これは「宗教全体主義」というイデオロギーを打ち破るための戦いなのだ。第二次世界大戦とその後の冷戦は、世俗的な全体主義――ナチと共産主義――を倒す戦いだったが、第三次世界大戦の敵は宗教全体主義、いいかえれば、「私の信念こそ最上であるはずで、たとえ他人がみな否定しても、熱心に肯定し、信じられる」という世界観である。ビンラーディン主義が、まさにこれだ。ところがナチと違い、軍だけでは宗教全体主義とは戦えない。学校、モスク、教会、シナゴーグで戦わなければならない。イマーム、ラビ、聖職者の力を借りて初めて、打ち破ることができる。

これには、たとえばエルサレムのシャローム・ハートマン・インスティテュートのラビ・デイヴィッド・ハートマンのような人たちが将軍として求められる。エルサレムからリポートした際、私はラビ・ハートマンの議論に引きつけられた。彼はこういったのだ。——ユダヤ人が情熱を弱めることなく、信仰を再解釈して近代性を受けいれ、また「神は複数の言語を話される。信仰の持ち方は一つだけではない」と認めなければ、イスラエルの地に未来はないだろう、と。ラビ・ハートマンには、どこで戦うべきかもわかっていた。ユダヤ、イスラム、キリスト教の各原理主義者が学校を利用して排他的宗教を教えこむのに対抗し、イスラエルに自ら学校を設立している。

タリバンの指導者の多くが通ったパキスタンのマドラサ（イスラム教学校）を最近訪問し、そこで少年たちが受けている原理主義的宗教教育を目のあたりにした私は、後になってラビ・ハートマンに電話で訊いてみた。「宗教全体主義と戦うには、どうしたらよいのでしょうか？」

返ってきた答えはこうだった。「聖書の伝統に始まる信仰——ユダヤ教、キリスト教、イスラム教——はどの場合も、自分の信じるものだけが唯一の真実だ、と思う傾向があります。タリバンが仏像を破壊したとき、そんなことをいっていました。ところが、他の人たちも、同じことをいうでしょう。宗教全体主義の対極にあるのは、多元主義です。多元主義とは、さまざまな宗教が存在することを認めるイデオロギーであり、自分の信じるものが唯一の真理だと主張せずに信仰を培っていける態度のことです。アメリカはこの多元主義イデオロギーのメッカといえます。ビンラーディンが憎むのはこれに他なりません。だからこそアメリカを倒さねばならない、と思っているのです」

未来は、私たちがどう戦っていくかにかかっている。神が金曜日にはアラビア語で、土曜日にはヘブライ語で、日曜日にはラテン語で話されること、さまざまな人々が各々の歴史を通じて近づいてくるのを喜んで受けいれておられることを、イスラム教、キリスト教、ユダヤ教の各信者たちが認められるかどうか。「情熱的信仰心をもち続け、宗教が生き残るために、他を許さない狂信主義が必要でしょうか。そうでなく、さまざまな文化によって神に対する見方も違う――神は、ただ一つの信仰ですべてというわけではない――と考えることができますか?」とラビ・ハートマンは問いかけた。

ユダヤ教徒とキリスト教徒の多くは、既に、その答えは「イエス」だと答えている。さらに、聖書に立ち戻り、近代性と多元主義を受けいれて、世俗性と自分たち以外の信仰が入りこむ余地を作るために、伝統を再解釈しようというむきもある。しかし、キリスト教徒やユダヤ教の原理主義者は、これを否定する。こうしたことから、同じ宗教の内部で戦いが起こるのだ。

イスラム教の事情が違うのは、こうした改革を試みる人がごく少数あったにせよ、大きな流れにならず、イスラム国家の支持も得られなかったということだ。イスラム教は西洋の世俗社会、近代性、多元主義をきちんと受けいれることができる、問題はビンラーディンのとりまきだけだ…、と呪文のように唱えつつ、私たちはイスラム教を支援しているが、これは幻想だ。イスラム教には正義、慈善、共感を求める深い道徳的衝動があるとはいえ、他の宗教社会を対等と認めるような宗教哲学には発展しなかった。こうした排他性の最も極端な形が、ビンラーディンと九月一一日の攻撃に反映されているのである。

キリスト教とユダヤ教は、何世紀にもわたってこの問題に取りくんできた。しかし、イスラム教内部では、聖典を再検討し、多元主義と近代性を受けいれる――しかも熱心で敬虔なイスラム教徒であり続ける――すべを考えだそうとする同様の努力が、深刻なテーマとして浮上することは一度もなかった。今、この問題に世界が注目している。統合されたグローバル化世界にあって、彼らの未来は、過去を再解釈できるかどうかで決まる。このことを、主流のイスラム教徒もわかってもらいたいものだ。

2001.11.30

Column 25

心温まるけれど、めったにみられないこと

先日、ブッシュ大統領がクローフォードにある実家の農場に、ロシアのウラジーミル・プーチン大統領を招き、いかにも親しげにバーベキューをしている写真が発表されたが、大変喜ばしいことだと思う。なかなか心温まる絵だ。めったにみられるものではない。しかし、他にも「めったにみられない」ものがある。個人的で重要な首脳会談の結果が全くの平行線だった、ということ。これは異例だ。ところが、そのときちょうどタリバンが倒れたため、誰も気に留めなかった。本当は気に留めるべきなのだ。

ヒューストン、こちら問題あり。その「問題」はこんなふうにいえる――ブッシュ大統領は、九月一一日後の外交政策を進めるため、九月一一日前にかかげていた外交議題のうち、どこまで捨てていけるか？

ブッシュ・チームは着任当初、弾道弾ミサイルの壁を建設することで頭がいっぱいだった。ミサイル実験のため、ロシアとの一九七二年のＡＢＭ（弾道弾迎撃ミサイル）条約で設定された規

制を外すべきだ、と主張している。合衆国は、今のＡＢＭ条約の枠内で、必要なミサイル実験をすべて実施できる、と論じる専門家たちも多いが、ブッシュの強硬派は一切無視だ。彼らが本当に求めているのはＡＢＭ条約を廃止して、核兵器規制を撤廃すること。だから、ロナルド・レーガンが示したさながらスターウォーズ的ミサイルの壁という空想を、心ゆくまで追いかけてしまうのだ。

ロシアは、そもそも現行ＡＢＭ条約の廃止には反対していた。ＡＢＭ条約は、ロシアにとって超大国の地位を確認するうえで、また唐突に核兵器を使用されないためにも、きわめて重要なのだ。ＡＢＭ条約があればロシアは法的バリアに守られているように感じ、ブッシュ・チームの主張する「制限された」壁以上のものを合衆国が開発することはないだろう、と思える。ロシアが怖れるのはスターウォーズ的ミサイルの傘が完成すること、それによって合衆国がミサイル攻撃を受けてもびくともせず、仕返しされる心配なくロシアを叩けるようになることだ。第二次世界大戦以来、平和を維持してきた核バランスも、覆されてしまうだろう。

ここで、ちょっと脇に入る。九月一一日以前、ブッシュ政権はミサイル防衛を最優先として押し進めていたが、私たちのなかには、それと違う議論を展開するむきもあった。まず単純なことから問うてみる。「アメリカの安全にとって、本当の脅威とは何だろうか?」――答えは、核の拡散、ミサイルの増加、テロ、マフィア、ならずもの国家、国外不況の伝染。次の問い。「合衆国が、ロシアと協力関係を結ばないで、こうした脅威をうまく解決する方法はないだろうか?」

この答えがノーである以上、ロシアとの戦略的外交を作り上げることが最優先となるべきで、NATO拡大はもちろん、ミサイル防衛も二の次だ、と私たちは論じてきた。この見解がいかに正しいかは、九月一一日以後、タリバンとの戦いにロシアの支持が必須であった（そして対イラク戦ではさらに不可欠となるだろう）ことが、最もよく証明している。

九月一一日以来、ブッシュ氏は、合衆国の外交政策にとって、ロシアが非常に重要であると考えるようになってきた。これはいい知らせだ。ブッシュ氏は、クローフォードでプーチン氏に二つの選択肢を示した。一つ。一定期間、われわれはABM条約を守るが、そのかわりロシアは、前例のない程度まで我々のミサイル実験と後のミサイル配置を認めなければならない。そうでなければ、今の時点でABM条約を破棄し、快く核兵器削減と実験に関する協定を結ぶ。プーチン氏はどちらの選択肢も受けいれなかった。合衆国の望む実験量を認めて軍部を裏切ることはできないし、軍縮条約で握手するなどという考えは、ロシアにとって狂気のさただ。

ジョンズ・ホプキンズ大学で外交問題を専門とするマイケル・マンデルボームは、こう語る。「ABM条約を廃棄し、その代わりにブッシュとプーチン間で握手させればいいなんて、実にばかばかしいことです。ブッシュ政権で、家をそんなふうに――握手だけして契約はせずに――買う人がいますか？　『信用するが確かめよ』というレーガン・スタイルはどうしたんですか」

ブッシュ・チームは大きな過ちを犯そうとしている。プーチン氏は「西進」を決定したが、軍からも国民からみても、あまりにも先走りすぎだ。軍・国民も西進させ続けるためには、ABM

条約をさらに維持するべきなのだ。それなのに、ＡＢＭ条約の下で、ミサイル制限実験に譲歩しようとしている。プーチン氏は、必要なものを手にいれなければ。もっとプーチン氏のいい分を通して、実験は減らす方がいい。

というのは、ミサイル実験が増えても、私たちのプラスにはならないからだ。プーチン氏のいい分が通らなければ、結局損をするのはアメリカである。九月一一日当時、仮にスターウォーズ的なミサイルの壁が出来上がっていたとしても、それではアメリカ人の命を一人として救えなかっただろう。しかし正しい優先順位をつけ、まずロシアと戦略的パートナーシップを結べば、対弾道ミサイル実験もできるし、九月一二日以降の脅威に対応するべく、ロシアに実際協力してもらうことも可能だ。このことこそ、はるかに重要なのである。

Column 26

2001.12.2

アシュクロフトはむちゃじゃない

少し前になるが、アラブの衛星テレビ局のインタビューを受けたとき、司会者に予定外の問いを投げかけられた。アラブ・イスラム世界で今日よく耳にする質問だ。「ビンラーディンが犯人だという証拠があるのですか？　アラブ人乗客がハイジャック犯だとどうして確信できるのでしょうか。一、二年たって、ハイジャック犯が実はコロンビア出身だということになったら、きまり悪いと思いませんか？」

司会者はまじめなアラブ人ジャーナリストで、わざと反対意見を述べてけしかけているともいえるが、番組のアラブ人視聴者の意見を反映していることは間違いない。どう答えようかと真剣に考えていると、ある有名な写真が頭に浮かんだ。O・J・シンプソンが「無罪」とされた瞬間、アメリカの黒人大学生と白人大学生がそれぞれ示した反応を撮った写真だ。黒人学生は大歓声で湧きあがり、白人学生は苦虫をかみつぶしたように、怒りの表情を浮かべている。

思い出してもらえただろうか？　そう、あの写真は今日の私たちとアラブ・イスラム世界そのものだ。多くのアフリカ系アメリカ人が何十年もの間、合衆国の司法制度に踏みにじられたという思いから、ＯＪの応援に回り、明らかに有罪であっても決して認めないことで怒りを表現したように、アラブ人とイスラム教徒も、ビンラーディンを消極的に支持し、それでアメリカのイスラエルと抑圧的アラブ政権支持に怒りを表わそうとしているのだ。アメリカは、今日の多くのアラブ人やイスラム教徒にとって、不公平な権力構造でしかない。

知的なアラブ人・イスラム教徒に、ビンラーディンの罪を認めようとしない人が多いのはそういうわけだ。彼の殺人を支持しないにせよ、不公平なシステムを転覆させようとする試みはよしとする。もしもビンラーディンがイスラム世界で裁判にかけられるとしたら、「マーシャ・クラーク！」（ＯＪ裁判の白人検察官）という間もあらばこそ、あっというまに無罪放免になるだろう。

この話を持ち出したのは、こういいたかったからだ。司法長官ジョン・アシュクロフトがテロの容疑者に対して、前例のないほど厳格な処置をとり、特に軍事法廷を適用しようとしたのは、それほどむちゃくちゃだとは思えない。が、誤解しないでもらいたい。アシュクロフト氏を面と向かって批判し、一挙手一投足に異議をとなえるのは、よいことだと思う。私たちは基本的に、誰しも罪を犯した証拠がないなら政府に捕らえられるべきでないし、もし証拠があるにしても、こっそりと処置されるのでなく、公けの場で司法の監督のもとに告発され、裁判にかけられるべきだ、と考えるが、アシュクロフトの方法はこれに反する。アメリカの役人が私たちの基本的な見解から外れたことをした場合、厳しい反対にあうのは仕方ない。

しかしそのうえで、私はアシュクロフト氏にいくらか共感せざるをえない。論争をきいていると、人々はもう安全だ、と思っているようだ——タリバンは崩壊した、われわれは勝った、もう九月一一日前に戻ってふるまえる——私たちが今向かっている敵のことを考えもしないで。

ある点で、アメリカの司法制度は、被告・原告が互いに共有する価値観と仮定に左右される。けれども、今回はそれがあてはまらない。ソヴィエト連邦と戦っていたとき、私たちの世界観は今と違ったものの、被告・原告両者に受け入れられる基本的規範というものは存在した。ビンラーディンとアル・カーイダが相手の場合、私たちは根源的な悪——私たちを倒そうとするのみならず、いつでも躊躇せず自滅しようとする人間——に直面している。彼らはアメリカの敵というだけではない。文明の敵なのだ。

アシュクロフト氏のすることを全否定する前に、きわめて基本的なことを思い出す必要がある。ハイジャック犯は、ほとんどが大家族の出であった。彼らは祖国に両親、兄弟、姉妹がおり、少なくとも一人には婚約者もいた。これから、何がいえるだろうか。家族への愛よりも、アメリカ憎しの感情のほうが強いということだ。

イスラエル人作家アリ・シャヴィットが述べたように、彼らは生命そのものを愛する気持以上に、アメリカを憎んでいる。冷戦のときはいつも、ソヴィエト国民もなんだかんだいって結局、私たちと同じように生命を愛しているのだ、だからキューバのミサイル危機で最終的には譲歩した、と期待することができた。しかし私たちの目前にいる敵はこんなものではない。

だから、アシュクロフト氏とブッシュ大統領が私たちの司法規範からそれようとしたら、そのたびにちゃんと批判して、司法による監督を要求しよう。しかし議論のためだけに議論するのはやめるべきだ。世界貿易センターにいるアメリカ人をできるだけ多く殺そうとして、旅客機のスロットルを開いて加速したとき、ハイジャック犯の顔に浮かんだ微笑が何を意味したか、忘れてはならない。連中がもっと大型の兵器を手に入れたならどうするか。彼らは、アメリカ人に混じって長いこと生活しながら、アメリカ的生活を受けいれず、アメリカの法の網とはくぐりぬけるためにあり、アメリカ市民は殺すためのターゲットであり、アメリカ社会は壊すためにある、と信じながら死んでいった。このことを忘れてはならないのだ。

2001.12.5

Column 27

もうひとつのハイジャック

パレスチナ人の第二次インティファーダが終結した。

先週末、イスラエル人の子どもたちに対して断続的に起こった自爆テロが、最後だった。これはまさに、政治プログラムや前後関係をぬきにして、パレスチナ人の民族運動が、民間人を標的に殺人という暴力をニヒリスティックなまでに繰り返すビンラーディン主義に乗っ取られていることを示すといえる。パレスチナ人の民族独立運動がいささかでも残っているならば、今、独立にむけて行動すべきだ。そうしなければ、オサマ・ビンラーディンと同じ暗い洞窟に向かって進んでいることになる。

では、どのように？　私が思うに、第二次インティファーダはそもそもばかげている。どうしてか？　前後に何があったかをみればいい。つまり、合衆国とイスラエルがパレスチナ国家のためにこれまでになく重大な申し出をしたというのに、それを無視するかのようにしてこの暴動は起こったのだ。ヨルダン川西岸・ガザ地区の九〇パーセント以上、および東エルサレムの一部という申し出くらいでは、パレスチナ人には十分でなかったのかもしれないが、本気で交渉が始まったことは確かだ。したがって、パレスチナ側がとるべき対応は、占領地を一〇〇パーセント放棄するようにイスラエルに提案することであって、人殺しのような暴力ではなかったはずだ。これは今でもあてはまる。二週間前のギャロップの世論調査によると、イスラエル人の六〇パーセント近くがパレスチナ国家に好意的だという。一年間衝突が続いた後としては、注目すべき数字だ。また、ブッシュ大統領も、パレスチナ国家建設という考えに支持を公言している。

つまり、こういうことだ。パレスチナ人の願望が無視されたわけでも、暴力だけが唯一とりうる手段というわけでもない。イスラエル人大衆も、世界の人々も、大多数は真剣な交渉に応じる準備がある。アリエル・シャロン首相がパレスチナ人の和平案を一蹴しても、世論がそれを許さなかっただろう。ところが、パレスチナ人は自爆装置をセットした小包を差し出した。これから明らかになるのはただ一つ。「パレスチナ人にとっての優先事項は、独立国家を達成することではない」。優先事項はユダヤ人を殺し、自爆テロを組織したハマス指導者がイスラエルに暗殺された仕返しをすること。

だから、第二次インティファーダは、西岸・ガザ地区と東エルサレムをすべてパレスチナに明け渡すようイスラエルに促すための暴動と思われたが、実際にはパレスチナ人がイスラエルを一〇〇パーセント排除しようというビンラーディンⅡ型に変異した。正真正銘のアラブ人・イスラム教徒の中にも、これがどれだけ自滅的なことか、理解している人はいる。たとえば、『ヨルダン・タイムズ』をみれば、月曜日の社説ではこんなふうに述べられている。「パレスチナ人の自立と自由を求める合法的な戦いに対して、世界中で共感が高まっており、またしっかりした支持の声さえ集まっている…。しかし民間人をおもにターゲットとした自爆テロという手段を用いることは、大義そのものを傷つけることになる」

アラブの指導者もこのことは知っている。が、パレスチナに向かって本当のことをいおうとしない。悲しいことだ。パレスチナ人が軍事目標に狙いを定めて抵抗し、何か特定の和平案に従おうとするのと、和平計画あるいは政治的代案があるにもかかわらずテロで子どもたちを殺すのとではまったく違う、ということをアラブ・イスラム指導者が見きわめられなければ、やがてアメリカとアラブはきちんとした話しあいができなくなるだろう。ホワイトハウスは無条件にイスラエル防衛に回っており、既にこの溝が深まりつつあることは明らかだ。

シャロン氏は、「イスラエルは防衛のためにはいかなる手段もとる」というメッセージを、アラブと世界に向けて送信した。これは正しい手だが、もしヤセル・アラファトを倒すつもりなら、大きな間違い――甚大な間違い――だ。これはパレスチナ人の仕事である。イスラエルが彼らの不幸を引きうけることはない。そしてアラファト氏という指導者こそが、彼らの不幸なのだ。パレスチナ人はこの不幸に立ち向かわなければならない。シャロン氏がすべきなのは、パレスチナが「打倒イスラエル」について抱いている空想を払拭すること、そして、パレスチナが別の指導者を立てて別の方法をとるなら、公平で尊厳ある和平を申し出る用意がある、と示すことだ。

アメリカに対して、問題はイスラエルにある、といい続けているエジプトとサウジアラビアも、これからは手を貸す必要がある。公平な折衷案を受けいれるよう、パレスチナ人に支持と援護を与えてほしい。アメリカは、イスラエルに「入植地をやめ、占領をやめよ。対立を終結するためにパレスチナ国家を認めよ」と公言した。エジプトとサウジアラビアはいつになったら、パレスチナに「ゲームは終わった。ユダヤ人国家を受けいれて、対立をやめよ」というのだろうか。（その前に、いつになったらそう考えるようになるのだろうか？）

そうしないならば、イスラエルだけを非難して、パレスチナ人の民族運動がハマスとイスラム聖戦に——ユダヤ人がひとり残らずいなくなるまで対立を終わらせようとしない連中に——ハイジャックされても、ただ傍観しているだけならば、アメリカも一歩退いて、イスラエルによる占領は自衛である、勝つのは、より強い民族なのだ、と考えるだろう。

2001.12.9

Column 28

グレーテスト・ジェネレーション

ニュース番組のアンカーマン、トム・ブロコウが、九月一一日の一週間後に、ニューヨーク市の消防士の青年に会った、という話をしている。青年が、犠牲となった同僚の追悼式に参列したばかりだったこともあり、二人はこの悲劇について語りあったという。「別れぎわに、青年は私の腕をぎゅっとつかみ、断固たる表情を浮かべて、『ぜひ、僕たちの世代を見ていてください。忘れないで』といいました」と氏。ブロコウ氏は、アメリカをナチから救った第二次世界大戦世代を描いて絶賛された『グレーテスト・ジェネレーション』の著者でもあり、青年の言葉の意味がわかる、といった。「今度は、僕たちが偉大なる世代になる番です」といいたかったのだ、と。

これはかなり真実をついている。この戦争でのブッシュ大統領の指揮ぶりには、私はただ尊敬するばかりだが、しかし、今は、軍隊を動かしたりテロリストを追跡したりするだけで十分とはいえない。九月一一日後のアメリカでは、多くの人たちが、これを身近で起こっている戦争だと思い、激しい渇望を抱いている。みな、買物をするより何か行動を起こすよう、大統領に命じてほしい、と願っているのだ。被害者の遺族にいかに多額の寄付が自発的に寄せられたかをみれば、アメリカに再生と変化をもたらす真の力となりうる（が、まだそうなっていない）巨大なエネルギーがたくわえられつつあることは、明らかだ。九月一一日以降も、ブッシュ大統領は必死になって、九月一〇日までの偏狭な右派路線にしがみついているようだが、これは彼にとっても私たちにとっても失敗である。

想像してみてほしい。明日にも、ブッシュ大統領がアメリカ全国民に、「中東の石油に依存しなくてよいように、各家庭のサーモスタットを六五度（摂氏一八度）に下げてほしい」といったら、どうなるだろうか。間違いなく、みな六五度に下げるはずだ。ＯＰＥＣの支配から自分たちを解放することが、せめてもの自衛手段となる。

大統領が、一〇年のうちにエネルギー面で独立するべく、一種の「マンハッタン計画」を宣言し、石油を国内生産でまかない、燃費を向上させ、再生可能資源を用いる、といったら、どうなるだろう。人口で世界全体の五パーセントでしかない私たちアメリカ人は、今のように世界のエネルギーの二五パーセントをわが物顔で使うのをやめるだろう。

大統領が、誰でも若者はある種の公的な仕事――陸空海軍や海兵隊、沿岸警備隊、平和部隊、「ティーチ・フォー・アメリカ」、アメリコープス、ＦＢＩ、ＣＩＡなど――に志願することを考えてほしい、といったら、どうなるだろう。みな続々と志願するに違いない。大統領が企業のトップに対して、解雇者の数を減らすため、一〇パーセントの賃金カットを求めたら――まず大統領自身から——どうだろう？　多くがそのとおりにするだろう。

アメリカ人は愛国心をあおられてハイになっている、と批判しようというわけではない。次のことをいいたかったのだ。私たちが世界中をずんずん歩き回り、カブールからマニラまでテロリスト集団を一掃するつもりならば、まず自らが最高の国民、最高の地球市民でなければならないし、そうなれなければならない。そう思えなければ、他の国々に支持してもらえないだろう。

世界の腹黒い連中に一撃を食らわすだけでなく、善良な人たちに手をさしのべるのも必要だ。そう、外国への援助を倍にし、民主主義促進プログラムを強化し、（貧しい女性たちに小口の貸付けをする）世界開発銀行への出資を増やし、最貧国から輸入する織物・農産物の関税を引き下げることである。大統領が合衆国の学校全部に向かって、アフリカの子どもが夜でも本を読めるように、電気が通っていないアフリカの村ひとつひとつに太陽発電用電球を買ってやるための、募金を求めたらどうなるだろうか。子どもたちが大きくなったとき、電球を贈ってくれた人のことを忘れないため、電球に一個一個アメリカ国旗のステッカーを貼ろう、といったら？

私たちと私たちの価値観が世界からどんなふうに見られているかは、現在ますます重要である。宣伝したところで私たちに対する見方は変えられないし、アフガニスタンで勝っても（それはもちろん大切だが）同じことだ。変えるとしたら、それは国内外での私たちの行動ただひとつである。この戦争はカブールの繁華街で終り、にはならない。ワシントン、シカゴ、ロサンゼルスの繁華街でも終わらない。思い出してほしい。九月一一日の犠牲者たちは、黒人、白人、スペイン系、金持ち、貧乏、中流――とさまざまな顔ぶれで、アメリカのある見本ともいえる。同じ見本であれば、同じようにいやされ、回復するはずだ。もし私たちが九月一一日から何か学んだとすれば、それは、いじわるな隣人をこちらから訪ねなくても、向こうからやってくる、ということだ。

最初の「偉大なる世代」はアメリカと同盟諸国を防衛することによって、輝かしい業績を残した。二一世紀のグレーテスト・ジェネレーションの場合は、私たちの手に引き継がれたアメリカ、邪悪なテロリストに対する地球的戦争の指揮権を主張するアメリカこそ、この任務にふさわしい、と自他ともに確信することが求められる。

さて、大統領、私たちはどこに志願しましょうか?

2001.12.12 Column 29

拝啓 サウジアラビア様

ブッシュ大統領より

サウジアラビア・イスラム指導相　シェイク・サレハ・アル・シェイク殿

拝啓　私が手紙を寄越すとは、驚かれたことでしょう。アメリカ大統領はこれまで、サウジの石油相に手紙をさしあげることばかり考えていました。サウジアラビアを巨大なガソリンスタンドとみなして、原油を汲みだし、敵から守るべき場所であって、社会として真剣に考えるにはあたらない、と思っていたのです。しかし九月一一日のテロで、君とじっくり話しあう必要がある、と実感しました。不幸にも、このテロの実行犯に一五人のサウジ青年が、いいかえれば、サウジアラビアの学校で宗教科目を学んできた卒業生一五人が含まれていたからです。

まず、はっきりさせておきたいことがあります。アメリカは唐突に反サウジを決めたわけではありません。アメリカに、貴国との関係を悪化させるような「シオニスト」計画などないのですから、そんな荒唐無稽な陰謀を真に受けないように、お願いします。サウジアラビアがこれまでよい同盟国だったこと、サウジの若者の多くがアメリカに留学して親米派であることは、実際に広く知られています。もっと重要なことですが、サウジの助けがなければ、イスラム主義過激派に対抗できないこともよく承知しています。イスラム教の聖地を守り、イスラム世界のリーダーという役を担い、世界各地の何千ものイスラム教の学校とモスクに資金援助しておられる以上、貴国なしでは、私たちは実効のある行動をとれません。

そのうえでいうのですが、君がサウジアラビアとアメリカとの間に何の問題もないと思っていたら、あるいはPRにもっと力を入れ、ワシントンのエリートたちとたまに会談しさえすれば物事がうまく進むと思っていたら、それはとんでもない間違いです。

現実に、アメリカ人にしてみれば、問題があるのです。サウジアラビアの学校や、貴国の政府・慈善団体が資金を出した世界各地のイスラム教学校では、「非イスラム教徒はイスラム教徒より劣っている、だから改宗させるか、さもなければ叩かねばならない」と教えているのではないか——九月一一日以来、アメリカ人はそう考えて、不安になっています。

この点では慎重になりたいと思います。サウジアラビアの児童教育について、私たちが何か口をはさむことはできません。いえるのは、サウジの学校で教育を受け、イスラムの名のもとに大量虐殺を正当化するイスラム主義過激派のテロのせいで、アメリカの何千もの子どもが親を失ったということです。コンピューターでネットワーク化され、大量破壊の道具が個人の手にたやすく入るようになった現在、君たちには、イスラム教を、他宗教に寛容であり自分の信仰を平和に広める宗教として考えてほしい、ということです。それができないならば、問題が生じることになります。テロとの戦いにおけるサウジアラビアの立場は、まるでかつて共産主義との戦いにおけるソ連と同じになってしまうでしょう。つまり、カネ、イデオロギー、危険な人間を生む源ということです。

君がこれを理解しているらしく、モスクとマスコミで人々が扇動されないように措置を講じようとしている点では、希望がもてます。最近では、アブドッラー皇太子が、貴国の指導的聖職者に対して「コーランで、アッラーは『節度のある民族』といわれたのだから、我々が口にする言葉は自制心をもって、一語一句吟味するよう」求めておられます。君も、サウジの宗教指導者たちに「イスラム教中道主義が徐々にのびることが重要です。もしこれが無理なく発展すれば、他の流れは弱体化するでしょう」と述べられました。メッカにある聖モスクのイマーム、シェイク・アル・サビルが、民間人を自爆テロの犠牲にすることを「イスラム法に反する」として非難されたのにも、大変勇気づけられました。

このイマームの言葉は本当に大切です。これがサウジの教科書に載り、教室で語られるようになってほしい。ちょっとアメリカに来られて、公立学校をご覧になったらどうでしょう。イスラム教にとって不愉快な教科書があれば、そうおっしゃってください。グローバリゼーションの時代にあって、おのおのが子どもたちをどう教育していくかは、戦略的問題です。一九九〇年代、私たちは、他国の金融ソフトの誤りがウォール街のポートフォリオに損害を与えることを知りました。九月一一日には、他国の教育ソフトの誤りがウォール街の一切を破壊しうることを目のあたりにしたのです。

パレスチナ問題は、サウジアラビアにとってもきわめて重要でしょう。しかし、貴国の若者一五人が、四〇〇〇人ものアメリカ人を殺す手伝いをした以上、アメリカで、私たちに向かって「イスラエルの行動はアメリカの責任だが、サウジの行動や教育はアメリカの知ったことではない」とはいえません。私たちは、サウジアラビアを敵にしたくないのです。イスラム教と戦いたいわけでもありません。そうではなく、イスラム教の内部で——不寛容と過激派に対する——戦いが起こるように願っています。貴国には、私たちとイスラム教徒がどちらも耳を傾けるような、中庸の意見を語ってほしい。しかし、自分について正直に語らないならば、私たちのことを何といおうが、聞く耳をもちません。

敬具

貴国の御得意様でなく、友人になりたい、と願う最初のアメリカ合衆国大統領、ジョージ・ブッシュ

DIARY 4

DIARY 4

Travels in a World Without Walls: September 11,2001-July 3,2002

また現場に戻りたい気持が募り、私はパキスタンに向かった……

九月一一日以前、コラムを書くときは、いつも、外交に関心のある比較的少数の読者を念頭においていた。しかし九月一二日、これはがらりと変わってしまった。今では、私のコラムを読むとは思えなかった人たちに呼びとめられ、感想をいわれたり、「次はどうなるとお考えですか」と訊かれたりする。私が思うに、これはひとつのこと、つまり私たちの子どもがどうなるか、という不安からきているのではないだろうか。九月一一日から、人々は、自分たちにとって、また自分の子どもにとって外交政策が生死を分ける問題となったことを理解した。だから、知りたがるのだ。駐車場の係員、ウェイター、エレベーターガール、リムジンの運転手、秘書、歯科衛生士――前には、外交問題に関心があるなんて想像もできなかった――が、九月一一日後には入れ替わり立ち替わりやってきては、世界情勢について質問を投げかける。

事件から二、三か月たったある日、友人のコンサヴェーション・インターナショナル理事、グレン・プリケットと夕食をともにした。唐突だが、地球における生物の多様性を保護しようという君の仕事は、テロでどんな影響を受けたかい、と尋ねてみた。

「ぼくの仕事について、話がしやすくなったね。世間ではナスダックに興味を失って、もっと世界に目を向けている。環境保護論者がこれまでいい続けてきたことも、今ではみながわかってくれる。もはや本当の壁はない、壁を築いて自分を守ろうとしてはいけない、ということをね。地球はただひとつの生態系からできている。あらゆるものは、ほかのものとどれも結びついている。だからそのおのおのについて、きちんと考えなければならないのだ。九月一一日の前には、大学時代の友人に仕事を訊かれて、『環境保護』と答えると、『何で?』とか、そんなふうにいわれていたんだ。[コンサヴェーション・インターナショナルのウェブ・アドレスは、非営利団体の例にもれず、「ドット・org」で終わっている。] 昨年、友人からメールをもらったのだが、『ドット・orgって、どういうことだい?』と書いてきた。つまり、『ドットコムで働いているんじゃないのか?』ってわけだ」

このまじめさがいつまで続くかはわからない。次にどうなるかもわからない。私にわかるのは、二〇〇一年九月一一日の朝八時四八分、一九九〇年代は――そして当時の軽薄な空気も――正式に終わりを告げた、ということだけだ。

アフガニスタン紛争が進行中の二〇〇一年一一月初旬には、また現場に戻りたい気持が募り、私はパキスタンに向かった。当時はタリバンがほとんどのジャーナリストを追い出してしまったから、北部同盟の支援を受けたわずかな記者を除けば、西側の新聞社はたいていイスラマバード、ペシャワールなどパキスタン国境の町からこの紛争を報じていた。

パキスタンには、カタール、ドバイ経由で飛んだ。カタールのドーハでは、カタール人の友人数名と朝食会をした。みな事態に落胆しており、イスラム教が後進的なイマーム（礼拝導師）の手から抜けだして、政教分離しなければ、アラブ世界はいつまでも立ち遅れたままだろう、と嘆いていた。あるジャーナリストは、トルコが近代化したように、「アラブのアタチュルク」が登場し、アラブを力ずくで世俗国家にするしか望みはありません、といった。このような進歩的見解をもつアラブ人と話をすれば、彼らの内部で毎日どのような欲求不満がぐつぐつと沸きたっているのか、わかってくる。嘘まみれで、尊敬できない宗教的指導者がはびこり、新聞はどれも信じられないものばかり、選んだわけでもない政治的指導者が牛耳っている世界で、生きていかなければならないのだ。

しかしこの朝食会のことで一番よく覚えているのは、参加していたカタール人の友人が静かに打ちあけてくれた、この言葉だった。「困ったことがあってね。一一歳になる息子が、ビンラーディンはいい人だよ、っていうんだ」

彼の苦悩ぶりははたで見ていても、はっきりわかった。アラブの中流階級の人間である彼には、反アメリカ主義はかけらもない。息子はどこでこれを知ったのか？　学校で？　テレビを見て？　不幸なことだが、こうした反アメリカ主義はアラブの市民生活にすっかりしみわたっているから、覚えるのはわけもないだろう。カイロでもそうだが、サウジアラビアでは、シーズンごと品質に応じてナツメヤシを売る伝統があり、そのときよくメルセデス・ベンツのいろいろなクラスの車種の名を使うのだという。アメリカの果物屋が最高のりんごをキャデラック、二番目をクライスラー、などと呼ぶのに似ている。今シーズン、最高のナツメヤシは、例の人物から「オサマ」と名づけられているそうだ。少年がそうか、オサマはいい人なんだ、と思っても不思議ではあるまい。

だからといって、少年たちがビンラーディンのアメリカ人大量殺戮に賛成している、とは思わない。意味を理解しているともいえないのではないか。しかし、アラブの若者は、支配者に対する、そしてイスラエルを支持するアメリカに対する反抗のシンボルとして、ビンラーディンを認めている。彼らにとって、ビンラーディンはアラブのロビンフッドのような存在、正真正銘、権力構造に挑む人間である。私たちがどんなに憎もうと、ビンラーディンは、それなりに頼りになる人間なのだ。そう、サウジアラビアの億万長者の暮らしをなげうってアフガニスタンに赴き、洞窟に住み、ソ連と戦い、次にアメリカ人と戦った。その意味で、ビンラーディンは同世代のどのアラブ人指導者よりも信じられる。

悲しむべきは、彼がこの信頼を利用して、憎しみと排除を説き、推進しようとしたことだ。それゆえ、思想でもって彼を負かすには、信頼できるほかの人物に語ってもらうしかない——進歩的で、他を排除しないヴィジョンでありながら、しかもアラブ文化に根ざしつつ、現代にあわせてイスラム教の再解釈が加味された言葉を。アラブの指導者たちは、五〇年間こうしたヴィジョンを示せなかった。ビンラーディンの仲間を逮捕し、追放したいとは思っても、堂々とわたりあえる進歩的意見をうちだして反論しようとしなかった。思想に関しては不毛のまま放っておくか、あるいは地元の宗教指導者に任せてしまう。彼らはビンラーディンのように過激で、現代的なものに敵意を持っているけれども、ほんの少しだけおとなしい。そこで、政権が「公的聖職者」であると認め、資金を流してくれるお返しに、選挙をへない政治指導者に、祝福を与えるのだ。

こうしてビンラーディン主義が「円循環」する。このサークルは三つの要素からできている。民主主義に反対するアラブ指導者が、反現代的イスラム教の教育者に権力を与える。これら教育者は、現代世界で成功するすべを教えないから、この教育を受けた若者は、結局貧困の中でもがくだけだ。反民主主義は反現代性に拍車をかけ、反現代性は貧困を、貧困は反民主主義を、そしてこの車輪はいつまでも回り続ける……。

ドーハからドバイに飛び、エミレーツ・エアに乗り換えて、パキスタンに向かう。搭乗を待つ列に並んでいたら、前にいるパキスタン人紳士のジャケットが目に入った。合衆国の高校生が着る、学校名が略字でプリントされたジャケットを想像してほしい。背中には、明るい文字で「TITANIC」とだけ縫いこまれている。

まるで何かの予言のような気がした。

イスラマバードに着くと、私はマリオット・ホテルに直行した。最初の晩、あるレバノン人のテレビ記者と出くわした。この記者のほうで、私とわかって話しかけてきたのだ。思い出せる限り、このときの会話はこんな感じだった。

「アラブ人とイスラム教徒に対して、ずいぶん厳しい態度で出ていらっしゃいますね。フェアではないと思います」と、彼女はいった。私がパキスタンに姿をみせたことに多少びっくりしたふうだ。

「そうでしょうか。いうべきことはいう、と思っていますがね」。時差ぼけもひどかったし、それほどいい気分でもなかった。思わずむっとしたのは、記者の次の言葉だった。

「世界からどんなに嫌われているか、おわかりですか?」主語は私でなく、アメリカだ。

「九月一一日、私はパリにいました。本当にたくさんのフランス人が大喜びしていたんですよ。ご覧にならなかったのは残念でしたわ」

かっとなって、私はいきなり切りかえした。「あなたがたが民主主義をもたないからどんなに嫌われているか、わかってますか? あなたがたのやりかたが不透明で、経済が立ち遅れ、女性に不当な待遇をしていること、これがどんなに嫌われているか? 人を判断できるのは自分だけだなんて、まさか思っているのですか?」

彼女は吃驚した顔を浮かべた。次に口を開く前に、プロデューサーが文字通り、彼女を引っぱっていった。このホテルで、夜の放送が始まるのだという。

パキスタンで、これよりももっと悲しいことがあった。この数日後、パキスタン人の友人が子どもの話をしてくれたのだ。九月一一日直後、イスラマバードの私立学校から帰ってきた子どもたちが、こういった——「世界貿易センターに勤めていた四〇〇〇人のユダヤ人は九月一一日出勤するなといわれていたんだって」とクラスメートにいわれたよ、と。

その友人は、思慮深く立派な人物であった。子どもを座らせ、そんなことはありえない、と説明した。世界貿易センターに入っている数百もの企業の社員リストを手に入れられる人なんて、いるだろうか？　リストを見て、誰がユダヤ人かどうかなんてどうしてわかる？　それに各自の自宅電話番号を調べて、九月一一日前夜に全員に電話するなんて、できるだろうか？　電話したとして、受けた相手が誰も警察に電話したり、不審に思ったりしないことがあると思うかい？　それに四〇〇〇人もの人たちに、「出社するな」と警告しておきながら、あとでひとりの名前も確かめられないなんて、おかしくないか？

まったくナンセンスじゃないか。

この友人によれば、子どもは父親の話を聞いて理解したらしい。しかし学校に戻って一週間後、学校から連絡が入った。「お子さんがクラスメートと対立しています。四〇〇〇人のユダヤ人が出社するなと警告されたという話をきいても反論しないように、お子さんにおっしゃってください。そうでないと、仲間はずれになってしまいます。」

ある午後、車でアフガニスタンとの国境の町ペシャワールに出かけ、途中でパキスタン人の記者とともに、パキスタン最大のマドラサ（イスラム教の男子学校）ダールル・ウルーム・ハッカニアに寄った。寮には二八〇〇人の生徒が生活している。このマドラサはタリバン指導者ムッラー・ムハンマド・オマルが通っていた（ただし中退）ことで有名だった。私たちが到着すると、校長は外でイラン人映画クルーのインタビューを受けていた。そこで、補佐のひとりが学校を案内してくれた。その中で、二つ記憶に残った場所がある。ひとつは図書館だ。科学書コーナーはどこですかと訊くと、一本のちゃちなスチール棚を見せられた。三〇冊ほどの本が並んでいるが、一九三二年以降に出版されたとおぼしいものは一冊もない。

もうひとつはコーランの授業だ。小さな教室の正面に黒板があって、脇に教師が立っている。八歳から一五歳まで、二五人ほどの少年たちは床に座り、前の木製の台にコーランが置かれている。私たちは、少年に話しかけてみた。みなアメリカは邪悪だ、オサマ・ビンラーディンは英雄だ、と思っていた。見たところ、今回の九月一一日や次の九月一一日に参加を申し込まないような子は一人もなさそうだ。私は、一二歳になる少年ラヒム・クンドゥズに、「アメリカをどう思うか」と質問した。「不信心者で、イスラム教徒と親しくなろうとしない。世界を権力で支配しようとしている人たち」という答えが返ってきた。

イスラム教国も含めて世界の国々が指一本動かそうとしなかったときに、アメリカは、ボスニア、コソボ、ソマリア、クウェート、アフガニスタンのイスラム教徒を解放・救出するために戦ったのに、このことを誰もラヒムに教えなかったらしい。これがマドラサで教えられないとは不幸なことだ。しかし、私たちのせいでもある。アフガニスタンで、パキスタン人にロシア撃退を任せると、私たちはそのまま手を引いてしまい、パキスタンが崩壊して軍事独裁政権下に入るのに何もしなかった。だから、パキスタンの公立学校はどんどん潰れてしまった。パキスタンの少年にとって、教育を受け、三度三度食べるには、マドラサに通うしかなかった。パキスタンのマドラサは、一九七八年には三〇〇〇ほどだったが、今では三万九〇〇〇に増えている。たいていの場合、そこから送り出される若者は、現代的なものの見方を受け入れられず、女性と知りあうこともなく、西洋が象徴するものすべてに敵意を抱いている。

パキスタンから帰国するついでに、私はアラブ首長国連邦のアブダビに寄った。この国は、サウジアラビアについての貴重な情報源なのだ。アブダビ在住のあるアメリカ人の友人宅で昼食会が開かれたとき、アラブ首長国連邦でトップクラスの名門校で理事をしている人物が、サウジアラビアでの会議に出席した話をしてくれた。彼の話では、サウジ人同僚が脇につれていき、「聞いたことを信じたたらだめだよ。サウジアラビアの全家庭にビンラーディンがいるんだから」といったのだそうだ。

アブダビの次は、ニューデリーに向かった。アラブ世界で怒り、不安に思うことが続いたので、少し気分転換をしたかったのだ。ヒンドゥー教徒とイスラム教徒の間にはしょっちゅう衝突が起こるが、それでもインドはさまざまな文化が共存し、うまく機能している民主主義国家である。確かにごちゃごちゃしているけれども、ちゃんと機能している。ところが、インド人官僚に、パキスタン人の話をもちかけたとたん、頭がくらくらしそうだった。まるでイスラエル人がパレスチナ人について話すせりふをそっくりコピーしたようなのだ。

「あの連中は信じられませんよ」官僚も学者もいう。「ムシャラフが本当のことをいっていると思えますか？　彼はテロリストですよ」。私が驚いたのは、インドは合衆国ときわめて親しい関係にありながら、アメリカがパキスタン側につこうとしているのではないか、と不安を募らせていることだった。こういうことをいってくるインド人の友人や対談者に対して、私はどうか落ちついてほしい、と繰り返した。——インドが裏切られることはないでしょう。インドは多文化が共存する民主主義国家です。ヒンドゥー教徒とイスラム教徒の間には、一触即発の緊張もありますが、インドとアメリカは強く結びついているのです。他の国ではありえないような深い絆で、そうそう傷つくことはありません。ですから、落ちついてください。すると彼らはちょっとうなずき、私の言葉を受け入れた。が、ムシャラフの話になると、また態度を硬化させるのだった。

雪をいただいたコロラドの山に飛んでいって、居心地のよさそうな小屋をみつけ、耳あてをつけたいなあ……と思わずにはいられなかった。

DIARY 5
Travels in a World Without Walls: September 11,2001-July 3,2002

プーチンはいったいどうなっているのだろう……

そういうわけにもいかないので、私はモスクワに行った。

クリスマス直前、ロシア訪問を決めた。新大統領ウラジーミル・プーチンについてもっと情報がほしかったのだ。プーチンは、アメリカがビンラーディンに対して戦争するといえば一も二もなくぱっと参加するし、ブッシュ政権がＡＢＭ条約からの離脱を決定し、ロシア国境に米軍を駐留させせようとしてもあっさり受けいれるばかりか、さらにしかるべき状況下でのＮＡＴＯ拡大さえ進んで認めようとするらしい。これには、さすがに吃驚した。いったいどうなっているのだろう?

モスクワ中心部のマクドナルド第一号店に行ってみれば、いくらかなりとも答えが見つかるだろう。三年前行ったときは、マクドナルドのまわりにロシア人の若者たちがたむろして、フライドポテトを買うお金をたかっていた。しかし今は違う。一九九〇年代、マクドナルドは毛皮のコートを着たヤッピーやら、ぼろもうけしたアーティストで満席だったが、今では余裕のできた中の下くらいの家族連れで込みあっている。もちろんこれは首都に限った風景であり、田舎のほうは、まだまだ遅れている。しかしどの国でも、新しいことは首都で始まり、そこから外に広がっていくものだ。ついにモスクワでも、資本主義が混乱をきたしながら根を張ろうとしているのだ。

ヘンリー・キッシンジャーとズビグニュー・ブレジンスキーは、ロシアが攻撃的な拡張主義国家であり、したがってアメリカの敵となるよう運命づけられている、と考えていたが、私はそうは思わない。トルコであれインドであれ、民主主義を敷くイスラム教国は、独裁政権下のイスラム教国とは異なる。ロシアにしても、史上初めて選挙で選ばれた大統領が議会に責任をもって政権運営し、制限つきの言論の自由と、無条件の自由経済を受けいれたロシアは、これまでのロシアとは別ものだ。

それはそうだ。この新しいロシアの根はまだ浅い。しかし、プーチンは本気なのだ。有無をいわさず、むりやり国民を親西側陣営に引きこむのでなく、あくまで国民の希望に従うスタイルをとる。友人でボリス・エリツィン伝の著者（ロシア人）、レオン・アロンはこのように記している。「九月一一日以後にロシアがとった行動は、合衆国との短期的関係という枠におさまらない。この一〇年の大変革によって、国家の優先順位が大きく変化し続けていることは明らかだ。すなわち、軍備を縮小し、ソ連帝国に終止符を打つ。競争の力学と世論が、政策立案の鍵を握る要因となる。民族主義的反西側の左派がゆっくりと、しかしどうしようもなく衰退していく。政治家たちが私企業による経済と自由市場を受けいれる。新経済体制から大きな利益が拡散する。エリートも大衆も、世界経済制度に統合される必要性を認めるようになる——ということだ」。レオンによれば、「バイロン卿の『ドン・ジュアン』にあるような、運命という馬車が馬を替える駅舎、歴史が調子を変えるところ」に、ロシアはようやく近づきつつある。

夜、ボリショイ・シアターの隣にあるホテルで横になったまま寝つけずに、私はロシアとアラブ世界について考えていた。教訓がひとつある。生活する環境を変えれば、人々の自意識、世界観、政府への見方も変えることができる、ということだ。世界最悪のアラブ・イスラム政権でも、いくつかの国を変えていけば、きっとその行動パターンも変わるはずだ。全部が全部、歴史と地理で決まるわけではない。国民がどのように支配されているか、自分の生活をどう考えているか、次世代の生活が親よりよくなるチャンスはどうか、これによって、国民どうし、あるいは世界への態度が決まるのだ。

アラブ・イスラム世界の独裁者たちと私たちの蜜月は、あまりに長い年月にわたっている。私たちはこう思った。国民に比べれば独裁者たちのほうがまだリベラルだから、反米になりかねない民主主義シンパよりも、親米の独裁者のほうがいい。しかし、これは先が読めていなかった。親米のはずのアラブ・イスラムの独裁者たちは、新聞や公的な場で国民に反米・反イスラエル感情を好き勝手ぶちまけさせ、それによって安定政権となった。これらの国では、政治がモスクに移り、コーランの言葉を取りこんでいるが、それは国民が政権の規制を受けずに集まれるのはモスクしかないからだ。自由が守られる、本当の意味での議事堂は存在しないのである。

その副産物が、九月一一日だ。私にしてみれば、独裁者・国王が親米を公言していている国でも、国民が「合法的でない政権を支援しているから、アメリカは嫌いだ」というならば、そんな政権よりは、とくに親米派でなくても民主的に選出されてアメリカとやっていけるアラブ・イスラム指導者のほうが、はるかにましだ。中東史家バーナード・ルイスも指摘するように、九月一一日のハイジャック犯はエジプトとサウジアラビアの出身だが、両国は同地域最大の親米政権でありながら、反米派人口が最も多い。なぜか？　両国民は、独裁政権をアメリカのせいにする。その点、最大の反米政権イランの国民は、最大の親米派といえるかもしれない。アメリカがイラン政府を支持している、と非難することはないから。

モスクワのビストロで朝食をともにしたとき、巨大コングロマリット、アルファ・グループの社長ミハイル・M・フリードマンが、こう語っていた。「ロシアを例外視するのは間違いです。ロシアもほかの国と同じです――規模と歴史が違うだけで。ロシアには、まずマクドナルドができました。安かったし、簡単に受けいれられました。そして今では、もっと手の込んだものが次々と入ってきます。人々はサラリーをもらい、旅行もでき、いろいろなことをやってみようという気になります。……プーチンは実に西側寄りです。……ロシアはヨーロッパ文化の産物であり、その一部でもあるのです。エリート階級の生活はどこからみてもヨーロッパ風ですよ」

これを聞いて、ロシア人が「文明」という言葉を用いる理由が納得できた。私たちアメリカとロシアは同じ文明に属している、だからともに手を組むべきだ、というのである。だからといって、プーチンや平均的なロシア人がアメリカの要求にいちいち応じようというわけではないし、より上の世代のロシア人がかつてのソ連の権力に何の未練も感じないとか、西側の支配力に憤慨しないとかいうわけでもない。しかし、ほとんどのロシア人はこういうだろう。「あなたのことは嫌いだ。弱い者いじめには恨みもある。あなたのいうことには何度となく反対し、チャンスがあれば抵抗するつもりだ。しかし本当に重大な問題になったら、味方になりたいと思っている」と。

『新イズベスチア』の狭苦しいオフィスで紅茶を飲みながら、副編集長オットー・ラトシスがいっていた。「これは東対西ではなく、安定世界と不安定世界の問題なのです。何とかして、中国を安定世界に引きこまなければなりません。これは非常に難しい。不安定世界としては、イスラム圏もそうです。アラファト独裁のほうがいい、というむきもあります。民主主義で国民を支配しようとしても、やりにくいし落ちつきが悪いのです。しかし、そうしなければ大失策となるでしょう。民主主義は確かに居心地がいいとはいえませんが、独裁制ではもうだめです。プーチンの周囲には、民主主義を邪魔だと思う人もいます。でも民主主義がなければ国はぐらついてしまう。文明諸国は、このことを理解しなければなりません」

Column 30

2001.12.16

家が焼けたばかりなのに、排水工事を頼む人

メリーランドに住む友人数人と、最近、新しいシナゴーグをスタートさせた。本当にできたばかりで集会を開く場所もまだないため、ハヌカー・パーティには会場を借りなければならなかった。シナゴーグの週刊ニュースには、次のように書かれている。「一二月一四日、トリニティ長老教会にて、金曜日の夕礼拝／シャバット・ディナー／ハヌカー・パーティがございます」。これを読んではっとしたのは、筆者も読者も、自分が何にも変わったことをしていると思っていない、ということだった。「ハヌカー・パーティをいたします。近くのチャーチで開きますから、どうぞご参加ください」

アメリカが他宗教に寛容だという現実を目のあたりにすると、いつでも、ほとんど奇跡のように感じる。確かに、この国では宗教的にきわめて不寛容なところもあるが、それが典型的アメリカとはいえない。一般には、十分な施設のないシナゴーグが、地元のキリスト教教会でハヌカー・パーティを開くことができるし、しかも誰も異例とは思わない。娘も所属している地元オー

ケストラはアジア系アメリカ人が多数を占めるが、ホリデー・コンサートの最後をハヌカー・メドレーで締めくくった。スペイン系のコンサートマスターがソロを受けもったが、屋根の上のヴァイオリン弾きも涙するほど素晴らしい演奏だった。しかし、「ジングルベル」がアンコールで演奏されるのと同じで、誰も変だと思わなかった。

ここで、先日公開されたばかりのオサマ・ビンラーディンのテープのことを思い出した。何より忌まわしいのは、ビンラーディンが大虐殺を自慢したことではない。隣に座っている（名前はわからない）サウジの長老が、ビンラーディンの一言一言にしきりにうなずき、サウジアラビアのモスクではテロに対して「きわめて肯定的」であると、ビンラーディンを安心させたことだ。

実際、ビンラーディンは終わった。しかしイスラム世界では、何千ものこうした御機嫌とりの長老たちが、ビンラーディンの宗教全体主義に賛同している。彼らの頭を切り替えるにはどうしたらいいか、私たちは作戦すら浮かばない。（長老らの会話を聞いていると、中世について話しているようだ。）彼らが訊くことといったら、「アメリカが次に攻撃する国はどこですか？　イラク？　ソマリア？」とこんな調子である。もっと重要なことを問うべきなのだ。「大量虐殺について悟りながら長老やビンラーディンはアッラーの加護を祈り続けています。彼らが信奉する思想をどうすれば違法とすることができるでしょうか？」と。

まず、イスラム教徒自身から始めなければならない。イスラム教徒の中には、ぜひそうしたいと思うものもいる。イスラム教を改革し、今日の教育、多元主義、他宗教への寛容を認めるようにするために、ふさわしい言葉とリーダーシップを切望しているのだ。先日、若いパキスタン系アメリカ人女性からEメールが届いた。宗教全体主義について激しく非難したコラムを読んでの投書だった。「コラムで書かれた御意見には、私も、知り合いのアメリカ人イスラム教徒も、基本的に全く賛成です。ただ残念なのは、進んで、同じ真理を堂々と話そうとしないイスラム教徒がまだ多く、イスラム教の『啓蒙』（あなたの書かれた『改革』よりも『啓蒙』のほうがよいと思うのですが）が前々からの懸案のまま実現していないことです。この啓蒙によって、多元主義と近代性を受けいれて変化し、進歩的なイスラム教思想が育まれるはずなのです。…イスラム教徒が伝えれば、この思想にも、ずっと説得力が増すでしょう」

このテーマについて、先だってアルジャジーラ・テレビが討論番組を放送していた。そこで、アラブ人ジャーナリスト、アハマド・アル・サッラフが次のように述べている。「なぜ私たちは他宗教に寛容でないのでしょうか？　あらゆる説教、あらゆる学校の教科書に、憎しみのレトリックが用いられているではないですか…礼拝のしかたまでアメリカに干渉してもらう必要はなくても、過激主義を生み出すカリキュラムを力づくで変えさせるには、何らかのきっかけが必要なのです」

問題は、アラブ・イスラム世界の指導者が、こうした意見にきちんと注目するか、それともみな知らんふりをして嵐が過ぎるのを待つか、ということだ。合衆国の側でいえば、イスラム教の同盟国と多元主義や寛容という問題を取りあげるか、それともとりあえず原油が出るかぎり、黙って責任逃れするか？

ブッシュ大統領がＡＢＭ条約廃棄を――ミサイルの壁を作るため――発表したその直後に、ビンラーディンのテープが公表されたのは、皮肉としかいいようがない。大統領はミサイルの壁を強調していたが、これはたとえば、隣家の息子に家を焼かれたばかりなのに、他の電話番号が思い出せないからといって排水工事業者に電話するようなものだ。

ミサイルの壁？　おおきに。他宗教にさらに寛容な態度を示し、いくつもの思想が共存することをもっと認められるように、私たちとイスラム圏の友人たちがおのおのの役割を果たさなければ、どれほど高い壁を築いても、どれほど正確なミサイルの壁を作っても、次のテロから――ビンラーディンでなく、名も知らないあの長老や学生たちが発射する人間ミサイルから――私たちを守ってはくれないだろう。

Column 31

2001.12.19
モスクワ

バグダッドひとりぼっち

オサマ・ビンラーディンが消されたあと、対イラク戦争をワシントンで計画する人がいたら、ロシアの助けをあてにしてはいけない——とにかく、今の時点では。バグダッドに進軍することをどう思うか、ここロシアで尋ねたとする。返ってくる言葉はいたって単純だ。「したくない《ニエット》」

見落とした人もあるかもしれないが、ウラジーミル・プーチン大統領は、月曜日付の『フィナンシャル・タイムズ』で、テロとの戦いにとって優先順位の第二にくるのは、「テロリストの資金を封鎖することだ。今までのところ、イラクがこれらテロリストに資金調達しているという確信もなければ、証拠もない」と述べている。

このような見解を示すのはプーチン氏だけではない。反ビンラーディン同盟の中心諸国をみれば、それぞれが、アメリカでのテロ行為に憤激するとともに、ビンラーディンとタリバンの敗北によって一様に利益を得ている。しかし、話がイラクになると、同盟諸国のほとんどが怒りを感じなくなる。もっと問題なのは、反サダム十字軍と国益が対立してしまうことだ。

イラク原油を密輸・販売して大儲けしているトルコは、イラクで戦争が起こったら、北イラクにクルド人国家が誕生し、トルコのクルド人と結びつくのではないか、と懸念している。サウジアラビアでは、イランに対する平衡勢力であるスンニー派アラブとしてのイラクが弱体化するのではないか、そして、イラク南部に独立シーア派の包領ができてサウジアラビア東部のシーア派を扇動するかもしれない…と気を揉んでいる。

イラクのスパイが相当侵入し、イラクとの貿易に依存しているヨルダンは、バグダッドで戦争が起こって政情が不安定になることを怖れている。エジプトとしても、イラクに「よい」指導者が現われることをさほど強く望んでいない。なまじそうなったら、イラク政権がアラブの国家システムにまた組みいれられ、エジプトとイラクで、アラブ世界への影響力を再び競うようになるだろうから。シリアは、アメリカが対イラク戦争に勝利すれば、次はダマスカスが標的になりうるから、この戦争を支持しそうにない。まだまだいくらでも例をあげることができる。

ロシアは前からイラク攻撃に熱心でなかったが、ブッシュ・チームが一方的にABM条約を破棄してプーチン氏を当惑させてから、氏はじめロシア人は、概して、サダムが疑惑を認めないなか、合衆国のバグダッド攻撃を助ける気がいっそう失せているようだ。ロシアの支援がなければ、ヨーロッパおよびアラブの私たちの同盟国も、多くはしっぽを巻いてしまうだろう。

「アメリカがアフガニスタンでしていることは、われわれの利害および状況理解と一致していますが」と、ロシアの前駐イスラエル大使アレクサンドル・ボヴィンは次のように述べる。「イラクは別問題です。イラクとロシアは経済面で結びつきを強めてきました。それは失いたくないですし、今日、イラクが危険とは思えません。イラクのミサイルが、ロシアや合衆国を攻撃することはないでしょう。個人的に、私はＡＢＭ条約のことを気にしていませんが、ブッシュが必要もないのにプーチンを難しい立場においやったことは確かです。プーチンがロシア国民に『合衆国とは友人関係になった』といったまさにそのとき、ブッシュはＡＢＭ条約を破棄したのです。ロシア人の多くはがっかりしました。ブッシュはわざと誰かを怒らせたかのようでした。次回、ロシアにアメリカを助けるという選択肢があっても、プーチンは放っておくでしょう」

ブッシュ氏はプーチン氏の目を見たものの、プーチン氏の目をとおして世界を見ようとはしなかった。目の前しかみない男だ。

誤解しないでほしい。ロシアはサダムを憎んでいる。アメリカの対イラク行動について、せいぜい、外交問題専門家アレクセイ・プシュコフのいう「ネガティヴな中立主義」をとる程度だろう。しかし、それには、前もってルーブルを取り分けておかなければならない。イラクはソ連に八〇億ドルもの債務を抱え、ロシアとしては返済を望んでいる。ロシアは、もしサダムが追放された場合、新政府に債務の責任を負わない、といわれると困るから、アメリカが「債務はサダム一人でなく、国家によるものだ」とする見解を支持する、と保証してほしいのだ。また、親西側政権がイラクに誕生しても、ロシアの石油企業がうまみのある石油探査から締めだされないという確証もほしい。私たちの同盟諸国は、ビンラーディンについて、「証拠をみせよ」という。サダムについては、「証拠をみせよ。カネをみせよ。そうしたら考えてみよう」といってくる。

要するに、この反テロ戦争で、釣り掘で魚を釣るような楽な段階は終わった。タリバンと違い、サダムは実際にカネを持っているから、敵を買収できる。アフガニスタンと違い、イラクは周辺諸国すべてにとって戦略上重要であって、周辺諸国では大半が現状の変化を怖れている。ビンラーディンと違い、サダム自身が狙いやすいターゲットにはならない。だからといって、アメリカはサダムを駆逐するすべを探せない、やめたほうがいい、というわけではない。ただ、他に頼らず、自分だけで計画を立てていかなければならないのだ。

2001.12.23
モスクワ

Column 32

行列のできる…

モスクワでは中流階級の勢力が爆発的に増大しており、ヨーロッパ化が進むこの街で車を走らせると、まもなく二つのことに気がつく。あちこちにスシ・バーができ（驚くなかれ、ボルシチからビッグマック、さらにカリフォルニア・クレムリン巻まで、わずか一〇年だ！）、非常に多くの人たちが車を持っているため、道路がいつも大混雑している（ジャカルタに雪が降りつもり、氷が張っている様子を想像すればいい。それが今のモスクワだ）。先日、車で出かけた折にプーシキン広場で渋滞してしまい、たっぷり時間があったので、ロシア人の友人ヴィクトルにいささか大げさな質問をしてみた。共産主義社会だったころと比べると、今の生活は楽かい？　それとも大変かな？

「どちらともいえるね。楽だ、というのは、毎日食糧を手に入れるため出かけなくてすむし、何を買うにも行列に並ぶ必要もない。今じゃ店にいけば商品でいっぱいだ。行列もない。しかし、どれも高いんだよ。モスクワではうまい冗談があってね。ロシアには一つだけ行列が残っている、カネを手に入れるための行列だ、っていうんだ」

カール・マルクスの理論は、今日のロシアで、ついに勝利をおさめたわけだ。そう、カネがすべて。これは、ウラジーミル・プーチン大統領を理解する鍵でもある。彼はよりタフなミハイル・ゴルバチョフ・タイプでもなければ、ボリス・エリツィンをより気まじめにしたタイプでもない。ロシア最初の鄧小平なのだ。毛沢東の実際的な継承者にして、「金持ちになることは、すばらしいこと」と初めて中国人に語り、そのための近代化改革を初めて実施した人物である。

アッバ・エバンはかつてこういった。人間も国家も、最後には――他の可能性をやりつくしたあとには、正しいことをするものだ。プーチン氏の、ロシア国民にむけた基本的なメッセージも、これである。「一〇年間、われわれはありとあらゆるアイディアを試してきた。債務不履行から、平価切下げ、ショック療法まで、拙いアイディアは全部やってみた。もう残っているのは一つだけだ。本物の投資を可能にして、現代に見合った本物の経済を打ちたてるために、本物の改革法を可決させること、これしかない。この世界では、本物の経済基盤がなければ、ゼロに等しいのだ。意味のある行列、つまりカネを求める行列にのみ、今は集中しよう」。これこそが、プーチン主義だ。『資本論《ダス・カピタル》』から「資本運用《ドス・キャピタル》」へ。

ミサイル防衛を制限するABM条約をブッシュ大統領に放棄されても、プーチン氏がなぜ思いきった行動に出られないかが、それで納得ができる。一九七二年にこの条約が成立したとき、ロシア外交は、地政学を軸にしていた。これはつまり、イデオロギーの対立によって、世界での影響力をアメリカと競争することであり、ほかのものは（経済はとくに）二の次となる。食糧を求めるあの長い行列ができたのも、そのためだ。今日、ロシアの外交の中心は二つ、地政学と地理経済学で、互いに激しく拮抗している。もしロシアがカネを蓄え、ABM条約を破棄することで西側の援助を勝ちとることができるなら、そうすればいい。

しかし、ごまかされてはいけない。ロシアの世論調査員イゴール・ブーニンによれば、ロシアの軍事・外交エリートは、ブッシュ大統領の条約破棄を「平手打ちされたような侮辱」だと考えている、という。もしプーチン氏が約束していたつもりだったものを、アメリカが出してこないなら――核兵器大幅削減、ロシアとNATO間の本物のパートナーシップ、負債の免除、WTO加入、西側の投資に、アメリカが同意しないなら――、プーチン氏はゴルバチョフと同じく、与えるばかりで何も求めない人間だと思われてしまうだろう。「そうすれば、エリートたちはプーチン氏に対抗し始めるかもしれません」と、ブーニン氏は付け加えた。けれども、今のところ、プーチン氏はこうした雑音を無視している。地理経済学をまずマスターしなければ、ロシアは二度と地政学に参加できない、と考えているからだ。

今日のモスクワでは、若い資本家たちが十分成長している。彼らは、金持ちになる方法は中国式、つまり物を作ることであって、旧ロシア式に、国家や地面から物をとってきてもだめだ、と確信している。そして注目されていなかったが、二〇〇一年ロシア議会では、アメリカが可決に一〇年かかった司法・税制改革法案が、大きな議論もないまま次々と成立した。

先日、画廊をかねたレストランで昼食をとった。この店は、ドミトリー・ジェコヴィッチがパートナーとともに始めた新しいチェーン、ウリッァ・オギで、かなりの人気だ。「私たちが前世代と違うのは、既にあるものを私有化するだけでなく、何か新しいものを作ろうといつも考えている、ということです」と彼は説明する。

ロシアの新世代はこのような「資本主義的なこと」ができる、と自信をもっている。これは、地政学的に非常に大きな意味をもつ。ロシアが核保有に熱心で合衆国と対立する理由は、ひとつには、核があるからこそ超大国でいられるからだ。もしもロシアが、地理経済学を基盤とした大国になりうると思うならば、核兵器を一切廃棄したり影響力拡大を断念したりはしないだろうが、西側と本物のパートナーとなる可能性はますます大きくなる。

だから、プーチンを応援し続けよう。願わくはロシアのディフェンスラインを突破できるように。

2001.12.26 Column 33

「裸の翼」

先週、パリ発のアメリカン航空がテロリストのターゲットになっていたことがわかった。気の狂ったテロリストが、靴に爆薬をしこんで乗りこもうとしたのだ。この自爆テロは未遂に終わったが、ニュースを聞いて、自分で航空会社を始めたらどうだろう、と思いついた。名称は「裸の翼」。モットーはこれだ。「すべて脱ぎ捨てた翼——裸の安心、空の旅」。あるいは「ヌード航空——服を脱いで、安全をお召しください」

考えてみてほしい。飛行機に乗るとき、全員が裸であれば、隣席の乗客がカッターをもっているかも、とか、靴に爆薬をひそませているのではないか、とか心配する必要がない。裸で飛行機に乗ったり裸の女性と同席したりするといえば、いかなる宗教であれ原理主義者なら乗ろうとしないだろう。とにかく、それだけで、ハイジャック犯になりうる人間を空から締めだすことができるはずだ。人種のタイプでハイジャック犯らしき人間をチェックするよりは、はるかに文化的だ。航空会社が乗客に、洋服のドライクリーニング無料サービスを提供するようになるのも、先のことではないだろう。

おわかりいただけたと思う。進歩する一方のテクノロジーをテロリストがこれからも使い続けるとしたら、みなが裸にならないかぎり、どうやって、開かれた社会を維持しつつ自分たちの身を守っていけるだろう。つまり、靴のかかとに爆薬をしかけ、パリからの飛行機にごくあたりまえのように搭乗したり、あるいはカンダハルの洞窟で、世界貿易センターの自爆テロを計画し、そこからひょいと現われるなり計画を実行したりという時代にあって、自由で開かれたアメリカであることに、どんなメリットがあるだろうか。

今日のアメリカが抱えている問題の中心はこういうことだ。自由社会とは、広く開放されていること、秩序を維持するためにある種の倫理観や道義心を共有することが基本である。しかし、現在密接に関係をもっている国には、秩序維持できない政府や、私たちの倫理観や道義心を尊重しない国民も多いのだ。

ボストン―ニューヨーク―ワシントンのシャトル便で使用されていた自動発券機を、お忘れだろうか？　使ったことがないだろうか？　クレジットカードを入れ、画面の指示どおりに操作すると自動的に搭乗券がでてくるのだが、画面にこんな質問が表示される。「荷物は自分で詰めましたか？」「知らない人から何かもらいませんでしたか？」これに対し、画面に触れるだけで答えたことになるのだ！　疑うことを知らない純真さ、相手の名誉を重んじる礼儀正しさには、驚くばかりだ。

もし私が思いどおりにするならば、自動発券機をすべてスミソニアン博物館特別展示室「二〇〇一年九月一一日以前のアメリカの遺物展」に移すだろう。

しかしこれはアメリカだけではない。モスクワとの往復は飛行機を使ったが、そこでは通関手続きのため、詳細な書類に記入しなければならない。並んでいるのはごく普通の質問である。果物、植物、多額の外国通貨、特別な電子機器、武器を持っていますか？　少しだけ不安になったのは次の質問だ。何か放射性物質を持っていますか？　うーん。この欄にチェックをつけようとする人（密輸業者）が何人いるだろうか。今モスクワの税関を抜けるところだとして、目の前のカップルが互いに「あなた、どちらかのスーツケーツに放射性廃棄物をしまったかしら」「プルトニウムをポシェットかダッフルコートにいれたかい」などと尋ねている光景が、想像できるだろうか？

こういうわけで、私たちが足を踏みいれようとしている時代は、さまざまな問題を抱えている。そしてこのことはまだ考え始めたばかりだ。自由と秩序をどのように両立できるかについて、私たちは、前よりはるかに強く意識しだしている（アシュクロフトの論争――コラム26――を参照）。アメリカがアメリカで――世界に密接に結びついた、自由で開かれた社会で――あり続けるためには、世界はより秩序だち、統制のとれた場でなければならない。では、その秩序とはどんなふうに現われるのか。一つはボトムアップだ。社会がよい民主的支配を進め、倫理と価値観を共有することで実現する。そしてもう一つは、トップダウン。非民主的独裁政権が厳重に国民を取り締まることだ。

しかし、冷戦後の世界では、私たちに関係をもつ国の多くが、この二つの過渡期にある。つまり、厳しい独裁政権下で一方的に秩序を強いられる段階から、自発的な自治政府が秩序を保つ段階へと移行する途中なのである。それはきわめてやっかいな世界であって、とくにいくつかの国(アフガニスタンはその極端な例だ)は移行することができないでいる。

「トップダウンの問題点は、世界中で、政府の統合よりも解体が進んでいることです。同時に、アメリカのテクノロジーは全世界に、またあらゆる分野に広がる——飛行機はどんどん早くなり、電子機器はますます小型になる一方です——のに、テクノロジーと切り離せないはずのアメリカの価値観と道義心が、なかなか普及していないのです。テクノロジーは、もしふさわしくない人たちの手に入ったら、大量破壊兵器になってしまいます」と、イスラエルの政治理論家ヤロン・エズラヒは語る。

だから、私たちのディレンマはみなにとっても他人事でなくなるだろう。私たちの社会が扉の開きぐあいを狭めるか、あるいは、私たちと各国の人たちが、世界をもっと統制していかなければならないか。そうでなければ、かつてなかったほどのリスクを負って生きるすべを身につけることになる。

それとも、飛行機に乗るとき全員が服を脱ぐか。

2002.1.2

Column 34

宿題はこれだ

対オサマ・ビンラーディン戦でブッシュ大統領がみせるめざましい指揮には、みな賛辞を惜しまない。ブッシュ氏は、予想よりはるかに辣腕の最高司令官であった。テロとのこの戦いで、鋼鉄のような決意、想像力、指導力、創造性を発揮している。ブッシュ氏に感謝。

でも、私はアル・ゴアが大統領だったらよかったのに、と思ってしまう。

どうしてか？　ブッシュ氏は国内戦線で決意、想像力、指導力、創造性を示そうとしないで、ちょうどその反対をやってのけたからだ。彼は九月一一日の悲劇によって一気に盛りあがった愛国主義、共闘主義、ボランティア精神の気運を利用して、九月一〇日から九月一二日の世界にむけ、偏狭な右翼的姿勢を突き進めようとしている。これは間違いだ。うまくいくとは思えない。とりもなおさず国を軽んじることであり、結局は、ブッシュ大統領そのものの評価も下がってしまうだろう。

アフガニスタンでの新しい国づくりには、異論はない。私が本当に注目しているのは、アメリカでの国づくりである。アメリカは九月一一日に湧きあがった力を用いて、国をさらに強く安全にし、九月一二日の世界においてよりよい地球市民となろうとしている。まず気になるのは、そのエネルギーの使い方だ。

これまで、実際に私たちがしてきたことといえば、世界をサウジアラビアとOPECにとって安全な場にし、原油価格を再び引き上げただけだ。お忘れかもしれないが、先週の金曜日、サウジが中心となってカルテルが価格高騰を狙い、原油生産量を六・五パーセント削減した。オサマ・ビンラーディンと一五人のサウジアラビア人ハイジャック犯のテロによって引き起こされたともいえる景気後退から、世界がなんとか脱出しようともがいているのに、である。

合衆国の納税者はこれまで、九月一一日と石油の値上がりによって打撃を受けた航空産業を救い出し、かつビンラーディンとの戦いに一か月一〇億ドルの資金を調達せねばならなかった。それが今度は、アメリカの保護を受けている中東諸政権が値上げをしたいという理由で、石油の支払いを吊りあげられることになる。率直にいうと、こう考えただけで、どうしても腹の虫がおさまらない。

もしかしたら、サウジアラビアの指導者がこういってくれないか、と考える人もあろう。「君の国で起こったテロに、オサマ・ビンラーディンと一五人のサウジアラビア青年が加わっていたと知って、われわれも大変動揺しています。われわれは、開発途上国を助けるのと同じように、アメリカが、グローバル経済の動力源であるアメリカが立ち直るのを助けたい。こうした願望をもつからには、これから六か月、原油価格を極端に引き下げ続けるつもりです。そうしてから、徐々に二四〜二八ドルの範囲にまた上げていきます。われわれには打撃ですが、世のための節税です」

ないものねだりだろうか？　うむ、そうも思える。そこで、ブッシュ大統領の話に戻ろう。ブッシュ氏がこれから取りくめる国家的プロジェクトのなかで、誰が見ても明白でしかも大胆なものは、再生可能な資源開発、国内生産の強化、エネルギーの効率化に基づくエネルギー独立計画であろう。こうしたプロジェクトが始まれば、アメリカの児童がわくわくするというだけでない。ブッシュ氏にとって、リチャード・ニクソンの訪中に匹敵する業績となろう。テキサスの油屋が、アメリカを中東の原油に依存していた状態から脱出させるのだ！　これで政治家として大あたりがとれる！

地球温暖化防止を目的とする京都議定書を離脱したことで、アメリカは国外から反発を招いたが、その対策としても、最高の一手となるだろう。アメリカの膨大な石油消費量を減らせば、環境保護問題に京都議定書以上の効果を及ぼす、といってもいいし、そうすれば、よい地球市民たるアメリカの立場もおおいに向上するはずだ。

ブッシュ氏が取りうる方法はたくさんある。尊敬すべき石油コンサルタント、フィリップ・ヴァーレジャーはこう語る。「今日、世界で生産される原油の七分の一は、アメリカの高速道路で消費されているのです。政府が税制上の優遇措置を行い、メーカーにはもっと燃費のいい自動車を作らせ、消費者にそれを買わせるようにすれば、五年のうちに三分の一減らせるでしょう。税収が落ちこんでも、ガソリン税を徐々に引き上げれば補えます。そうしたら、アメリカ国旗のバンパーステッカーを全部、『石油消費量を三分の一カットしています。あなたはいかが?』に替えてしまいましょう」

私はもうこれ以上、中東の石油に頼りたくない。あの地域では、ここ七世紀の間、まともな世紀を一度も経験していないし、すぐによい世紀がくるとも思えない。石油は、私たちにとってもそうだが、彼らにとっても呪いである。石油のおかげで、指導者が腐敗した。女性は前時代的に束縛され、社会的労働から閉めだされ続けた。また、地面から物を取りだすのでなく自分で作りだす、という革新的経済が発展しなかったのも、石油があったからだ。安定した同盟国となる前に、彼らには、すべき宿題がたくさんある。

もしこの宿題が片づいたら、私たち全員にとって利益となる。が、今のところ、私たちは自分で何とかしなければならない。だから大統領、「レッツ・ロール(始めましょう)」。最終的には、大統領の業績は、国内で何をするかによって測られる。テロと戦った結果、アフガニスタンでうまくいっても、アメリカで新たな国づくりができなければ、大統領にとって何の勝利にもならないだろう。

2002.1.6

Column 35

第一ラウンドのゆくえ

ブッシュ大統領が、テロとの戦いは長びきそうだ、と警告した。しかし、第一ラウンドだけでもいつ勝ったか、どうしたらわかるだろう。実に簡単だ。オサマ・ビンラーディンとその仲間を殺したら、アラブ・イスラム世界の指導者たちがビンラーディンの思想を否定したら、それが第一ラウンド勝利ということだ。いってみれば、分業である。私たちは殺し屋連中を抹殺する。アラブ・イスラム世界の指導者たちはビンラーディンの思想を非正当化する、というわけだ。だが、私たちがつとめをまっとうしても、彼らは与えられた役割を果たさないのではないか、と思ってしまう。第一ラウンドがこんなふうに終わったら、次回飛行機に乗るときは、隣席の男のテニスシューズから目を離してはいけない。

ビンラーディンと主要な仲間アイマン・アル・ザワヒリ、ムハンマド・アテフ、タリバン指導者のムッラー・ムハンマド・オマルがこの世から抹殺されなければならないのは、純粋な「正義」というほかに重要な理由が一つある。この四人が、自分たちは懐手をして、撃墜場面をホームヴィデオで堪能しながら、イスラム教徒の青年たちを自殺においこんで名をあげてきたからだ。

アメリカ人をターゲットにした自爆テロを命じたり、そのテロリストを擁護したりする人間は、生きていられない。私たちはこのメッセージを送る必要がある。米海兵隊は、この原則を通すべく、アフガニスタンの洞窟をひとつひとつ探すだろう。テロを命じたら、自分も命はない——間違いなく、絶対に、死を免れないのだ。

けれども、アル・カーイダの指導者が抹殺されても、思想がそのまま残っていたら、第一ラウンドが終了したことにはならない。思想をこの世から消すのは、生易しいことではあるまい。ビンラーディンのテープで最も印象的なのは、この男の話に、いかに内容がないかだ。アラブ・イスラム世界の発展の計画が語られることはなく、ただ「ジハード」「異端者」「アッラー」という呪文の毒気にみちている。

今日まで、ビンラーディンとその歪んだイスラム教思想と直接対決したのは、二人の指導者、ジョージ・W・ブッシュとトニー・ブレアだけである。なぜかというと、理由の一つは、中東諸国の指導者には、国民に対して、とくに宗教について率直に語る伝統がなかったからだ。問題が起こると、彼らは本能的にテントを閉じて、砂嵐が過ぎるのを待つ。自分が狙われるのを怖れるあまり、ビンラーディンに直接異論を唱えようとしないものもいる。結局、この男は二超大国との対決してきた。

しかし最大の理由は、これだ。悪人ではあるが、それなりに認めてやるとして、ビンラーディンは自分なりの信念をもって、サウジアラビアでの裕福な生活を捨て、洞窟に移り住み、米ソを相手に戦った人間だ。その憎悪に満ちた偽らざるメッセージに対決するには、進歩、他宗教への寛容、現代性というメッセージを偽りなく伝える人間でなければならない。

アラブ・イスラム世界では、こうしたメッセージも、伝える人間も、ほとんどない。まず最初に、思想的指導者たち――イマーム、学者、政治家、コラムニスト――が政権のお雇いになるか、さもなければ投獄されてしまうような独裁制社会では、自分の偽りのない意見を押し通すことは非常に難しい。そのうえ、ビンラーディンの宗教全体主義に対峙するには、同じようにイスラム教の伝統と価値観に基づきながら、かつ進歩的で先見の明のあるイデオロギーが求められるが、こうしたヴィジョンを語れるアラブ・イスラム教の指導者は、今ひとりもいないのだ。ビンラーディンとは、厳格な宗教思想が過激な形をとったにすぎない。実際に、かつてアラブ政権の多くがこれと同様の思想を正当とみなしてきたのである。

ナチ指導者アドルフ・アイヒマンを処刑したのはイスラエルだった。しかし、ナチ思想を抹殺したのは、現代ドイツだ。世界第一の民主主義憲法を掲げ、それに恥じない国民生活を送ることで、ドイツ人は、自分たちの国を破壊的勢力から建設的勢力へと変容させたのだ――ドイツにとって、ヨーロッパにとって、そして世界にとっても。

ビンラーディン主義に対しても、同じように戦わなければならない。ここには、かすかな希望のしるしがみえる。アラブ世界は九月一一日以来、三つの段階を経てきた。第一がアラブ・イスラム教徒にこんなことができたのか、という衝撃。第二が、イスラエルあるいはＣＩＡへの非難。今は、初めて内省の思いがかきたてられている。サウジアラビアのアブドッラー皇太子は、先週行われた湾岸諸国の首脳会議で、こう述べた。「あの大きな悲劇は、実際、われわれが自らについて注意深く考え直し、行動を見直し、誤りを正すためのよい機会です。…危機に立ち向かい自分たちに与えられた責任をまっとうするのでなく、危機に直面しても腕組みをしたままで、ただ他人を責める、これこそが本当に致命的なことなのです」

しごくまっとうな意見であり、ますます先に進めるべきだ。今までブッシュ・チームは、アメリカのアラブ・イスラム教の主要同盟国がこっそり対米協力するのを黙認してきた。ビンラーディンに対する反論をさせようとも、国民にむかってこのアメリカ観は病的に歪曲しているといわせようともしなかった。事実上、誰も本当のことをいわなくてもいいとする一方で、私たちと隠れ同盟関係を続けるのを認めてきたことになる。しかし、もうこんなことは打ち止めにしないといけない。誰かが本当のことをいわなければならないのだ。

2002.1.9

Column 36

チェイニー氏の家

九月一一日以来、二人の世界的に有名な人物が「所在非公開」で奔走している。ときたま目撃されても、すぐ姿を消してしまう。一人はオサマ・ビンラーディン。もう一人はディック・チェイニーだ。

アメリカの指揮系統が一回の攻撃で断ち切れないように、副大統領チェイニーがテロ直後に姿を隠したのは納得できる。賢明な判断だ。自身がすぐれた軍人であった副大統領にとって、これは楽でなかっただろう。しかし賢明だと思われるのはいいが、神経質でつけこまれやすいとみられてはいけない。チェイニー氏が洞窟生活を続けていては――大統領は、私たちには普段どおりの生活をするようしきりに求めているのに――、神経質でつけこまれやすい人間かと思われてしまう。逃亡生活を続けるべきはビンラーディン一味であって、米副大統領ではないはずだ。

思うに、ビンラーディンが洞窟で捕捉されたり、死んだと確認されたりする前に、チェイニー氏がしっかり安全を守られた住まいに戻り、普通の生活・公務を再開することが、象徴として重要ではないだろうか。ビンラーディンが殺されてから、ようやくチェイニー氏が警報解除となるのではだめだ。ビンラーディンやアル・カーイダの焼き直しが、そのうちまたうろつくようになるだろう。私たちは、この状態に少しでも早く馴れるべきだ。

ある点で、副大統領がかくれんぼしていても、アメリカを護ることにならない。アメリカを護ることとは、市民と子どもがみな開かれた社会で、以前と比べものにならないリスクを個々に抱えながら生活できるようしむけることを意味するからだ。

この新たな現実は衝撃的に現われる。この数年間、アメリカは緩い国境警備とおおざっぱな空港のチェック体制で、特に問題なくやってきた。しかし、以前の開かれた社会は、自由と信頼の上に成りたっていた。九月一一日以後では、話はそれほど簡単にいかない。今、目の前にある選択肢は二つ。一つは、自由や信頼でなく、不安と不信に基き、閉ざされた社会を作ること。こうすればテロリズムを一掃できるだろうが、毎日息の詰まるような生活が待っている。もう一つは、自由こころもち少なめ、信頼も少し減らし、基本的には開かれた社会での生活を続けながら、わずかな隙にテロリズムが頭をもたげる可能性を受けいれることだ。

イスラエル人と英国人は実際にこうしてきた。この方法は、正しい。自由で開かれた文化を守るのは、軟弱者にできることではない。鋼鉄のケージの中で生きるくらいなら、たとえリスクは高まっても、開かれた社会で生きるべく、鋼鉄の覚悟を固めたい。

もちろんブッシュ大統領は、テロとの戦いに勝ってから正常な生活をさせよう、と約束することも可能性としてあるが、実際には問題外だ。アメリカは国家間の戦争に勝てるとしても、テロはありとあらゆる不平不満が下敷きとなり、しかも犯行にはほとんど元手がいらない個人競技だ。テロを開かれた社会で決定的にうち負かすことは不可能だ。

本当のところ、ブッシュ氏に、正常な生活が再開された、と宣言することはできない。できるのは、「正常な生活」という言葉を定義し直すことだ。自由で開かれた社会を維持しながら、少々扉の隙間を狭くし、人を前ほど少しだけ信頼しないで、少し警戒心を強め、リスクを前ほど嫌わないすべを教えることだ。

九月一一日後、娘が参加している地元オーケストラが、この夏計画していたイタリア旅行を突如中止した。実は、この決定に私はいまだ怒りを覚えている。もし計画どおり実施していたら、毎日娘の安否を心配しなければならなかっただろう、って? それはそうだ。しかし、新たな「正常な生活」では、娘から貴重な経験をするチャンスを取り上げるより、心配するほうがましだ。

イスラエルの政治理論家ヤロン・エズラヒが、最近私にこう語った。「エルサレムを歩いていれば、隣の車がいつ爆発するかしれない、とわかってはいますが、それでも私は家にずっといようとは思いません。自分のしたいことを主張しない生活は、生活とはいえないでしょう。娘でさえ、私がエルサレム中心部のレストランには行くなよというと、こんな調子です。『四六時中私の護衛をしたり、私がちゃんと安全かどうか心配したりしているわけにはいかないのよ』」

その通りだ。私たち、親も政治家も、リスクのない世界というユートピアが実現するまで単に生きのびればいいというのでなく、前よりリスクが高まった世界で繁栄できるようでなければならない。市の公民館などで、このテーマで対話集会を始めたらどうだろう。主役はディック・チェイニー——本来の自分の家に戻ったチェイニーだ。

チェイニーの家は素晴らしい邸宅で、部屋数も多い。ちょうど『建築ダイジェスト』一二月号で特集されたが、そこにリン・チェイニーがエッセイを寄せている。それによると、一九世紀調のこの白い家には「いいところがたくさんあります。しつらいは立派ですし、広いヴェランダからは何エーカーも広がる緑の木々が眺められます。上品な高天井の部屋は荘厳で、しかもつい足を踏みいれたくなる感じがするんです」

すばらしい。チェイニー一家が住むべきは、他ならぬこの家なのだ。世から離れて孤立した暮らしをすべきは、ビンラーディンのほうだ。「御宅訪問」してくれる雑誌は、『銃と弾薬』くらいだろう。

2002.1.13
カブール
(アフガニスタン)

Column 37

リモコンを捨て、アフガンへ

アフガニスタンから、いいニュースと悪いニュースをお届けしよう。いいニュース――この地では、アメリカはたやすく基本的な安全保障上の国益をみたすことができる。つまり、このかたの国が無法地帯に戻って、中心部にオサマ・ビンラーディンのような腫瘍ができ、世界に転移し、私たちを脅かすようなことには二度とならないということだ。その状態になるまで、必要なものは多くない。緩やかな連邦政府、基本的警察と軍隊、ちゃんと機能する経済体制、少しの教育・社会機関があれば十分だ。

悪いニュースはこれだ。――私たちは、それすらできるかどうか定かでない。

ここアフガニスタンがどんなに破壊されているか、言葉ではとてもいいつくせない。グラウンドゼロがどんなふうか、かつて世界貿易センターが建っていた場所が今どうなっているか、ご存じだろう。そう、おそらくカブールの半分が、二二年もの内戦のせいでまさにそんな感じなのだ。ましなほうの半分は、電気がほとんどこないし、電話も郵便も不通、夜一〇時に外出禁止令が出て、食糧はぎりぎり最低量といったありさまで、さながらゴーストタウンである。そこに国づくりをするとは、いってみれば、月に国を作るようなものなのだ。

悲しくも奇怪な風景が想像できるだろうか。大通りを運転していると、すぐ後に白いろばがものすごい勢いで走っている。隻脚の男性が自転車に乗っている。何千もの難民が、悪臭漂う旧ソ連大使館に押しこまれ、氷点下の寒さの中、ガラスのない窓にビニールシートを張ってしのいでいる。中央政府は破産し、アメリカのテレビ局クルーよりカネに困っており、給料すら支払えない。「大臣が面談にくるときは、タクシーを拾わなければならないのです」と国連特別代表のラクダル・ブラヒミは語った。

これはお笑いでしかない。アフガニスタンには、すぐ現金を注入する必要がある。（たぶん、アメリカが爆弾を落としたとき、アフガンの民間人についてあれほど心配していたイスラム世界ならば、爆撃が終わって人々が食べていかなければならない今、なにがしかの現金を送ってくれるだろう。）加えて、多国籍軍の力で、主要都市に安全な環境を整備することだ。そうすれば、難民が帰国し、商業が再開し、だんだんと人々も投資する気になるだろう。また、脆弱なアフガニスタン政府が自前の軍隊と警察隊を設立するまで、時間稼ぎもできる。虎視眈々と狙っている諸隣国は、アフガニスタンが権力の空白地帯になりつつある、と既にかぎつけている。イランのように、あつかましくも、アフガニスタン国境を越えて有力者を買収しようとする国もある。こんな状況からは、よいことは何ひとつ出てこない。

ここで、ブッシュ・チームの話題になる。現在、政権内部では、強い多国籍軍をそのまま駐留させておくべきか、それともアメリカも参加すべきかをめぐって対立している。愛想のないいいかたをさせていただくと、アメリカが指揮も参加もしなくても、同盟諸国なら人数も期間もとわず平和維持軍を派遣してくれるだろう、とブッシュ・チームが思っているとしたら、とんでもない。アフガニスタンがこうした軍隊の助けなしに――カネを注いでかきまぜるだけで――立ち直ると考えているとしたら、これも大間違いだ。

合衆国は、空軍、無人機、地元の部族兵、合衆国特殊部隊を用いたリモコン方式で、アフガニスタンでの戦争に勝った。アフガニスタンの平和も同じように勝ちとれるだろう、とブッシュ・チームは、気楽に思っているのではないだろうか。しかし、そうはなるまい。国防総省が軍隊を現場に派遣して洞窟をしらみつぶしに探させようとしなかったことで、結果としてビンラーディン一味は雲隠れしてしまった。アフガニスタンでのある種の多国籍平和維持軍設立に及び腰であれば、結局、平和は得られないだろう。

内相ユヌス・カヌーニは、アフガニスタンを訪れた合衆国上院議員ジョー・バイデンに、「合衆国に期待するのは、アフガニスタンを放っておかないということです」といった。暫定大統領ハミド・カルザイは、インタビューでこう語っている。「選ばれてから、私はありとあらゆる地域からの代議員団を受け入れました。二五〇〇人にも上るはずです。どの地域からきた人にも、多国籍軍の派遣に手を貸してほしい、と頼まれました。みな必死になって安全を求めています。

これに反対するのはムッラーだけです」

ブッシュ氏がアフガン問題に深く関わることについて慎重なのは、よいと思う。私たちはここで有力者の名前もろくに知らないし、土地の歴史をひもといてみても、あまり希望を見出せない。過日、カブールで英語の本を扱う書店にふらっと立ち寄ったとき、タイトルに「アフガン戦争」と入った本があまりに多く、衝撃を受けた。ためしに『アフガニスタンにおける戦争の歴史』を手にとったが、よくみてみると、実はぶあつい二巻本の一冊で、扱う時代は一八〇〇年から一八四二年まで、たった五〇年弱にすぎないのだ。

ブッシュ・チームが、この問題を自分の問題と思いたくないのは当然だ。しかし少なくとも一時的に問題を引きうけ、アフガニスタンに平和維持軍を期限つきで駐留させる（たとえ制限つきでも）確約をしなければ、この国はかつての状態に逆戻りしてしまうだろう。つまり、ビンラーディン氏のお隣さん、ということだ。

Column 38

2002.1.16
カブール
(アフガニスタン)

廃墟で闘鶏をみる

今回もカブールから、いいニュースと悪いニュースをお届けする。まず、いいニュースは、電気や法秩序が完全に回復しないうちにも、スポーツ・イベントがこの街に戻ってきたこと。

悪いニュースは、それが闘鶏だということだ。

先週、バーブル庭園で闘鶏の試合が開催された。かつては美しい植物園も、今ではすっかり朽ちはてている。アフガン男性が一〇〇人くらい――『タイムズ』のチャン・W・リーが、唖然とするような写真を撮っている――二頭の巨大な雄鶏の戦いを見ようと集まってきた。四ラウンド戦ったあと、最後に引き分けとなった。

不幸にも、アフガニスタンの廃墟でこれみよがしに行われる闘鶏はこれだけではない。人間の「闘鶏」もいる。二〇年もの間この地で戦ってきたアフガン人の将軍たち、それを支援する隣国軍のことだ。アフガン戦争が合衆国にとって非常にうまく進んだのは、イラン、パキスタン、ウズベキスタン、ロシアといった地政学的闘鶏が表だって、あるいは暗黙裏に、タリバンとオサマ・ビンラーディンを倒す（これは各国の利益でもあった）ため協力してきたからだ。アフガニスタン各地方に根付く闘鶏、つまりタジク、パシュトゥン、ハザラ、ウズベクの各民族の将軍たちも、同じように対米協力している。

戦争がだいたい終わった今、アフガニスタンをめぐる戦いが再び始まろうとしている。アメリカはそれに対して重要な判断を迫られている。アフガン戦争に勝ったときのように、平和を勝ちとろうと断固たる決意をみせるか。多国籍軍がアフガニスタンに駐留して情勢を安定させ、新政府がしっかり自分の足で立てるようになるまで、ある程度の法秩序をもたらすのを支援し、これに参加するか。現在考えるべき問題はこれだ。アメリカが躊躇すれば、既に闘鶏がつめをといでいるのが見えるだろう。

新内相ユヌス・カヌーニに会いにいった。デスクの上方、アメリカの閣僚長官であればブッシュ大統領の写真がある位置に、アハメド・シャー・マスードの写真が飾られていた。タジク人が支配する北部同盟のカリスマ指導者で、九月一一日直前にタリバンに殺された人物である。外相と国防相（同じくタジク人）も、壁にアハメド・シャー・マスードの写真をかけていた。パシュトゥン人の蔵相は、飾っていなかった。そこで、こんな法則を考えた。大臣が好きな将軍の写真を飾っていて、それが新大統領（パシュトゥン人）でない場合、いいしるしとはいえない。

さて、アフガンの教育省役人は、イランから性急な交渉を切り出され、仰天していた。イラン資金による学校を開く用地を獲得したい、と持ちかけてきたのだ。イランからはまた、ペルシャ語を話す贔屓のアフガン将軍に資金も流れていた。こうすればイランの同盟者たちは、アフガニスタンの中央政府から、イランの強硬派が好まないような命令（たとえばアフガニスタンがアメリカの同盟国になるなど）を受けた場合、何でも抵抗することができる。

しかしここがまた興味深い点でもある。アフガン人なら、誰を呼びとめても、こういうだろう。私たちは戦争に疲れきっていて、安全に飢えかわいているから、一民族の将軍や軍隊が出てくるよりも、多国籍軍に全地域を警備してもらうほうがずっとましです、と。アメリカ特殊部隊のある将校は、いずれの軍隊を平和維持軍として迎えたいか、各民族の指導者たちの意見を集約するように命じられたときの話をしてくれた。ドイツがよいか、カナダか、あるいはトルコ？　しかし、全員が異口同音に「アメリカにきてほしい」と答えた、というのだ。

なるほど。私たちをやたら攻撃する人間もいるが、合衆国主導の平和維持軍に対決するつもりらしいこの将軍たちでさえ、アメリカが示した驚くべき力には、思わずうなるしかなかった。華々しいアフガン戦士についていろいろなことが語られているけれども、これは宇宙家族ジェットソンと原始家族フリントストーンの戦いであった。勝利したのはジェットソン。それはフリントストーンにもわかっている。（バグラム近郊で、アル・カーイダの捕虜が合衆国陸軍ＭＰの護衛のもと、拘留されている。ＭＰには女性も含まれている。想像してみてほしい。一度として女性の顔をみることがない社会にいた人間が、突然、女性に護衛されるはめになったのだ。女性ＭＰがこう話してくれた。「はじめは、顔をしかめる人もいますが、そのうち、自分にはどうしようもない、とわかるようです」)

タリバンとオサマ・ビンラーディンが戦争に勝てなかったのは、アメリカ人もロシア人と同じようにひとひねりで倒せると誤解したからだ。今度はアメリカ人のほうが、自分たちはロシアと同じで、超大国というのは居残っているといつでも自動的に抵抗されるから、あえてそうしないほうがいいのではないか、と思ったら、平和を勝ちとることはできないだろう。

アフガニスタン再建の間、私たちが安全を提供するため期限つきでとどまるとしても、アフガン人がうまく成功できるかどうか、さだかでない。二二年に及ぶ内戦の結果、あまりに細分化されすぎたのではないか。とはいえ、私たちがやってみなければ、国全体がまた大きな闘鶏場と化すことは、間違いない。

2002.1.20
ジャコババード
（パキスタン）

Column 39

大統領の進む道

パキスタン大統領ペルベズ・ムシャラフ大統領が、一月一二日、国民に演説を行った。これはイスラム世界にとって、思考様式を根底から揺さぶるような画期的進展となる可能性がある。一九七七年、エジプトのアンワル・エル・サダト大統領が突如イスラエルを訪問して以来の、大きな一歩になるかもしれない。

なぜかというと、イスラム教国の指導者が本当の問題について公的に語るのは、九月一一日から今まで、これが初めてだったからだ。つまり、イスラム教過激派の根は教育制度と社会慣習にあり、そのせいでイスラム世界の近代化が立ち遅れたということである。さらにムシャラフ大統領は、対策のためのロードマップを示した。過激派を牢屋にぶちこむだけでなく、彼らの思想に対して、現代的な学校と進歩的イスラム教をもって立ち向かうべきだ、と。

九月一一日以降、「私たち対イスラム教」でなく、「イスラム教内部」の戦いが必要なことは明らかだった。そしてついに、ひとりの指導者がその戦いを宣言したのだ。アラブ・イスラム世界の指導者たちが、すぐ同じような宣言をすれば喜ばしいことである。

ムシャラフ氏は国民にこう語りかけた。「清算の日がきました。パキスタンが神政国家となってほしい、と思いますか？　支配には宗教教育だけで十分だ、と本気で思っているでしょうか？それとも、時代とともに力強く動くイスラム教国になりたいですか？　大衆は、進歩的イスラム国家となることを望んでいるのです」。パキスタン大統領は、コーラン一色で科学・数学・文学を教えないマドラサ（イスラム教学校）の改革を誓った。街の八百屋から床屋まで、パキスタンの一般大衆はそろってこう応じた。「いい頃あいだね」

長いこと、学者は、国というものは国内政策が変化すると外交政策も変化する、と論じてきた。しかしパキスタンはちょうどその反対をいく。九月一一日のテロと、引き続いて起こった親パキスタン派のカシミール・テロリストによるインド国会議事堂襲撃を受けて、合衆国とインドは、パキスタンの外交政策の変化を求め、「そうしなければ、アメリカが経済的に、インドが軍事的に、パキスタンを潰すだろう」と公言した。ムシャラフ大統領はアメリカ側につくことを選び、タリバン支援を突如打ち切った。

新たな外交政策を掲げたムシャラフ大統領であるが、今取りくむべきは、国内の支持を幅広く集めることだ。旧外交政策は、一九八〇年代に独裁者ジアウル・ハク将軍のもとで考え出された。ハク将軍は、正当性に欠けた支配者であるという自覚があったため、政治評論家フサイン・ハッカニのいいかたを引けば、「支配の基盤を、軍–モスクの同盟においていた」。イスラム教聖職者とイスラム教過激派を利用して、独裁政治を守ろうとしたのだ。

しかし、ムシャラフ大統領は知っていた。カシミールとアフガニスタンの過激派を利用したら、パキスタンは外側から壊されるだろう、彼らをあてにして軍事政権を正当化するようなことがあっては、今度は内側から壊されるだろう、と。そのため、世俗の人たちや穏健派のイスラム教徒の希望に応じうるヴィジョンを打ち出しているが、しかし、彼らの支援を得るには、法的な権限を与えなければならない。それには徐々に民主主義に戻ることが求められる。

ハッカニ氏はいう。「軍と過激派に依存し続けるならば、命令を与えるだけでよいでしょう。しかしもっと幅広い穏健派の一般大衆の支持を得て権力にとどまりたいならば、人々が自分の頭で考え、語れるように、導き、説得し、法的権限を与えなければなりません」

いいかたをかえれば、パキスタンが外交政策を変えた今、ムシャラフ氏はパキスタンの刑務所をすべて作り直す——できるだけ多くの過激派イスラム教徒を逮捕する——か、パキスタン政治を作り直して、軍-モスク同盟から、軍-一般大衆同盟へと変化するか、どちらかだ。軍-一般大衆同盟に移行するには、独裁政治でなく、能力のある人々を政治の場に迎え、選挙を実施する必要がある。選挙をすれば、過激なイスラム主義者が実際にどれほど支持されていないかが、はっきりするだろう。軍の援護がなければ、五パーセント程度しか得票できないではないか。

パキスタンの首都イスラマバードに車で入ると、議会、大統領府、最高裁が見事に同じ大通り「憲政大通り」に面している風景に、いつも目を奪われる。「憲政大通り」にないのはただ一つ、パキスタン憲法だけだ。パキスタン憲法は今一時停止状態にあるが、これこそ、ムシャラフ大統領が再開すべき道なのだ。モスクとの同盟から一般大衆との同盟へと進むには、この道しかない。もし大統領が成功したら、他の指導者たちも右にならえになるかもしれない。

DIARY 6
Travels in a World Without Walls: September 11,2001-July 3,2002

タリバン政権は崩壊し、ビンラーディンは地下にもぐった……

一月までには、アフガニスタン紛争はおおかた終わっていた。タリバン政権は崩壊し、オサマ・ビンラーディンは（墓石の下といわないまでも）地下にもぐった。チャンスがあったら、カブールに行きたいと思っていたのだが、上院外交委員会の民主党委員長、ジョゼフ・R・バイデンも同じころカブール行きを希望していたため、一緒に行くことにした。まずイスラマバードに飛び、そこから国連の増発便で、カブールから五〇マイルのバグラム空軍基地に入った。ジョゼフはアメリカ大使館に泊まったが、再開したばかりで水洗トイレも水道も使えない。私はといえば、『ニューヨーク・タイムズ』が借り上げた家で荷をほどいた。水回りが多少ましな程度だが、きさくなアフガン人の運転手や料理人が暖炉の火をおこしてくれ、レーズンピラフと焼きたてのアフガン風パンをご馳走してくれた。

カブールの第一印象？　東のグラウンドゼロという感じだ。

アフガニスタンの首都ってどんな感じなの？　と妻に訊かれたときも、私はそう答えた。ドレスデンとかベイルート、ヒロシマといってもよかったのだが、口をついて出たのは、大学や住宅地区、前官庁ビルなどを擁するカブール市街は、その半分くらいが、さながら世界貿易センター跡地のグラウンドゼロ、一撃で粉々になったケーキのようだ、ということだった。アメリカが爆撃したからではなく、二三年に及ぶアフガニスタン内戦（アメリカは武器を提供していた）の結果である。「リベリアに氷雪を足したもの」といえるかもしれない。国家があまりに長い間、戦争をしてきたせいで、あらゆるものが壊れてしまった。壁も窓も、そして人の精神も。

ある朝、バイデンと私は旧ソ連大使館に赴いた。そこは数千もの難民がすし詰め状態になっていて、当座しのぎのアパートと化していた。暖房は薪ストーブのみで、窓にはガラスのかわりにビニールシートが張られている。みなサンダルを履き、毛布をかぶっていた。前庭には下水がむきだしで、一面がぬかるんでいる。難民はそろって頬がこけ、目をうつろに見開いていた。

カブールに滞在している間中、私は矛盾を感じていた。気持ちでは、アメリカはアフガニスタン復旧のため、どんなに長期間になろうと、どんなに大規模な軍隊が必要であろうと、ここにとどまり、アフガニスタンが自力で立ち直れるように最低限レベルの安全を確保するべきだ、と思う。ソヴィエトが撤退した後、この国を見捨ててしまったのだから、私たちは最低こうする義務がある。スイスのような国にする必要はない。タリバン政権下にあったときよりも、いくぶんよく、いくぶん自由で安定した国になればよいのだ。しかしこれにすら、莫大なヒト、カネ、エネルギーがかかるだろう。ただカネを注ぎこんでかき混ぜれば、以前のアフガニスタンが再び浮上する、なんて考えたらとんでもない。カネが何らかの効果を生み出すにはガラスや政治構造が必要だが、アフガニスタンでは、その一切が粉砕されてしまったのだ。

しかし、その一方で、いろいろと気がかりな場面に遭遇すると、逆のことを考えてしまう。最初は、バイデンに同行して暫定政権の内相ユヌス・カヌーニ（タジク人）に会ったときのことだった。内相の机の後ろ、本来なら大統領（この場合はハミド・カルザイ。パシュトゥン人）の写真があるべきところに、北部同盟の指導者で九月一一日直前に暗殺されたアハマド・シャー・マスードの写真がかかっていた。

私トム・フリードマンの鉄則その一。「新大臣が、大統領の写真でなく、亡くなった民兵リーダーの写真を机に飾っているような国は、信用できない」。土地にこれだけ部族どうしの闘いが深く染みついていれば、中立政府が本当に根を張るのは難しいのではないか。マスードの写真について考えながら、私はふっと思った。「アフガニスタン政府にとって、古きよき時代とはいつのことだろう。チンギス・ハーンが攻めてくる前？　火薬が発明される前だろうか？」

妻アンは絵葉書の収集を趣味にしており、私は発つ前に「カブールの絵葉書を買ってきて」と頼まれていた。「カブールのどこで絵葉書を買えばいいんだい？」ダンテの地獄篇には、絵葉書なんかない。もちろん、インターコンチネンタル・ホテルの書店には売っていた。適当につかみ、数ドル払ってジャケットにねじこんだ。家に帰って、説明しながら妻に絵葉書を一枚一枚渡していった。「ええと、これが昼間のカブール。……これが夜……」

そのうち、ある一枚に目が釘づけになった。この葉書は二つの部分に分かれていた。一方は砲撃をうけ廃墟となった建物。一方は破壊された玄関。屋根は崩れおち、あたりが瓦礫の山になっている。「な、何なんだ?」裏返してみる。左上隅には、こう書かれていた。「アフガニスタン。略奪され、破壊されたカブール美術館。J・レスリー&M・アンダーソン撮影」。破壊された国立美術館の絵葉書だった。「国の戦争が長く続きすぎたことは、どこでわかるか?――廃墟の絵葉書を作り始めたら、それが目じるし」などという問答が頭に浮かんだ。

ジェイムズ・ミッチェナーの『キャラバン』を読んだとき、アフガニスタンについてまたひとつ気がかりが生まれた。これはミッチェナーが初めて放ったベストセラーで、アフガニスタンのアメリカ人少女をヒロインにした歴史小説である。カブールの『ニューヨーク・タイムズ』の宿舎の部屋で、私は夜、懐中電灯の明かりで(零度を下回る寒さの中、バルコニーに出て、携帯電話で会社に連絡したり、編集長に話をしたりする合間を縫って)この小説を読んでいた。ある夜、一〇時を回って電気(ヒーターも)が切れたので、毛布にもぐって本を読んでいたら、こんなくだりが出てきた。「アフガニスタンでは、ほとんどの建物に、何らかの暴力行為を受けた名残がみられる。今シャー・ハーンが手に入れた要塞のように、包囲にたえられるように建てられ、実際に、何度となく砲撃されてももちこたえた建物もある。恐ろしい殺戮と報復のあとがそのまま残っている建物もある。遠くはアレクサンダー大王やチンギス・ハーン、ティムール、ナディー・シャーの傷が、今もなお癒えない。これほど恐怖にうちのめされ、荒らされた国があるだろうか」

私は奥付をみて、執筆年を確かめた。一九六三年。アフガニスタンが少々西側寄りで、平和を享受した進歩的な時期だった。ああ、これこそが「よき」時代だった！　そうだ、気持としては、アメリカはアフガニスタンの後ろで、立ち直る手助けをしなければならない、と思う。しかし頭では、こういっていた。「気をつけないと。ボールの代わりに、頭を落としたヤギを奪いあう、ブズカシとかいうポロにみなが熱中する国だ。ここに腰を落ちつけるなら、私たちがそのヤギにならないように注意しなくては」

バイデン一行の予定に合わせて、私もカブールを発つことになっていた。その日、バグラムの空軍基地では、荒天のため国連のフライトが欠航となった。これは困った。デルタ航空のシャトル便は、カブールでは飛んでくれない。国連のフライトが飛ばなければ、出発できないのだ。特務員が手を回してくれ、なんとか私たちは合衆国軍輸送機に乗れることになった。この輸送機は夜遅くに着いて、すぐ飛び立ち、まずパキスタンに、そのあとバーレーンに向かう予定だった。ということは、アメリカ特殊部隊の面々と夜まで時間をつぶさなければならず、そのおかげで、改まった形でなく特殊部隊と話ができた。この会話はいろいろと面白かった。バグラムは、格納庫をアル・カーイダの捕虜の臨時の収容所にあてていたが、捕虜でなく、その警備をしているＭＰのほうに興味を惹かれた。その中にはブロンドの女性ＭＰもいる。もちろん、ブルカではなく米軍の軍服を着ている。アラブ人捕虜を警備するのはどんな感じか、と訊いてみた。最初は、たいてい女性に警護されるなんて認めようともせず、露骨にいやな顔をしてみせるそうだ。しかし「それも克服する」という。アル・カーイダに入り、ジェイムズ・ミッチェナーのいう「醜悪な暴力が繰り返され、男性しか目に入らない」ところで生活していたのが、突然ブロンドの巻き毛をたらして自動小銃を小脇に抱えた女性に警護されるのだから、どれほどのショックかは想像にかたくない。実際、アメリカとは何か、何がアメリカを強くしているのか――人口の半分だけでなく、全員に社会参加の資格を与えてきたという事実――を教える入門としては、これは最適だろう。

帰国して二、三週後、オックスフォードでグローバリゼーションについて講演したが、アフガン人学生が立ちあがって、アフガニスタンの問題は「外部がアフガニスタンに内政干渉する」結果であります、と熱弁をふるった。私はこう応じた。「君の議論を聞いていると、レバノン人がかつてよくいっていた言葉を思い出しました。もし外国が介入してこなかったら、平和ないい国なのに、とね」。もちろん、レバノンでもアフガニスタンでも、こんなことはナンセンスだ。両国が諸外国の戦場となってしまったのは、国民がしっかり結束して反撃できなかったからだ。

バグラムで時間をつぶしていたとき、もうひとつ、はっと思ったことがある。食堂で夕食をとっていて、不意にデジャヴュの感覚におそわれた。ナタリーの中学校にいるような気がしたのだ。食堂にいる特殊部隊のAチームを眺めて、ここにこそアメリカの強さが隠れている、と感じた。高性能のミサイルでも、夜間戦闘用の装備でもない。感じいったのは、特殊部隊チームのメンバーが、黒人、アジア人、スペイン人、アメリカ白人とばらばらだったからだ。たくさんのものを一つに融合し、しっかりと固めることができる。これが私たちの力の源なのだ。この数十年、アフガニスタンではこれができなかった。弱体化し、分裂して、外国の餌食になったのは、これが理由である。

アフガニスタンを発つのは、入るよりも大変だった（合衆国の作戦全般の比喩にならないことを望む）。私たちが乗ることになっていた米軍輸送機がバグラムに到着すると、管制塔を仕切っている米軍大尉が、「国防総省から、軍用機に民間人が乗ってはならぬと指令がきました」といいだした。このアフガニスタン視察の最初から最後まで、国防総省は、ラムズフェルド長官からの命令だろうが、バイデンに（外交委員会委員長なのに！）まったく手を貸そうとしなかった。もう我慢も限界にきていた。バイデンは冷静な人物で、かんしゃくを起こすことはないが、冷静な口調で文句をいった。私は落胆し、この数日散々な目にあってきたし、いいかげん滅入ってしまった。そこで、国務省長官コリン・パウエルに連絡をとってみたらどうだろう、といってみた。「どうやって？」私のポケットには携帯電話があり、国務省のオフィスの電話番号も覚えていた。代わりに私が電話をして、交換が出たところでバイデンに代わった。ワシントン時間では、日曜の早朝だった。

「ジョー・バイデンだが、コリン・パウエルにつないでくれ」。しばらく間があった。「コリン？ジョー・バイデンだ。……そうなんだ。アフガニスタンの、バグラム空軍基地の滑走路にいるんだが、軍用機に乗ろうとしていたら、ペンタゴンからの命令で民間人は乗せられん、というのだ。悪いけど、ちょっと頼めないかな」

パウエルは、ラムズフェルドをつかまえるから、しばらくこのまま待ってくれ、といった。ラムズフェルドは教会だったので、副長官ポール・ウルフォウィッツを探してきた。さらに数分たって、パウエルが電話口に戻ってきた。

「航空交通管制官に話をさせてくれ」

バイデンは、「国務長官から話があるそうだ」と大尉に電話を渡した。あたりは漆黒の闇だったが、大尉の顔が国務長官――ほかならぬ、統合参謀本部の前議長だ――から電話を受けたことに動揺して、みるみる真っ青になるのがわかった。「はい。……はい。……かしこまりました」というのがせいいっぱいで、話が終わると、大尉は携帯電話を返し、「どうぞお乗りください」といった。

ようやくC一三〇の後部座席に乗りこむと、滑走路の反対側で曳光弾が発射されたから、すぐ離陸する、とクルーが叫んだ。輸送用の大型飛行機に乗っているのは私たちだけ。まるでロケットのように、真上に離陸したような感じだった。三時間後、飛行機はパキスタンの中心部ジャコババードにある、アメリカ空軍の使用する基地に着陸した。そこで二、三時間待ってから、C一七機に乗りかえて、いよいよバーレーンに向かうのだ。ジャコババードの合衆国空軍兵との会話で、私は目からうろこが落ちる経験をした。空軍兵はこういった。「アフガニスタンに向かうと、必ず、パキスタンの国境近くで、パキスタン側から小銃で撃たれるんですよ」

しかし今回の戦争で、パキスタンはアメリカの同盟国じゃないか、と私たちはいった。「アフガニスタン国境沿いに住んでいるパキスタン人に、そういってみたらどうですか」とこの兵士は肩をすくめた。

この瞬間、私はジャーナリストとして痛感したのだった。この戦争の大枠の筋はひとつでも、戦争の内部と周辺には、それとはまったく違ういくつもの現実がひそんでいる。自分が見ている枠組みは、みせかけにすぎないのではないだろうか。それからしばらくして『ウォールストリート・ジャーナル』の記者ダニー・パールが、反米パキスタン人テロリストによってのどをかききられたとき、私は、ジャコババードでの会話を思い出した。パキスタンでアメリカ人が意味もなく殺された悲劇は、もはや唐突には思えなかった。

DIARY 7

Travels in a World Without Walls: September 11,2001-July 3,2002

ハイジャック犯をたどって、ベルギーとサウジアラビアへの旅に出た……

九月一一日のテロが発生した瞬間から、ひとつの問いが頭から離れない。――「あのハイジャック犯は誰だったのか?」　オサマ・ビンラーディンが何者かはわかっている。カルトの対象であり、反米拡張主義の誇大妄想狂であり、ジャック・ウェルチばりの組織ノウハウをもった企業リーダーでもある。ビンラーディン主義者たちが何者かもわかっている。自国の指導者やアメリカ、イスラエルに対する怒りから、ビンラーディンを消極的に支持した連中だ。

しかし、ハイジャック犯は?　これは二つのグループに分けられるだろう。一つは陰謀を企み航空機を操縦した要のテロリストたちであり、自分のしていることがちゃんとわかっている。理由はあとでいうが、「ヨーロッパ人」と呼ぼう。もう一方は、肉体労働担当。飛行機を乗っ取ったら、乗客がパイロットに近寄らないようにするのが仕事だ。アフガニスタンで見つかったビンラーディンのホームヴィデオによれば、これらの肉体労働係は採用されるとき、「これは殉教作戦である」といわれ、各自アメリカに行くように命じられたが、作戦は完全に伏せられていた。飛行機に乗る直前になって初めて、知らされたという。彼らのことは「サウジ人」としておく。

このニつのグループは、どこから来たのだろう。答が出せないかぎり、私たちは安全でないし、次の九月一一日が起こらないよう対策も立てられそうにない。この問いが難しいのは、ハイジャック犯が全員死んでしまったからでもある。また、一九人のうち一五人の国籍が、犯人の身元割りだしに非協力的なサウジアラビア国籍という理由もある。それに、私たちが彼らのことをまとめて「自爆ハイジャック犯」と呼んで満足し、ブッシュ政権がより大きな脅威と考えるイラク問題に話を進めてしまうからでもある。しかしこれは間違っているのではないか。そこで個人的に調べるため、ベルギーとサウジアラビアへの旅行に出た。

ベルギー行きを決めたのは、『ナショナル・レヴュー』（二〇〇一年一一月五日号）に掲載された九月一一日関連記事を読んだからだった。筆者はフリーダム・ハウス社長のエイドリアン・カラトニツキー。「私たちの目の前で」と題された独創的なこの論考は、私の頭痛の種、「やつらはいったい誰なのだ？」という問いに答えを出そうとするものであった。

カラトニツキーはこう述べている。「要のハイジャック犯は、特権階級の家庭に育った、教育のある子どもたちだ。経済的に困ったり政治的に抑圧されたりという直接経験をした者は、ひとりもいない」。実際、九月一一日テロの工作員とパイロット役は、ハンブルクで共同生活をしていたムハンマド・アタ（ハンブルクの工科大学に通っていた）とマルワン・アルシェッヒのように、ヨーロッパ（現在では一五〇〇万人のイスラム教徒の祖国である）留学中にそこのイスラム主義テロリスト・グループをつくり、過激派となったようだ。九月一一日のテロにかかわるアル・カーイダのトップの工作員も、同様である。たとえば、靴爆弾のリチャード・リード。彼の父方の祖父はジャマイカから英国に渡った移民だった。リードはロンドンで育ち、英国の刑務所で服役中、父と同じようにイスラム主義過激派に改宗した。『タイム』(二〇〇二年二月二五日号)には、次のように記されている。

一九八〇年代初頭から、バングラデシュ人とパキスタン人のイマーム(礼拝導師)たちは、英国刑務所の若い黒人服役囚に的を絞ってきた。イスラム学者の英国人ズィアウッディン・サルダルは、「イスラム教はもともと、敗者のための宗教といえる。アフリカ系カリブ人がイスラム教のメッセージに魅力を感じるのも、そういう理由からだ」。当局は、イマームが刑務所に本を——コーランの写しから、ジハードの重要性を説く反米リーフレットまで何でも——持ち込むことを許可していた。

フランス人ザカリアス・ムサウィは、母親がモロッコ系から渡ってきた移民だった。南フランスにいた一九歳の頃、保守的イスラム教を信じるようになった。その数年後、英国のビジネススクールに在学し、ロンドンのモスクで過激派になったといわれる。結局、九月一一日の少し前、彼はミネソタ州で逮捕された。飛行訓練所で、小型飛行機の操縦もできないうちから、ボーイング七四七型機の操縦をやたら知りたがったため、FBIに目をつけられたのである。

ロンドン生まれのパキスタン人で、『ウォールストリート・ジャーナル』記者の誘拐・殺害を監督したテロリスト、アハメド・オマル・サイード・シェイクも、改宗のパターンは同じだ。同じくチュニジア生まれのアブドッサタル・ダハムも、ベルギーに移民してから、イスラム主義者グループによって過激派に変わった。『タイム』誌（二〇〇一年一二月一七日号）が伝えるように、ダハムらは、当初からとくに信心深かったわけではなく、「イスラム主義過激派を信奉するチュニジア人の仲間から影響を受けた」。そしてベルギーで、アフガニスタンのアル・カーイダに若者を次々送り込んでいた過激派グループに参加した。ここでまた、ダハムと身元不明の同伴者（ベルギーのパスポートを持っていた）は、北部同盟の指導者アハマド・シャー・マスードのすぐ隣で自爆せよ、と命じられた。二人はマスードをインタビューするテレビ記者を装った。マスードは九月九日に殺された。今にしてみれば、タリバンが北部同盟の指導者追放を狙ったこの事件は、九月一一日への前奏曲であった。

カラトニツキーによれば、これら陰謀者で、中東にいる間に組織に加わり、ビンラーディンによってテロのためヨーロッパに配備されたものは、ひとりもない。むしろその反対で、ほとんど全員がヨーロッパで自活していた。そのうち、まわりの社会から孤立すると、地元の祈りのグループやモスクに通いだし、人情や連帯を感じて、イスラム主義分子により過激派となる。そして訓練のためアフガニスタンに行って、あっというまにテロリストのできあがりだ。これら「ヨーロッパ人」は生まれかわったイスラム教徒である。つまり、ヨーロッパ経験から信仰を再発見したり、再燃させたりしたのだ。生まれかわってキリスト教徒やユダヤ人になったケースもそうだが、信仰には激しく熱がこもり、さらにこの場合、狂信主義まで注ぎこまれていた。

「九月一一日のテロリストを理解するには、古典的な革命家を思いおこす必要がある。生まれ育った環境から離れ、中流階級出身で、異国での暮らしによって革命家となった人たち、チューリヒで生活したレーニンや、パリのポルポト、ホーチミンをイメージすればいい。アメリカのウェザー・アンダーグラウンド、ドイツのバーダー・マインホフ、イタリアの赤い旅団、日本の日本赤軍と同じように、イスラム教テロリストは大学教育を受け、新全体主義イデオロギーに改宗した。……彼らにとって、イスラム主義とは新たな世界革命の教義なのである。ビンラーディンはすなわちチェ・ゲバラなのだ」

実際にはどういうことだったのか。それを探ろうと、私はブリュッセルに行った。ブリュッセルを選んだのは、アル・カーイダの主要人物が何人かそこを通過していたから、そしてあまり知られていないが、ベルギーには今日三〇〇ものモスクがあるからだ。ベルギーでは、とくに二人の人物にコメントを求めた。ひとりはベルギーのイスラム教徒理事会会長ノルディン・マルージャ・ハムームである。厳重に警護されたブリュッセルのオフィスで、彼は「問題はベルギーのイスラム恐怖症です。ここの人たちは、およそ五四パーセントが、『民族的にベルギー人でない者は、本当のベルギー人になれるはずがない』と思っています。ヴェールを被った婦人は就職もできません」。同日、私はベルギー議会唯一のイスラム教徒女性議員ファウザヤ・タルハウィと昼食をともにした。魅力的で生き生きした女性で、モロッコ移民の二世である。彼女にいわせれば、両親が北アフリカから移民したときは同化したいと思ったけれども、自分たちの世代では、締め出されたのちイスラム教徒になった人も多いそうだ。「私たちの待遇を変える気があれば、私たちのふるまいも変わるのに」といっていた。

ハイジャック犯となったイスラム教徒青年とヨーロッパの出会いは、テロ陰謀者やパイロット役が登場した経緯を理解するうえで、重要なポイントだと思う。ヨーロッパは、イスラム教徒にとって「るつぼ」ではない。アメリカでは、すみやかに市民としての権利を手に入れることができるが、ヨーロッパでは「るつぼ」が十分温まっていないため、なかなか融合できないことも多く、イスラム教徒はいつまでたっても除け者扱いされる。ヨーロッパにとって、北アフリカ人・トルコ系イスラム教徒は、アメリカにとってのメキシコ人のようなものだ。安い労働力であり、出稼ぎ労働者として国に入る。出ていかないにせよ、ちゃんと吸収されるわけでもない（フランスに五〇〇万人、ドイツに三二〇万人、英国に二〇〇万人）。こうしてイスラム教徒青年男女は、雇用面のみならず、心理的に、いつまでも排除された気になってしまう。リチャード・リードの父、ロビンは、『タイム』（二〇〇二年二月二五日号）誌上で、息子について「私と同じく、ここ英国で生まれました。『クロンボは帰っちまえ』とかいわれるのは、何ともつらいことです」といった。

こうしたことから失われるのは、カネでなく自己の尊厳である。人が過激な行為に走るのは、カネがないからというよりも尊厳を失ったからだ。ヨーロッパのイスラム教徒居住地は、尊厳を失くした若者の吹きだまりとなっている。イスラム教徒としてのプライドが強いこうした若者は、「イスラム教とは三つの一神教のなかで最も完成され、高等な宗教であって、キリスト教やユダヤ教より優れている」とモスクで教えられる。しかしその一方、教育、科学、民主主義、開発面で、イスラム世界はキリスト教圏である西側からもユダヤ人国家よりも遅れをとっていることに、気づかざるをえない。そこで矛盾を感じる。これが怒りのそもそもの発火点となるのだ。彼らはおそらくこう思う。イスラム教が〈神3・0〉でキリスト教が〈神2・0〉、ユダヤ教が〈神1・0〉であるならば、ヴァージョン・アップしたはずの〈神3・0〉を信じる国より、型の古い〈神2・0〉と〈神1・0〉の支配する国のほうが政治、経済、教育面ではるか上をいくなんてことが、どうしてありえようか。

イスラム世界が立ち遅れたのは、ヨーロッパ人、アメリカ人、イスラエル人がイスラム教徒から盗みとったり、イスラム教徒の進歩を意図的に邪魔したりしているからだ。あるいはイスラム世界の指導者が本来の信仰から離れ、イスラム教らしくない行動をとっていながら、アメリカのおかげで権力にとどまっているから。イスラム主義者の青年たちはこんなふうに結論づけて、なんとか納得しようとする。キリスト教は大部分が〈神2・0・1〉、つまり啓蒙主義を経験したあとの最新ヴァージョンであり、ユダヤ教〈神1・0・1〉もそうなのだが、彼らはそれを認めようとしない。イスラム教も、自ら改革して〈神3・0・1〉となれば、得るものは多いはずだ。

モスクを国家から分離し、世俗法を宗教法から切りはなす。現代化に必要なイスラム教解釈もできよう。イスラム学者の中には、こうした再解釈・改革を試みてきたものもあるのだが、そのせいでしばしば検閲や攻撃を受けている。

イスラム教徒が世界、イスラム教、法律、国家をみる見方と、西側社会による見方はまったくあいいれない。西側に移民するイスラム教徒が増えるにつれて、この溝は緊張を生むもととなった。英国人哲学者ロジャー・スクルートンは、『ナショナル・レヴュー』(二〇〇二年六月一七日号)で、この問題を次のように要約している。

イスラム教徒が西側社会に同化できるかどうかという一般大衆の不安は、まったく根拠のないものではない。文明間の衝突といったらいいすぎかもしれないが、司法管区間の衝突といえば、誇張ではない。宗教的管区が領土上の司法管区と共存できるのは、自らの空間を互いに放棄しあう場合だけだ。実際、啓蒙時代にはこの両者が共存するようになった。そして西側諸国で公的・政治的生活から宗教が姿を消したとき、共存がほぼ実現できた。しかしこれはユダヤ・キリスト教文明での話であり、イスラム世界には「啓蒙時代」に対応するものがない。イスラム教徒は西側諸国で忠実な市民になれないという意味ではない。もちろんそんなことはないが、しかし忠実な市民になる際には、部族としてまた宗教上の忠誠心を捨て、共通の領土と世俗法の支配に基づく、まったく別の忠誠心をもたなければならない。多くのイスラム教徒は実際にそうしている。とはいえ、しかし自分たちが大切にしてきた忠誠心を放棄するのは並大抵でないし、不可能と思う人もあろう。新しい世界に住み、権利を与えられるお返しに自分が何をしなければならないか、理解すらできない人もいる。……イスラム主義テロが基盤とする神の法は、西側の法のように、対立を平和に解決するためでも、信者でないものと交渉するためでもない。領土を明らかにすることもない。厳密にいえば、イスラム法は領土外の、実のところ、地球外のことを扱う法であって、人間社会を声高に天国へと導いていく。イスラムとは「服従」という意味である。神の命令にそむくものがすべて消えたとき、初めて平和がもたらされることになっている。……イスラム教による法概念を信じている人々が西側社会になかなか統合できなくても、不思議ではない。というのは、社会に統合するには、市民にならなければならない。さらに市民は、自分を市民として意識する必要がある。つまり、自分のイスラム教としての忠誠心と民族としての忠誠心を私的領域に限定し、家族や、部族、宗教の異なる人たちとうまくつきあっていかなければならないのだ。……教会などは、新たにやってくるイスラム教徒に対して、常に平和と和解のメッセージを出しているのに、イスラム教徒自身は黙ったまま、その意味も文化も理解しない。西側のわれわれがこの問題にどう取りくむべきかはわからない。はっきりしているのは、新しい現実に直面しなければならないということ、そしてこの現実に注目させようとする人たちの邪魔をしてはいけないということだ。

神学上、このように西側とイスラム教の価値観がかみあわないのに加えて、日常的現実にも問題がある。ヨーロッパにいるイスラム教徒青年が宗教に、それもイスラム教にのめりこむと、信仰が生きる唯一の意味となるのだ。彼らは毎日、まわりから攻撃を受けている。女性たちが解放され、もはや伝統的社会のルールに従わないことに不満を覚え、ヨーロッパ社会全般が世俗化したことに苦悩し、消費主義と物質主義を嘆く――彼らにしてみれば、何もかもアメリカのせいだ。アメリカは、自分たちの宗教的世界（あるいは、建設したいと思う世界）を破壊する最悪の凶器だ、というわけだ。だからアメリカをヨーロッパ以上の究極の悪とみなし、その力を弱め、できれば破壊するべきだと思っている。自爆テロを使ってでも？　もちろんだ！　自分たちにとって生きる意味の源をアメリカが破壊しようとするならば、仕返ししなければならない。

（これら若者のほとんどは結婚していない。あるいは女性との関係を通じて信仰を深めたこともない。この事実も、若者の怒りとテロ行為につながっている。この点について考えるには、フロイトの助けを仰ぐ必要がありそうだ。）

西側との化学反応によって、社会で孤立した若者は激しい怒りを覚え、テロに走る動機を見いだしたのだが、その一方で、怒りをあおりたて、すべての悪の根源としてアメリカに怒りをむけさせた人間がいたはずだ。ここでも、アラブ諸国から追い出された急進的イスラム教の説教者にとって、ヨーロッパは避難所としての役割を果たしている。ヨーロッパ人は、急進派イスラム教説教者を警戒せず、むしろ見て見ぬふりをしてしまう。ブリュッセルにあるＮＡＴＯ本部のアメリカ軍将校がいったように、「テロリストに対するベルギー人の態度はこうだ。何でも好きにしていい、しかしここではやめてくれ……面倒をかけないならば、われわれも何もいわないから」自己の尊厳を失ったイスラム教徒の青年に、急進的なイスラム教説教者を足し、生ぬるいヨーロッパ（とアメリカ）の環境におけば、ムハンマド・アタや要のパイロットたちを生む基本要素はすべて出そろう。（サウジ人についてはあとで話そう。）

カラトニツキーは次のように結論づけている。「したがって、われわれが今直面しているテロリストの多くは西側が作りだしたものであり、アメリカとヨーロッパに存在するイスラム教徒居住区内にあることは明らかだ。だから、テロと戦うには（たとえ遠く離れたイスラム世界で戦争しているとしても）、西側世界内部で必死に努力する必要がある。西側の大学に籍をおきながらさまざまな政治・『宗教』団体で集会を開く――表だって活動するのでなく、命令を受けたらすぐ行動する「スリーパー（休眠細胞）」としてではない、まさにこの地で生まれたイスラム過激派として――学者や学生の間で、今も、テロリストのネットワークがはりめぐらされているかもしれないのだ」

2002.1.23

Column 40

「逃げろ、オサマ！」

カブールからの帰り道、私はパキスタン、ペルシャ湾、ロンドン、ベルギーと回ってきた。各地でアラブ人・イスラム教徒のジャーナリストや実業家、ヨーロッパ・イスラム社会の指導者たちと、さまざまな話をすることができた。みな教養のある、知的で思慮深い人たちだ。なんと、そのほとんど全員が、オサマ・ビンラーディンに罪はないと思っているのだった。

さて。こんな調子だ。バーレーン在住のあるアラブ人一流紙ジャーナリストは、「アラブ人に、九月一一日テロのような複雑なことができるはずがないでしょう」といった。ブリュッセルのヨーロッパ系イスラム教徒の女性は、私が「ビンラーディンが世界貿易センター襲撃について自慢げに話しているテープは、間違いなく本人のものです。国防総省の手は入っていませんよ」といったら、頭がおかしいんじゃないかしらというような顔をした。アメリカで教育を受けたアラブ人学生は、「ＣＩＡかモサドなら、九月一一日について前もって知っていたはずです。くいとめればよかったじゃないですか」と食い下がった。サウジのビジネスマンは、「アメリカのメディアの策略で、理由もないのに、サウジアラビアは濡れ衣を着せられたんです」といいはった。パキスタン人は「子どもの通う小学校では、世界貿易センターで働く四〇〇〇人のユダヤ人が、テロ当日出勤しないようにと警告を受けていたといううわさを信じていますよ」と打ち明けた。

正直にいって、九月一一日以来、アラブ・イスラム世界各地にこの種の考え方がいきわたっている。私は、タリバンが倒壊し、あるいはビンラーディンの告白テープが公開されたあとは、それも徐々に消えていくだろうと思っていた。ところが、そうではなかった。むしろ凝り固まり、「誤解」という鉄のカーテンとなって、アメリカとアラブ・イスラム世界を分断してしまった。今でも彼らは、九月一一日当日と同じように、アメリカに深い不信をいだき、心からビンラーディンを擁護しているのだ。確かに、人前で堂々と公言するのはほんの少し躊躇するかもしれないけれども。

こうやって考えていくと、ひとつ簡単な点が明らかになる。アメリカがアフガニスタンでの戦争に勝っても、アラブ・イスラム世界の人たちの共感や同意を勝ちとることはできなかったということだ。両者の間に横たわる文化的・政治的・心理的溝は、いまだかつてないほど深い。信じないならば、モロッコからイスラマバードまで、どこでもいいから、アメリカの大使にきいてみるがよい。そこでは、イスラム世界に対する「アメリカの陰謀」が、カクテル・パーティで格好の話題にされる。私たちにとっては聞くに耐えない話である。

もちろん、どの国にも例外はある。先週、バーレーン人の友人数名と同席していたさい、その多くがじっくりと自己反省しており、現実をその目で見ようとしていることが感じられた。しかしそれが一般的というわけではない。どうしてだろうか。不信と誤解という鉄のカーテンは、一体どうしてできてしまったのだろう。

この鉄のカーテンには、あちこちたくさんの釘が打たれている。一つは、ここ二〇年間、私たちがアラビア語でアメリカについて説明しなかったことだ。また、アメリカの政策にまつわるデマに厳然たる事実をぶつけて、誤解を解く努力もしなかった。ブッシュ・チームは、ビンラーディンを有罪とする証拠をアラビア語ですべて詳述した書類を提出すべきだ。遅すぎるということはない。もちろん、事実だけでは十分でないだろうが。

アラブ・イスラム文化では、アメリカについてよい話は何も信じたくない、という抵抗も根強い。アラブ国家には、国営マスコミが政権批判をかわすために、意図的にアメリカ不信をあおりたてるところもある。これは、アメリカがイスラエルを支持したことへの復讐でもある——とくに、毎晩のようにアラブのテレビで放映されるように、イスラエル-パレスチナの対立が、ここまで血で血を洗う事態に至った今は。アメリカの目から見た現実認識を決して認めず、アフガニスタンでアメリカが勝ったという達成感を味わわせようとしないのは、アメリカのイスラエル支持に対する復讐である。こうすれば、アメリカは無力感を感じるだろう、というわけだ。

同時に、今日、アラブ・イスラム世界では、激しい自己嫌悪がところどころ頭をもたげているように思われる。「アラブ人イスラム教徒は、九月一一日のテロを実行するほど頭がいいはずがない」、「できるのはモサドかＣＩＡだ」という人がいるのは、その証左ではないか。悲しいことに、政治体制と経済が大きく立ち遅れているため、このところアラブ人は自尊心をもてなくなってしまった。社会にもわもわとたちこめている怒りは、これから生じている。ビンラーディンは、まさにその怒りにうまく乗っているのである。

ビンラーディンはアラブ・イスラム世界の魂の琴線に触れている。ビンラーディンの殺人を非難する人も、魂の奥底で彼に共鳴しているのだ。最後に、私たちはこの事実を認めなければならない。アメリカの傲慢な強さに怖じけづかない人間、アラブ支配者に「王様は裸だ」といえる人間、何か大きなことをやってのけた人間。ビンラーディンはそう思われ、拍手を受ける。

今日では、彼らの多くが、ビンラーディンがうまく逃げるようにこっそり応援している。「逃げろ、オサマ、つかまるな!」と、心の中でこうささやいている。これが、アラブ・イスラム世界での実態だ。どうやったら変えられるか、何としても知りたいものだ。

Column 41

2002.1.27
ブリュッセル

テロリストの作り方

九月一一日についていろいろなことが書かれているが、私たちの知識には、依然として大きな穴がすっぽり抜けたままだ。オサマ・ビンラーディンが誰か、私たちは知っている。彼は、実に独特な人物としてカルト崇拝を集めている。連続殺人犯チャールズ・マンソンをイスラム風にして、GE経営者ジャック・ウェルチ流の組織力を足したようなもの、といおうか。また、オサマ・ビンラーディンを消極的に支持する人たちが誰かも、私たちは知っている。みな、国の指導者やアメリカ、イスラエルへの怒りからビンラーディンのシンパとなったイスラム教徒だ。しかし、その間にいる人たちは、誰なのだろうか？――消極的な支持からさらに踏みこんで、自爆テロリストになったパイロットたちは？

私がヨーロッパにやってきたのは、この答えを探すためだ。どうしてヨーロッパか？　主要ハイジャック犯あるいはアル・カーイダのメンバーの身の上や経歴を考えてみてほしい。たとえばモハンマド・アタ、ジアド・ジャッラ、マルワン・アルシェッヒ、等など。どれも似たりよったりだ。アラブ世界の中流階級に育ち、教育を受け、ヨーロッパに留学、ヨーロッパ社会（ベルギーが多い）の周辺で生活し、イスラム過激派となり、さらに訓練を積むためアフガニスタンに渡る。そして、あっというまにテロリストのできあがり。これら若者たちとヨーロッパとの個人的な出会いが、重要なポイントだ。

私の友人に、イスラム教徒青年数名と留学していたアラブ人女性がいるが、彼らのことをこんなふうに話してくれた。「みなたいてい、育った環境にとてもかっちりした規則があって、それをひたすら守っていきます。何に出会っても、特に動揺するような経験をしないまま成長するのです。それが突然ヨーロッパに放りこまれると、社会規則はすべてまったく違いますから、自分の芯から揺さぶられることになります。社会にどう適応したらいいか、見当もつかないのです。今の今まで、そんな必要はありませんでしたから。それでだんだんと孤立し、イスラム教徒としての自分の核に固執するようになります」

イスラム教徒がヨーロッパに移住すると、いつまでも部外者であるケースが多いという事実が、この傾向に拍車をかける。アメリカでは、イスラム教徒も比較的すぐ市民として溶けこめるが、ヨーロッパではそう簡単にいかない。ベルギーのイスラム教徒理事会会長であるノルディン・マルージャ・ハムームは、「私たちが困っているのは、ベルギーのイスラム恐怖症です。ここの人たちは、およそ五四パーセントが、民族的にベルギー人でない者は本当のベルギー人になれるはずがない、と思っています。ヴェールを被った婦人は就職もできません」という。

ベルギー議会唯一のイスラム教徒女性であるファウザヤ・タルハウィの話によると、両親の世代は北アフリカから移住して同化しようとしたものの、彼女の世代になると、冷遇されたあげく、イスラム教徒に戻った人が多いそうだ。「みなこんなふうに思っています――私たちの待遇を変える気があれば、自分たちのふるまいも変わるのに、と」

これはひとつの真理だ。九月一一日のテロリストが過激派になったのは、食べ物に困っていたからでなく、尊厳をもてなかったからだ。欧米に比べ、世界でイスラム教国の評価が低いことや、住んでいる環境で個人的に自分の地位が低いことに不満をつのらせた彼らは、怒りの使い道を心得た過激派の説教者に、あっけなくひっかかってしまう。

「私たちが対決しているテロリストの多くは、西洋にみられる現象であって、欧米のイスラム教社会の内部に存在している」と、フリーダム・ハウスのエイドリアン・カラニツキーは『ナショナル・レヴュー』にきわめて独創的なエッセイを載せている。テロリストたちは、ビンラーディンがあらかじめヨーロッパ内部に移植した「スリーパー」（将来の使命にそなえるスパイ）ではない。他ならぬヨーロッパで、西洋と出会ったとき、テロリストとして誕生した、というのだ。「アメリカのウェザー・アンダーグラウンド、ドイツのバーダー・マインホフ、イタリアの赤い旅団、日本の赤軍派の指導者と同じく、イスラム教のテロリストたちも大学教育を受け、新・全体主義思想に傾倒した人間たちだ。彼らにとって、イスラム主義は新たな普遍的革命綱領であり、ビンラーディンはイスラム教でのチェ・ゲバラなのである」

カラニツキー氏は正しい。問題が発生しているのは、イラクあるいはサウジアラビアでだけではない。その裏庭でも、西洋社会対モスクとイスラム教徒移民が化学反応を起こし、テロが生まれようとしている。西洋はまず、このことを理解しなければならない。テロ飛行機のパイロットが生まれたのもそのすぐ近くであったし、そこでこそ、テロリストの所在が明らかになるはずだ。しかし、ヨーロッパあるいはアメリカにおけるイスラム教徒の九九・九パーセントは善良なる市民であって、過激派でないことは忘れてはなるまい。

ベルギーは、テロリストをめぐる物語の小宇宙である。今日、ここには三〇〇ものモスクがあり、ドーム状の大聖堂もある。しかし、他にもドーム形で有名な建物がひとつ。モンスにあるNATO本部の巨大なレーダー・ドームがそれだ。ベルギーにそびえる二つのドーム――NATOのドームとモスクのドーム――の文化的出会いは、九月一一日を考えるうえで、重要な鍵となる。おそらく次の九月一一日にとってもそうだろう。

2002.1.30

Column 42

デッドマン・ウォーキング

ヤセル・アラファトは、デッドマン・ウォーキング（死んだのにうろうろ歩き回っているゾンビ）だ。パレスチナ人はいうまでもなく、アメリカ人もイスラエル人も、はたまたアラブ指導者にも、アラファトがパレスチナ人同胞をうまく主導してイスラエルとの和平協定を成立させられると本気で思っている人は、ほとんどない。アラファト氏が今日も地位を守っていられるのは、誰もやめろといわないから、それだけの理由だ。イスラエルもアメリカも、アラブも、彼の側近も、あえて責任を取って引導を渡したいとは思わない。というわけで、問題はもはや外交の領域を離れ、生物学の段階に入っている。つまり、皆がアラファト氏の生命が尽きる日をただ待っているのだ。ヨーグルトを食し、規則正しく睡眠を取るようでは、やれやれといったところだろう。

アラファト氏がゾンビだというのは、自らの手で自分を撃ち殺したからだ。それも、三度も。一度めは、ビル・クリントンの和平提案を蹴ったこと。これを受けいれたら、ヨルダン川西岸・ガザ地区と東エルサレムにパレスチナ人の国家を作れたはずだった。アラファト氏がこれを拒否した第一の理由は、ヨルダン川西岸・ガザ地区にパレスチナ国家を作りたいだけでなく、数十万ものパレスチナ難民が帰還する権利を求めたからだ。

中東情勢評論家スティーヴン・P・コーエンは、こう指摘する。「結局、アラファトは二つのパレスチナ国家を作ろうとしたのです。イスラエルとの交渉によって、西岸・ガザ地区に一つ。さらに、イスラエル内部にも、パレスチナ人の国を作りたいと思っていた。パレスチナ難民が帰還し、まもなく出生率が急増すればできるだろう、ということです。イスラエル側では、彼がパレスチナ国家を一つ作るのはかまわない、と考えていました。しかし二つは困る。アラファトは、同胞にそう伝える勇気がなかったのです」

二度め、アラファト氏がキャンプ・デーヴィッド会談でも、二つの国家を実現できなかったとき、パレスチナ地域における武力の独占を放棄してしまった。武力の独占は、国家つまり「パレスチナ自治政府」の前提ともいえる。それをアラファト氏があっさり捨ててしまったので、ハマスとイスラム聖戦は、イスラエルに対して、パレスチナの要求を受諾せよとプレッシャーをかけるべく自爆テロを行えるうえ、しかも氏本人は責任をもたないですむことになった。これでは、アラファト氏はパレスチナ国家の責任ある元首として自らふさわしくないというようなものだ。行使すべき時に権威をなげてしまう指導者を、誰が信用できるだろうか。

三度めは、停戦には従う、といいながら、愚者の船——イランからの高度な武器を積みこんだ船——を輸入することで、アラファト氏は、イスラエルの和平論者の「軍備解除してイスラエルにもヨルダンにも脅威とならないから、イスラエルはヨルダン川西岸・ガザ地区のパレスチナ国家を認める」という中心的見解を潰してしまった。中東問題評論家ダヴィッド・マコフスキの言葉を引けば、「アラファトがネルソン・マンデラのようになってくれればいい、とみな願っていたが、蓋を開けてみたら、ロバート・ムガベ（ジンバブエ大統領）だった」

私たちには五つの選択肢がある。その一。アラブ指導者が協力して、イスラエルとの交渉相手としてアラファト氏に代わり、イスラエルに、完全撤退すれば汎アラブの包括的平和を提案すること。その二。パレスチナはヨルダン下におく――イスラエルがアラファト氏を排除して、代わりにヨルダンを招き、イスラエルにとって信用できる唯一のアラブ交渉相手として、ヨルダンが西岸地区での主権を回復できるようにすること。その三。ヨルダンはパレスチナ下におく――アリエル・シャロンが西岸地区を再び占領して、パレスチナ人をヨルダンに追いこむこと。その四。パレスチナ人がアラファト氏を放逐して新しい指導者を据え、自分たちこそがイスラエルにとって責任ある和平交渉の相手であり権威であるという信頼を取り戻すこと。その五。NATOが西岸・ガザ地区を占領すること。

こうしている間、イスラエル人とアメリカに住むユダヤ人はあまり安穏としていないほうがいい。アラファト氏は今では信用されず、孤立しているが、二つの国家を欲しがるのは彼ひとりでないということをあいまいにすべきでない。西岸・ガザ地区にこれだけ多くの入植地を作ったということは、シャロン氏とユダヤ人右派が、アラブ人に対して「われわれは二つの国家がほしい。

イスラエルにユダヤ人国家を一つ、そして西岸・ガザ地区にも一つ」といっているわけだ。

　今パレスチナ側には、これをはったりといいきる人間はいない。しかし一言いっておこう。これらの入植地はユダヤ人にとって癌のようなもので、シオニストの計画全体に脅威となる。もしイスラエルが入植地を維持しようとすれば、パレスチナ人も多く入りこむから、結局非ユダヤ人国家となるか、あるいは多数のパレスチナ人を支配するには旧南アフリカ式モードしかないから、最終的に非民主的アパルトヘイト国家となるか、どちらかだ。本当に責任あるパレスチナ側の交渉相手がすぐにも登場するよう、応援しよう。パレスチナ人の未来のみならず、イスラエル人の未来もそこにかかっているのだ。

2002.2.3

Column 43

夜間飛行は、一人より…

飛行機でアフガニスタンを往復するのは、かなりしんどい。最近カブールを発とうとしたときは、悪天候でバグラム空軍基地が閉鎖され、欠航となってしまった。そこで合衆国軍の輸送用航空機をヒッチハイクするしかなかったのだが、この旅は、ものの深奥をみるチャンスになった。

安全のため、合衆国軍はアフガニスタンに出入りするすべての輸送機を、夜飛ばしている。しかも、C一三〇が赤外線センサーとレーダーによって誘導され、低い雲の下方にまで高度を下げ、着陸する直前まで、滑走路の照明は消えたままだ。

エンジンを切るとすぐに、合衆国軍兵士は、暗い中でもよく見える特殊なゴーグルをつけ（ぎょろ目の火星人のようだ）、完全な闇の中で飛行機から荷を下ろし、また積みこむ。そしてまた闇の中離陸する。滑走路の照明は、飛行機を誘導するほんの二、三秒しかつけない。このような真っ暗闇の中、特殊な装置を使用して、これほど効率的に動ける空軍は、世界にただひとつ、合衆国空軍だけだろう。

素晴らしいことだ。しかし、これがNATOの結束を壊そうとしている。

そう、何がいいたいか、わかっていただけるだろう。カブールの後ブリュッセルを訪れてわかったのだが、NATO本部はある話題でもちきりになっていた。それは、こんな話だ。合衆国はNATO加盟国の中で飛びぬけてテクノロジーが発展しているから、遠くの戦争を他加盟国に戦わせる必要がない。たとえばアフガニスタンでは、英国、カナダ、オーストラリアがささやかながら重要な貢献をしたとはいえ、核心部分は合衆国が独力で勝利していたわけで、証明ずみだ。しかも、ブッシュ・チームは単独で行動したがる——元来、戦争で同盟国の助けを借りるのは、かえって邪魔になったり作戦を制限されたりするおそれがあるとして、好まない——ことを考えれば、NATOはまたともに戦うことができるのだろうか、と疑問に思う人がブリュッセルに大勢いても当然だろう。

「一九六〇年代、NATOの結束を脅かしていたのはシャルル・ド・ゴール政権下のフランスでした。二〇〇一年では、ドン・ラムズフェルドのアメリカです。基本的にいって、私たちが直面している問題はこれです。作った本人がもはや信用できないものは、どうなるのか？　リーダーからまず『われわれを呼ばないでほしい。こちらから声をかけるから。われわれは君たちを信用していないんでね』という答えが返ってくるようなら、同盟の意味はどこにあるのでしょう。私はNATOを全面支持しますが、アメリカ人がそうでないならば、何をしろというのでしょうか」。こう話すのは、フランス人の国際問題評論家、ドミニク・モイジだ。

アフガニスタンとコソボで明らかになったように、現代的戦争をするには、必要なものが四つある。まず、遠方の戦地に軍隊を配備するための大型輸送用航空機を多数。次に、敵にぴったり照準を合わせて正確に発射できる爆弾とミサイル。これによって、戦争期間を短縮し、民間人の負傷者を減らせる。三つめは、闇でもものがみえる装置をつけて、夜に活動できる特殊作戦チーム多数。さらに、安全で暗号化された後方連絡線があれば、敵に傍受されることなく、陸空軍がハイテク戦争で結束できる。

この四つをすべて揃えたNATO加盟国はアメリカだけだ。英国は最も近い位置にある。ドイツ、フランス、イタリアはほとんど比較にもならず、他は赤子以下。これはヨーロッパの防衛産業が今日、アメリカほど複雑に発達していないから、ともいえる。が、ヨーロッパ人が、本心ではアメリカの敵、とくにブッシュ氏のいう「悪の枢軸」（イラン、イラク、北朝鮮）に脅威を感じていないのも理由だろう。だから、防衛にあまりカネをかけようとしないのだ。ブッシュ大統領が一般教書で要求した通り、防衛予算を引き上げれば、合衆国防衛費は、二位以下一五か国の防衛予算をすべて合計した金額に匹敵することになる。

このままいくと、加速度をつけてNATO内に軍事的アパルトヘイトができてしまう。アメリカはメニューを決めて料理を仕切るシェフとなり、他の加盟国はみな、シェフの周囲に控えていて皿を洗いおとなしくしている見習いに成りさがる。フランスの外交官はあけすけに、こういった。「これではもちませんよ」

その通りだ。私たちは問題を抱えている。

しかし、もしヨーロッパ人が軍事作戦の第一段階から加わりたいと本気で思うならば、アメリカ人と一緒に（闇夜でも）動ける航空機と装置に対して、きちんと投資するべきだろう。そうでなければ、彼らがアメリカを単独行動主義だといって非難したところで説得力がない。しかし、ブッシュ・チームも、ＮＡＴＯから京都議定書までやたら単独で行動したがる癖を少し改めて、アメリカはどこでも一人だけで飛んでいきたいわけではないこと、他の国にも参加してほしいと思っていることをわかってもらうべきだ。

正直なところ、アメリカが闇の中どこでも戦えるのはすばらしいことだが、どこにいっても一人きりで戦わなければならないのは、ありがたくないから。

Column 44

2002.2.6

前略　アラブ連盟の皆さん

ホスニ・ムバラク大統領、アブドッラー皇太子殿下、アブドッラー国王、
バッシャール・アル・アサド大統領
ほかアラブ連盟メンバー各位

ブッシュ大統領より

今そちらで反アメリカ主義という逆風が吹き荒れている由、皆さんにこっそり教えていただきましたが、それというのも、私が中東外交から手を引いてイスラエルのアリエル・シャロン首相に一任したかのように思われたからです。私の立場をきちんと説明させてください。私が思うに、皆さんが私たちに対して抱く問題とは、アラブ・イスラエル史の読み違いから始まっています。どういうわけか、イスラエルをちょっと締めあげれば、ころっと態度を変えて、何でもパレスチ

ナ側の要求に従うだろう、と考えておいでてでしょう。しかし、それは間違いです。

重要なのは、アメリカとイスラエルの力関係ではなく、皆さんとイスラエルの力のバランスです。これまで和平が進展したのは、私たちがイスラエルを脅したからでなく、皆さんがイスラエルの好むものを差し出したときでした。つまり、アラブの指導者たち——アンワル・エル・サダト、フセイン国王、オスロのヤセル・アラファトまでも——がイスラエルの一般大衆に対して、本当にイスラエルが撤退するなら本当の平和を実現させよう、と明言したことで、自ら求めるものをイスラエルから引き出したのです。

お忘れなく。イスラエルの右派には、シナイ半島をすべてサダトに返してはならない、と主張するむきもあれば、ヨルダンとの土地交換にすら抵抗をみせるむきもありました。また、多くの人たちが二度のオスロ合意に反対していたのです。しかし皆さんは、「本当に撤退すれば、本当の和平を提供する」とイスラエル主流派を説得し、交渉のテーブルで自分の側に引き込んでしまった。イスラエルの和平抵抗派は敗北しました。重要なのは、この力のバランスだけです。

アメリカは単なる傍観者にすぎません。外交を作りかえる力をもつのは、皆さんであって、私たちではありません。ではどうやって作りかえるか？　私から助言しましょう。三月、レバノンで、アラブ連盟の首脳会談が開かれますが、その席でただ一つ、簡単な解答を打ち出すのです。「アラブ連盟のメンバー二二か国は、イスラエルに次のように申し出る。イスラエルが一九六七年六月四日時点の境界（ヨルダン川西岸・ガザ、エルサレム、ゴラン高原）に完全撤退するならば、見かえりとして、われわれはイスラエルを完全承認し、外交関係を結び、貿易を正常化し、安全保障を認める。完全撤退と引き換えに、アラブ連盟の二二か国との完全な和平を結ぼう、と」

実際に、これが自分の考えだ、と皆さんは、個人的な話として私に教えて下さいました。それなら、なぜそう公言して利益を手にしないのですか？　こうすればオサマ・ビンラーディンを消し、アラブ人の本当の姿を世に示すことができるのに。もし皆さんがそんなリスクを冒せないというなら、私にもできません。

皆さんは現実に向かい合うべきです。エフード・バラクは、確かに大雑把とはいえ、イスラエルなりの和平案を出しました。そのあと、ビル・クリントンはアメリカとして和平案を提示しました。さあ、そろそろアラブから和平案を出すときです。ただ静観したまま、他の人たちの和平案に難癖をつけるのは、もうやめにしましょう。イスラエルへの要求――占領をやめさせる――を突きつけるだけでなく、連盟として、お返しに何を与える用意があるかを明らかにしてください。アラファトひとりでは、それは無理です。

私がいらいらしている訳は、おわかりですね。皆さんは、シャロンが外野から再び出てきて、それがトラブルの始まりだった、そしてブッシュは何の理由もなくシャロンを支持している、というふりをしたいのです。しかしそれは事実と違います。シャロンはイスラエル政治で人気がありませんでした。その彼が再登場できたのは、アラファトがバラク案とクリントン案を拒絶したから、そしてそのとき、イスラエルのピザ店での自爆テロを皮切りに、インティファーダが始まったからです。シャロンは「神殿の丘」を訪問して、パレスチナ人を刺激したでしょうか。確かに、そうです。しかし、彼は当時首相ではなかった。首相はバラクでした。シャロンが皆さんを挑発し、パレスチナ国家を作る最高のチャンスを潰した、と。どうしてそんなことがありえるでしょう。

皆さんのなかには、私にそっとこんなことを聞いてこられた人もいます。「もしわれわれがそう行動したら、イスラエルが肯定的対応をみせる、と保証できますか？」――いや、私に保証はできませんが、歴史をひもといて考えれば、イスラエルの一般大衆が、「首相は肯定的に対応するべきだ」と主張し、もし首相がその声に応じない場合は選挙で首をすげかえる、とみていいでしょう。そしてそうなったら、私も彼らを支持します。

私に断言できることが、一つだけあります。皆さんがこう申し出ないならば、何も変わらないだろう、イスラエルの大衆はこれからも、行きどまりまでシャロンについていくだろう、アラブ連盟はますます世界から遅れてしまうだろう、ということです。和平プロセスとは、イスラエル人とパレスチナ人だけの問題ではありませんでした。アラブ世界の統合、通商、現代化を求めるあらゆる進歩的勢力にとって、これは遮蔽物であり、同時に原動力でもあったのです。和平プロセスが行き詰まり、これらの進歩派は挫折しかけています。だからこそ、イスラエル人、パレスチナ人と同じように、皆さんにとっても和平プロセスは必要なのです。未来は皆さんが握っています。私の手の中にあるわけではありません。幸運を祈ります。草々

2002.2.10
ロンドン

Column 45

自分の出来が悪いのは、誰のせい？

合衆国の外交官がロンドン駐在のアラブ人編集者を招いた昼食会に、私も出席した。そこで、ある編集者に話しかけられた。「気分を悪くなさらないとよいのですが、どうしてもお聞きしたいことがあるのです。今方々で問題になっているものですから。サウジアラビアとイスラム世界を中傷するキャンペーンを支援するマスコミに、ユダヤ人が加わっているのですか？」

ほお。これはお茶の時間にしょっちゅう話題になるような質問ではない。が、まじめなアラブ人ジャーナリストが、本気で聞いてきたのだ。真剣に答えなければなるまい。そこで、私は、別に何とも思いませんし、こうした質問が今日のアラブ・イスラム世界各地で――方々で――取り沙汰されていることも承知しています、といった。今回は、私なりに答えてみたいと思う。

まず思い浮かんだのは、彼にこう問い返すことだった。「ベイルートとイスラエルのユダヤ人記者が、まっさきにサブラ、シャティーラ難民キャンプのパレスチナ人大虐殺などの事件を報道したとき、アラブ世界で、彼らがユダヤ人の陰謀にかんでいるかどうかといった問いは、出ませんでした。なぜでしょうか。ユダヤ人議員と評論家が中心となって、『アメリカは、ボスニアとコソボのイスラム教徒を救出し、イラクによるクウェート侵略を撃退し、湾岸戦争でサウジアラビアを守るため、介入すべきだ』とキャンペーンを展開したときも、イスラム世界では誰も、ユダヤ人の陰謀だと文句をいう人はいませんでした。なぜでしょうか？」

事実、ユダヤ人の評論家・議員は、この一五年間、アメリカの軍隊を派遣してイスラム教徒を救出することについて、おそらく他の団体よりも——アメリカのイスラム教徒も含めて——堂々と支持を表明してきた。

だから、たぶん、本当に「たぶん」でしかないが、アメリカで、イスラム教徒やサウジアラビアをおとしいれるべくユダヤ人が陰謀を進めていることはない（だろう）。また、これも「たぶん」、九月一一日のテロに一五人のサウジアラビア人が加わっていたこと、サウジアラビアの民間慈善団体がオサマ・ビンラーディンに資金を供与していたこと、アフガニスタンでは数百人ものサウジアラビア人がアル・カーイダとともにアメリカに抗戦したことに、動揺したアメリカ人は多かった（だろう）。こうした厳然たる事実が、アメリカ国内の対サウジアラビア世論を硬化させたことは確かだ。

そんな中、「アメリカ人の自分たちへの態度はおかしい」「アメリカのマスコミが流すアラブ・イスラム批判は、すべてユダヤ人の中傷が原因」とアラブ人やイスラム教徒がいい続けるならば、その先は悲劇しかない。

どうしてそういえるか？　第一に、こういう立場をとっていると、アラブ・イスラム世界がこれまで経済発展、教育、科学、民主化で遅れをとった原因が、ますます大きな障害となって浮上するからだ。問題の一切を他人の陰謀に理由づけてしまえば、自分も指導者も責任を取る必要がないし、自己反省もいらない。いまだかつて、こんな態度をもちながら繁栄してきた文明はなかった。（アラブ人ジャーナリストの中には、勇気をふるってこの点を指摘し始めた人たちもいる。）

他人のせいにすることは、状況を分析したり処理したりする代わりには決してならない。（あらゆる問題の原因はヤセル・アラファト一人にある、と主張するイスラエル人にも、このことはあてはまる。）社会が自己批判を受けいれて初めて、政治的プロセスから本当の事実がもたらされ、本当の問題に取りくむことができる。考えてみてほしい。ヴェトナム戦争後、アメリカは、事実分析、自己批判、説明責任といった厳しいプロセスをきちんと踏んできた。アラブ・イスラム世界で、九月一一日以後はいうにおよばず、何か戦争の後で同様の手続きをクリアした国はほとんどない。これが終わるまで、自分たちの問題は裏にいるアメリカやユダヤ人のしわざだ、とする言い分は、逃げ口上であって、分析とはいえない。

第二に、ユダヤ人陰謀説に固執すると、アメリカとイスラム世界の間の溝が広まるだけだ。というのは、こんな陰謀話はアメリカに対する完全な誤解に基いているからだ。アラブ・イスラム世界では、標準的なアメリカ観として、アメリカが金持ちで力強いのは情のわからない物質主義だからだ、と思われている。アメリカが価値観でなく物質欲ばかり重視するならば、本当の物質的利益につながるのがアラブ人との関係であってイスラエルとではないことを、なぜ理解しないのだろう?　やはりユダヤ人が糸を引いているに違いない、というわけだ。

　現実はそれとは正反対である。アメリカが成功し、豊かなのは、精神的価値観を重んじるからであって、その逆ではない。アメリカの繁栄は、自由と個人主義と女性の権利を何よりも尊重し、創造性と実験性を大切に育んできた結果、もたらされたものだ。私たちアメリカにとっての汲めども尽きせぬ油田は、この価値観にほかならない。アメリカ人が価値観を共有する社会に親しく関係をもち、そうでない社会に対して躊躇するのは当然だろう。

　非難するという行為には、二種類ある。一つは、自己分析と自己批判を重ねたすえに人を批判することであり、もう一つはそれから逃げるため頭から人のせいにすることだ。私たちのまわりにも、自分の不出来を反省もせず親のせいにする人たちは、大勢いるだろう。やがて自分をふりかえり、まともに成長するケースもある。しかし、そうしないで、不満ばかりの惨めな人生を送り、秘められた可能性を発揮しないまま終わるものも、少なくない。

Column 46

2002.2.13
ロンドン

七面鳥を取り返せ！

ヨーロッパの新聞を読んでいると、「悪の枢軸」が世界平和にとって脅威である、というブッシュ大統領の発言を、ヨーロッパの人たちが実に熱心に受けいれていることがわかり、本当にほっとさせられる。しかし、ちょっとした問題がひとつある。ブッシュ大統領にとって、「悪の枢軸」とはイラン、イラク、北朝鮮をさすが、ヨーロッパ人は、ドナルド・ラムズフェルド国防長官、ディック・チェイニー副大統領、コンディ・ライス大統領補佐官の三名だと考えているのだ。

冗談をいっているのではない。EUの外交政策を握るクリス・パッテンは、『ガーディアン』に、ブッシュの「悪の枢軸」発言は危険なほど「絶対主義的で単純化しすぎ」、「よく熟考されたものではなく」「有用とはいえない」とし、さらに、ヨーロッパはアメリカが「単独行動主義的に暴走する」前に止めなければならない、と述べている。

さて。私の考えだが――ブッシュ氏が悪の枢軸扱いした国は実際に「枢軸」でない、これらの国を一まとめにして追いつめるべきでない、という評論家の意見は、正しい。これらの国はそれぞれ脅威の種類が違い、反応をひとつひとつ微妙に変えなければならない、という評論家の意見にも、頷ける。アメリカはどの地でも単独では戦えない、という評論家も、その通りだ。イスラエル-パレスチナ間が対立していては合衆国とアラブ諸国の協力は望めないから、アメリカが終止符を打つべく真剣な努力をすべきだ、という評論家も、まさにもっともである。

こういう意見については、評論家のいうとおりだと思う。しかしそれでも、ブッシュ大統領はよくいった、と私としては満足している。

評論家たちは、もっと大切なポイントを見逃している。こういうことだ。九月一一日のテロが起こったのは、アメリカが抑止力を失ったからである。抑止力を失ったのは、アメリカ人を殺した人間に対して、私たちが二〇年間、報復も公平な処罰もしてこなかったからだ。一九八三年四月、ベイルートのアメリカ大使館の自爆テロに始まり、その二、三か月後のベイルート空港での米海兵隊兵舎爆撃、TWAのハイジャック、サウジアラビアにおける米軍襲撃、東アフリカのアメリカ大使館自爆テロ、イエメンでの米駆逐艦コール爆破にいたるまで、何の罪もないアメリカ人が殺され、それに対して、私たちは手をこまねいているだけだった。

それで敵はどんどん甘く考え、ますます大胆になってきた。実際、本当に大胆になり、なんと本国でアメリカを攻撃する集団——考えてみてほしい。国ではなく、個人の集団だ——まで現われた。どうして?　テロリストとその隠れがとなる国は、アメリカを軟弱とみなし、自分たちが正しい、と思っている。いつでも私たちよりいってしまえる、と思っている。それは正しい。アメリカはいつでもヨーロッパの意見を聞き、ごろつきを殴るのでなく「建設的契約」を結ぼうとするだろう、と考えているらしいが、それも正しい。

敵は、アメリカの弱さをかぎとった。おかげで、私たちは途方もない金額を支払うはめになった。ベドウィンの古い伝説に、こんな話がある。ある長老は、七面鳥を食べれば精力が回復すると信じていた。そこで七面鳥を買い求めてテントの脇で飼い、毎日食糧を与えていた。ある日、その七面鳥が盗まれた。息子たちを呼び集め、「われわれは大変な危険に瀕している。誰かが私の七面鳥を盗んだのだ」といった。

「おとうさん、だいたいどうしてその七面鳥が必要なんですか?」

「そんなことは考えなくていい。七面鳥を取り返せ」

しかし、息子たちはそれを無視した。

一か月たって、今度はらくだが盗まれた。

「どうしたらいいですか?」と訊かれ、「七面鳥を探すんだ」と父は答えた。それでも息子たちは何もしなかった。数週間後、娘がレイプされた。長老はいった。「すべて七面鳥が原因だ。七面鳥を盗んでもだいじょうぶ、と連中が思ったそのとき、われわれは何もかも失ったのだ」

このベドウィンの長老は、アメリカである。二〇年間にわたり、私たちは七面鳥を盗まれたままだ。ヨーロッパ人はどんな形であれ、イラク、イラン、北朝鮮に対して軍事行動を起こしたがらない。私も同感だ。けれども、他にどんな手段があると考えているのだろう。サダム・フセイン以上のサイコパス（精神病質者）である息子ウダイが生物兵器とミサイルを手に入れ、パリを攻撃するまで待つ、とでもいうのだろうか。

確かに、「悪の枢軸」発言はよくよく考えられたうえでのものではない。しかしだからこそ、いいと思うのだ。これらの国やテロリスト連中に向かって、こういうべきだ。「君たちが何をしようとしているかは、お見通しだ。われわれがどんな手を打つかは、はっきり決めたわけではないが、『アメリカは何もしない、またやられても黙っているだろう』と思っていたら、それは間違いだ。ドン・ラムズフェルドをみるがいい——彼のほうが、君たちよりよほどいってしまっている」

ブッシュ・チームの外交政策については、賛成できない部分もたくさんある。しかし進んで抑止力を回復し、敵と同じくらい正気を失おうとする点には共感する。それしか、七面鳥を取り戻す方法はないのだから。

皇太子おおいに語る

Column 47

2002.2.17
リヤド
（サウジアラビア）

今月はじめ（六日付）のコラムで、私はこんなことを書いた。アラブ連盟のメンバー二二か国が三月二七日、二八日とベイルートで開く首脳会談で、イスラエル－パレスチナの難局を打開するため、「イスラエルが一九六七年六月四日の境界線に完全撤退し、パレスチナ国家が建設されるならば、アラブ連盟二二か国は、イスラエルに完全な外交関係、通商の正常化、安全保障を申し出る」とイスラエルに簡潔明快な提案をせよ。国連決議にしたがって完全撤退し、それとひきかえにイスラエル－全アラブ世界が完全和平を結ぶ。そうすべきではないか？

今、私はサウジアラビアを訪れている。ここには、九月一一日のテロに一五人のサウジアラビア人が参加していたという事実にかんがみ、自らの立場をちゃんと世界にむけて釈明しようとする人たちもいるのだ。私は、事実上の支配者であるアブドッラー・ビン・アブドルアジーズ・アル・サウド皇太子とディナーをともにし、上に述べた提案について話し合う機会に恵まれた。ヨルダン、モロッコなどアラブ連盟の主要メンバーは、個人的にはこの案を話題にしながら、「親分」（サウジアラビアあるいはエジプト）が口にするまであえて公の場で切り出せなかったことは、織りこみずみだった。

私がこの提案のあらましを説明すると、皇太子は驚いたように私を見、「私の机の中をさらいでもしましたか？」といった。

「とんでもない」私には皇太子のいおうとする意味がわからなかった。

「いや、あなたの提案は、私が考えていたこととまさに同じなのですよ。国連決議にしたがって、エルサレムも含め占領地から完全撤退すれば、そのかわりに国交を完全に正常化しよう、と。この方針で演説の原稿も書きました。アラブ首脳会議でそれを発表し、アラブ世界全体に呼びかけようと思ったのです。原稿は書き上げ、机の中に入っていますが、気持が変わりました。シャロンの暴力や抑圧が前例のないレベルにまで悪化したからです」

皇太子は間をおいて、こう付け加えた。「しかし、本当です。今電話で指示して原稿を朗読させれば、ご自分のアイディアとほとんど変わらないと感じられるはずです。私はずっと思っていました。アラブ人はイスラエルの皆さんを拒否も軽蔑もしていない、むしろ拒否しているのは、皆さんの指導者のパレスチナ人に対する非人道的な抑圧行為である。このことをイスラエルの皆さんにはっきりさせる方法はないものか、と。そうすれば、イスラエルの人たちへのひとつのサインになると思ったのです」

私は答えた。「そうですか、貴国がこのようにお考えと知って大変嬉しく思いますが、けれども、アラブの指導者の皆さんからはこれまで、『今そうするつもりだったのに、アリエル・シャロンたちイスラエル側が邪魔に入った』と何度も聞かされています。それが度重なると、もう本気にはできません」。そこで、こう尋ねた。「アラブ首脳会議の前に、シャロン氏とパレスチナ人が停戦に合意したらどうなりますか？」

「演説原稿はできあがっていて、机の引きだしにあります」と皇太子。

このやりとりは、誇張せず、非現実的な希望も入れず、できるだけありのままに記したつもりだ。皇太子の言葉で興味深かったのは、意見——発表されれば、従来アラブ連盟が出してきたいかなる提案よりも前進といえるだろう——そのものではない。長い時間をかけて、オフレコの会話を重ねるうちに語られたということだった。私は、もし本気でそうお考えならば、たとえ草稿であっても、オフレコでないきちんとした形で発表なさればよいではないですか、そうして初めて、周囲は真剣に受けとめるでしょう、といった。皇太子の返事は、「考えてみます」であった。はたして、翌日、皇太子側から連絡があり、コラム原稿に使う皇太子のコメントにチェックが入った。いいでしょう、これで、とめでたく了解がとれ、かくして日の目をみることになったわけだ。

アブドッラー皇太子は、サウジアラビアの指導者の中で、最もゆるぎないアラブ・ナショナリストにして汚職などのない人物として知られている。王国の内外に熱烈な支持者がおり、もしこうした演説をすれば、イスラエルとアラブ双方の世論に大きな影響を与えるのは間違いない。ブッシュ大統領が中東和平にむけて新たにイニシアティヴをとるならば、自分たちアラブ指導者も同じくそれに備えよう、と皇太子はこんなサインを送っているように思われる。

また同じ席で、九・一一のテロにサウジアラビア人が一五名関わったことについて、国としてアメリカに謝罪しない理由を尋ねると、

「私たちは昔から親しい友人でしたから、アメリカ人が私たちのことを疑うとは、予想もしなかったのです。ビンラーディン一味による今回の攻撃はサウジアラビアに対する攻撃でもあって、アメリカとの関係を壊そうと狙っているのだ、と思えました。このことには深い悲しみを覚えましたが、両国間に緊張が生じることはないだろう、と信じていました。しかし、違った対応をすべきだということがわかりました。…遺憾の念を表わすのに、遅すぎることはないでしょう」

「悪の枢軸」発言と、アメリカ軍のイラク攻撃の可能性を伝える記事に関しては、皇太子はこう述べた。「イラクあるいはイランに対して、いかなる攻撃も計画するべきではありません。現在危険であるという明確な証拠がない以上、アメリカにも、当該地域にも、世界全体にとってもプラスにならないからです。イラクは査察官復帰を考えています。合衆国はぜひこれを実現しなければ。イラクが本当に国連決議に従っているかどうか、決められるのは査察官だけなのですから」

2002.2.20
ジェッダ
（サウジアラビア）

Column 48

もはや「サウジ式」ではなく…

前回の訪問から、サウジアラビアは大きく変化した、といって間違いない。そう思ったのは、ここのシェラトン・ホテルにチェックインしたときのことである。フロントがサウジ人だったのだ。五年前なら、ホテルのオーナーがサウジ人でも、フロントなどおもだった従業員はみなフィリピン、パキスタン、レバノンといった外国人の労働力でまかなっていた。しかし、今は違う。かつてサウジアラビア政府は、国民全員に仕事を保証できたが、原油価格の高騰が終息した今、もはや経済的にそんな福祉事業を支える余裕はない。しかも一九八〇年以来、世界一の出生率と家族無計画のおかげで、人口は七〇〇万から一九〇〇万へと爆発的に増えている。

その間、国民一人あたりの原油所得は、石油景気が頂点に達した一九八一年の一万九〇〇〇ドルから約七三〇〇ドルに落ちた。企業に対する政府資金の注入が十分でなく、数百万ものサウジ人が失業したり定職につけなかったり、そうでなくても、以前なら選ばなかったような職業についたりしている。

国内の失業者をすべて吸いあげるため、サウジアラビアは人間という油田を掘削していくことが求められる。天然の油田は強力なインフラを築いたが、それでは未来を支えられない。サウジアラビアがこの先繁栄できるとしたら、それは学校を改革して、子どもたちが新たな考え方を身につけ、油田からでなく知や精神をもって富を生み出すようになったときだ。

サウジの大学は学生数がやたら多いが、現在イスラム教学や人文科学系の学士を粗製濫造するばかりで、現代経済に必要な技術を身につけて卒業するものは数えるほどしかない。それを改革する必要がある。また外国人投資家に関心をもってもらい国内で就職口が増えるよう、法体系も刷新しなければならない。本当に透明性を高め、法支配、司法の独立、汚職防止法を確立することも重要だ。

こうした変化を起こさなければ、この国はますますじり貧になってしまう。というのも、人口の四〇パーセントが一四歳未満、つまり最大の割合を占める年齢層がまだ労働力になっていないからだ。これは危険な事態を引きおこす可能性がある。一二月のラマダン明けに、ジェッダの海岸道路で若者が大騒ぎを起こした。群衆は警察に反抗して、反政府、反米のスローガンを叫び、三〇〇人もの逮捕者が出た。

よいニュースがある。九月一一日以前に、こうした動きが既にみられたことだ。来年度から、七年生でなく、四年生から英語教育――と、イスラム圏外の世界についての教育――が始まる。しかしイスラム教の教育（しかも、丸暗記が多い！）に多くの授業時間があてられるため、他の分野で生徒に自分の頭で考えよといっても、簡単でなさそうだ。もう既に不平を鳴らす保守派もいる。教育課程担当の副大臣カリド・アル・アッワドはいう。「わが国は教育制度の大変革のまっただなかにあります。基本となる考えはこうです。『グローバルに考え、ローカルに行動しよう』」

その反面、悪いニュースもある。サウド王家のトップの中で、改革派の資質をもち、腐敗していないのが、歳のいったアブドッラー皇太子ひとりだけということだ。兄弟や伝統主義者の妨害にあうことも多い。皇太子が、女性の運転を認めよう――そうすれば、五〇万もの外国籍の運転手を雇って女性を送り迎えする必要がなくなる――と提案したときは、保守派に邪魔されてしまった。

しかし、これは運転手を雇えない中流階級にとっても問題となっている。あるサウジの実業家がこう話していた。「私のところで働いている男性ですが、娘さんが三人います。娘さんを学校やどこかに迎えにいくため、決まって仕事を早引きしないといけないので、痛手です」。たとえばサウジ男性に娘が六人いて、しかも運転手がいなかったら、どうだろう。典型的なアッシーパパだ。

サウジアラビアの指導者たちは、波風を立てまいと、漸進的な「サウジ式」変化を好む。しかしそんなことはもう不可能なのだ。「時間をかければ、人々を変えることはできます。しかしわれわれにそんな時間があるでしょうか。悠長にグローバリゼーションを進めればいいとは思いません。現在は水晶の球の中で生活しているようなもの。みなスクリーンを通して世界情勢を眺めているのです」と石油相のアリ・アル・ナイミは語る。

サウジアラビアが成功するかどうか、私たちも関係がある。九月一一日のサウジアラビア人ハイジャック犯のほとんどが、アシールの出身だった。アシールは貧しい土地で、社会を破壊しかねない急速な現代化の大波を受けている。中流階級のあるサウジ人の言葉を引こう。「わが国の問題はイスラム教ではありません。あまりに多くの若者が職につけず、大学にも行かないから、モスク以外に行き場がないのです。モスクにいけば過激派の説教を聞かされ、頭の中はアメリカへの怒りでいっぱいになってしまいます。今では、一家に二、三人は失業中。これこそが、本当の問題なのです」

Column 49

砂漠の国から

2002.2.24
リヤド
(サウジアラビア)

先日、宿泊先のホテルでエレベーターに乗っていたとき、一階下のフロアからサウジアラビア人紳士が乗りこんできた。伝統的なサウジ風の服を着て、頭に布を巻いている。私はスーツにネクタイというういでたちだった。紳士はちょっとの間、頭のてっぺんからつま先まで私を眺めると、「アメリカ人ですか?」と訊いた。そうです、私は頷いた。すると紳士は大きな片手を差し出してにっこり微笑み、「サウジアラビア人です」といった。優しさのこもったしぐさで、「それでも、私たちはアメリカ人が好きです。あなたもまだ、私たちのことが嫌いにならないといいのですが」といおうとしているかのようだった。

八日間、ここでさまざまな人たちと議論を戦わせ、多くの忘れがたい出会いを経験したが、みながこんなに人なつこい感じだったわけではない。見逃されやすいけれども、ここが島国であることを実感させられた。そもそも何世紀もの間、砂漠のおかげで部外者は近寄れなかったし、やがて原油によって豊かになると、サウジアラビア人は自分の意見が通る場合のみ、外国に扉を開けばよかった。また中に入れてやった人たちは、耳に心地いいことばかり話してくれた。

しかし、九月一一日のテロが起こり、ハイジャック犯に一五人のサウジアラビア人が含まれていたことが明らかになると、世界はだれかれ構わず、扉を蹴破って入ってきた。もはや丁重にふるまう必要がなくなった部外者たちから、自分たちがどう見られているか、サウジアラビア人は突然、厳しい現実をつきつけられた。カネの源、イスラム教思想の源、そして世界を脅かす人間を生み出す源だと思われていることを、いやというほど知ったのだ。

多くのサウジアラビア人にとって、これは衝撃だった。みな私を歓待してくれたものの、苦しい胸の内を繰り返し語る。まず、ある女医が、昔はサウジアラビアのパスポートを見せると敬意をもってもらえたのに、今回は国境警察にじろじろ見られて恥ずかしい思いをした、サウジは「穏健な国民」だとあなたにはぜひわかってほしい、といった。取材のあとで「私たちはどうなるのでしょうか」と訊いてきた高級官僚もいた。「私たち」——アメリカで教育を受け、アメリカの生活を享受し、子どもを留学させ、休暇をアメリカで過ごす何千ものサウジアラビア人は、今ではアイデンティティの根幹がはぎとられたように感じているという。

つらい思いを最も熱っぽく語ったのは、サウジアラビア人女性教授だった。(ヴェールでだまされてはいけない。一番話したがりだったのは当地の女性たちだ。)新聞社でインタビューしたとき、イスラム教が自分のアイデンティティにどんなに大切か、自分の信仰が外国の人たちに侮辱され誤解されてどんなに深く傷ついたかを聞かされて、私は思わず涙しそうになった。

けれども、彼らは私の苦悩も知っている。一五人のサウジアラビア人が私の国に入りこんで、三〇〇〇人ものアメリカ人を殺す手伝いをしたこと、サウジアラビアが今までハイジャック犯の身元も動機も説明しないことに、私もまた苦しんでいる。ハイジャック犯は「異常者」だったのです、といわれればよいほうだ。とはいえ、異常者には二種類ある。周囲にいる人たちと同じものを信じ、実際の行動だけが違うという場合と、もう一つは、他の誰も信じないものを信じる場合。そこで、私はいった。ここの病院に勤務するアメリカ人が、サウジ人医師と看護婦が九月一一日を祝っているのを見てぞっとした、と話してくれました。ハイジャック犯が異常者だというなら、そんなことがどうして起こるでしょう?

ほかに、私にいろいろなことをいう人がいた。それはサウジアラビア人の本心ではありません、という人。ハイジャック犯は実際アメリカで教育を受けたではないですか、といわれたり、モサドやCIAが送りこんだのでしょうといわれたりもした。あるセッションでは、ユダヤ人がアメリカ政府を支配している、それが本当の問題だという人もおり、私は怒りのあまり席を立ったほどだ。イスラエルのパレスチナ人に対する暴虐な行為をアメリカが無条件に支持するから、アラブが憤慨している、ハイジャックはそれを受けたものだ、ともいわれた。もしそれが本当なら、オサマ・ビンラーディンが「アメリカをアラビアから追い出し、腐敗したサウジ王族を転覆させたかったから」と語ったのはなぜですか? 私は尋ねたが、納得のいく答えは得られなかった。

このままいけば、私たちの間に横たわる文化の溝は埋めようがない、と締めくくるところだった——しかし、アメリカで教育を受けたサウジアラビア人の中には、他の人たちがいないとき率直に「お考えのとおりです」といってくれる人も、少数ながら確かに存在する。ある人は次のように話していた。

「ここでは、部族に属しているという精神が非常に強いのです。砂漠では、攻撃を受けたら、部族がしっかり結束しなければ、殺されてしまいますから。イスラム教の教育制度に問題があることはみな知っていますし、教育問題を取り上げてくださってよかった、と思う人たちも少なくありません。けれども、他から攻撃されているような気になっていますから、あなたに対して正直に話をしたくない、あなたに要求される変化を起こそうとしていると思われたくない、とこうなる。本当の問題は教科書ではありません。金曜日、若者に向かって『アメリカはイスラム教を破壊しようとしている』とたきつけるモスクの説教師たちです。

九月一一日以前、説教師はただ話しているだけだから放っておこう、と眺めていた政府も、今では取りくむ姿勢をみせています。説教もきちんと管理すべきなのです。しかし、こうした対策は必ずこっそり行うことになっています。自分たちに問題があることを、部外者に見せてはまかりならぬ、というわけです。そう、先に自分たちの問題を解決してから、外に向かって、『私たちは問題を解決した、あなたたちも自分の問題を解決せよ』といおう、とね。こんな部族根性を克服しないかぎり、私たちの国は発展できないと思います」

Column 50

2002.2.27
リヤド
（サウジアラビア）

答えは五年後

ここサウジアラビアで、友人がこんな話をしてくれた。田舎をドライブしていて、ちょっと道に迷ったことがあった。先を走る車に方向を聞こうとしたが、こちらが近づくと、その車は必ずスピードを上げ、距離を広げる。やっと追いついたところで、車が路肩に停まった。と同時に、あたふたと運転手が飛びだし、逃げ去った。その運転手は、なんと男装したサウジ人女性だったのだ。女性の運転が法的に禁じられた国では、女性にはそれしかハンドルを握る方法はない。

このエピソードを聞くと、サウジアラビアでは新聞報道と現実の生活が必ずしも一致しないことを実感する。だから、ここで未来を予言しても当たるかどうか確実でないともいえるが、そのうえで私が考えた結論は、こうだ。サウジアラビアがとりうる未来は、「ソ連モデル」か「中国モデル」か二パターンのどちらかである。

ソ連モデルでは、サウジアラビアはイスラム教におけるソ連のような存在、つまりソ連と同様に改革不可能な絶対君主国である、と考えられる。政権の核となるのは、アル・サウド王家による現代化しつつも堕落した神権政治と、王家が法的基盤とする超保守的ワッハーブ派体制との連盟である。これを改革しようとすれば、その瞬間から体制全体が混乱してしまう。

ソ連モデルでいうと、アル・サウド家の兄弟は、旧ソヴィエトの共産党政治局のようなもので、五万人もの王子・王族は共産党と同じ。アル・サウド家は、サウジアラビア風に純化したワッハーブ派イスラム教を用いて、アラビア半島の四〇もの部族を統合しているが、これはレーニンが共産主義によってロシアの一〇〇もの民族と近隣共和国をまとめたのとそっくりだ。そして体制の内部にいながら外に出て、「王様は裸だ」と宣言したアンドレイ・サハロフを不良にしたのが、オサマ・ビンラーディンということになる。そのためサハロフはゴーリキー（現ニジニー・ノブゴロド）に追放され、ビンラーディンはカブールに逃げこんだ。結局のところ、どちらの体制も不幸な衝突のあと衰退していった。そう、アフガニスタンで。

さらに、サウジがイスラム世界の覇権をめぐってイランと激しくしのぎを削っているのも、共産圏の影響力を狙うソ連対中国の攻防と変わらない。

ソ連モデルによれば、結論はこうなる。サウジアラビアは五年後には、人口が急増し、国民一人あたりの所得が低下する。教育改革を行って技能をもつ労働力を創出するとともに、外国人投資家を引きつける必要が高まる。防衛費がかさむ。衛星放送とインターネットが一気に流入する。こうした要因が結びついて、サウジ体制は爆発するだろう。ソ連がそうだったように。

さて、これとは対照的に、中国モデルでは、サウジアラビアとは理論上むちゃでも、現実には緩衝物や安定剤が多く、中国と同じく一見矛盾する二つの政策を同時に進められる国である、という前提から始まる。矛盾する政策とは、中国ならば共産主義と資本主義だが、サウジアラビアではワッハーブ派と急速な現代化である。サウジアラビアにとっての原油は、中国の場合、外国による直接の巨大資本がそれにあたる。その一種の天然資源のおかげで、不満分子が多くても体制に丸めこまれるし、人々は体制の裏でうまく動くことができ、結果的に、閉め切った部屋から適度にガスが抜けるのだ。

中国モデルでは、アブドッラー皇太子は中国の改革派首相朱鎔基に匹敵する。とくに、アブドッラー皇太子がサウジアラビアをＷＴＯ（世界貿易機関）に加盟させて、外圧によって法の支配と透明性をもたらそうとするところは、朱首相に似ている。この動きは、現在得をしているエリート層の腐敗分子の抵抗にあっているが。

また中国のケースと同様、サウジアラビアの支配エリート層も、どうしたら権力にとどまれるか心得ており、そのためなら何でもやってのける。中国でいえば、資本家を共産党に引きこみ、天安門で学生たちを鎮圧することだった。サウジアラビアの場合は、イスラム過激派との対決だろう。王家が以前、ラジオ、テレビ、女子教育を導入しようとしたときと同じだ。

中国の指導者もそうだが、サウジアラビアの王家が中流階級の支持を集めるのは、買収によってだけではない。現在の支配体制でなければ、大混乱に陥るか、過激派が台頭するだろう、と考えられるからだ。

中国モデルにしたがえば、サウジアラビアが五年後に崩壊することはない、という。――五〇年もの間、学問を身につけた人物が五年に一度現われては、「サウジアラビアにはあと五年しかない」と予言してきたではないか。

さて、私はどちらに賛成するか？ 答えは五年後に。

DIARY 8

DIARY 8
Travels in a World Without Walls: September 11,2001-July 3,2002

サウジアラビアは問題解決の鍵を握る存在なのだ……

サウジアラビアに向けて国を発つ前、バーレーンの友人からEメールが届いた。「不思議の王国」の旅をお楽しみになれますように、と皮肉めかして書いてある。この国は別世界のようですよ、というその言葉は正しかった。サウジアラビア訪問は、これまで経験したこともないような、変わった旅となった。

読者のみなさんはご存じだろうが、私は早い段階から、サウジアラビア人に九月一一日の責任がある、と公の場で厳しく非難していた。ハイジャック犯の中に一五人のサウジ人青年が含まれていたから、というだけではない。オサマ・ビンラーディンがサウジアラビア人だからでも、サウジアラビアがタリバンを支持し、資金を融通していたからというだけでもない。サウジの慈善団体が、故意に、あるいはそれと知らずに、アル・カーイダと、世界各地の超保守的なイスラム教学校に資金援助してきたからである。また教育制度をみても、サウジの教科書では、異なる宗教を信じる者を認めてはならないことになっている。

とりわけ腹が立ったのは、一五人の若者がアメリカ史上最悪の大量殺人にかかわっていたにもかかわらず、サウジアラビアが何も謝罪していないということである。サウジが責任をもつなんて期待はしなかったが、「彼らは合衆国-サウジ関係を断ち、わが国を傷つけようとしていた。サウジ国民の意思や利益を表すものではないとはいえ、この若者たちがこの国で生まれたことは認めなければならない。だから、われわれは米国民に対して謝意を示し、このようなことが二度と起こらないように力を尽くす、と申し上げよう」と、サウジ政府もこの程度のことはいうだろうと思っていた。

サウジ政府がこのような短い声明でも出していたら、アメリカは相当好感をもっただろう。しかしリヤドははじめ沈黙し、その後出てきたのは、否定の言葉だった。ハイジャック犯はサウジアラビア人であるはずがない。仮にそうであっても、それは逸脱者であり、サウジアラビアに責任はない。万一責任があるとしても、本当に非難されるべきは、イスラエルだ。イスラエルのパレスチナに対するふるまいのせいで、こんなに多くの若者が怒ったのだ。

こうした責任逃れは腹立たしくもあり、危険でもある。サウジアラビアの、対テロ戦争に対する立場をみていると、ソ連と冷戦の関係をほうふつとさせる——カネの源。イデオロギーの源。さらに、脅威をもたらす人間の源といえるだろう。

しかしだからこそ、サウジアラビアは問題解決の鍵を握る存在なのだ。サウジアラビアの資金とイスラム世界からの信用がなければ、「イスラム-現代-西洋」をめぐる問題は、解決の糸口すら見つからない。自分なりに問いに答えようとして、二〇〇二年一月、私はワシントンのサウジ大使館にヴィザを申請した。「サウジアラビアは問題解決のために働きたいと望んでいるだろうか？　もしそう思っているとして、サウジアラビア体制で、新しいイスラムの形が推進できるだろうか？」

アブドッラー・ビン・アブドルアジーズ皇太子の外交顧問アデル・アル・ジュベイルを通じてサウジアラビアにヴィザを申請すると、あっけなくヴィザがおりた。二〇〇二年一月初めのことだ。これは記者のサウジ入国を促進するために始めたキャンペーンの一環であった。記者が実際にきてくれれば、サウジの印象がよりはっきりするだろう、というもくろみだ。確かに、いってみて、サウジアラビアに対する見方がずっと鮮やかになった。サウジでは、いく前に予想していたよりも、親しみを覚えた人が多かった。けれども、サウジアラビアで見聞きしたもののなかには、引っかかる点もいろいろあった。

ハイライトの前に少し戻って、サウジアラビアにむけて出発する前に書いたコラムについてお話ししておきたい。このコラムは旅の展開の重要なポイントとなった。

一月下旬、アフガニスタンとブリュッセルから帰国した私はニューヨークに行って、世界経済フォーラムに出席した。会場に着くと、古くからつきあいのあるモロッコ人政治家アンドレ・アズーリがいた。モロッコ系ユダヤ人で、長年モロッコ王室の顧問をしていたが、以前からイスラエルとの和平交渉に尽力している人物だ。私たちはロビーで一五分ほど話をした。今回のインティファーダが始まってからの状況悪化が話題になった。互いに相手の言葉を引き取ったり補足したりしながら、意見をやりとりした結果、「この行き詰まりを打開するために、アラブが何らかのイニシアティヴをとる必要がある」という点で合意した。エフド・バラクがイスラエルの和平案を、ビル・クリントンがアメリカの和平案を示したが、アラブ側からの和平案はない。アラブがイスラエルに求めるものだけでなく、とくに正常な貿易や観光、外交という点でイスラエルに何を提供しようとするか明記したものがない。アンドレと話せば話すほど、私はこれをコラムで書くほうがいい、と思いはじめた。

「こういうふうにしようと思う。ブッシュからアラブ連盟宛ての手紙、という形式で、次の首脳会議で和平案を提案すべきだといわせるのだ」というと、アンドレは賛成し、それがいいよといってくれた。

しばらくしてバーにいくと、そこで今度は、エジプトの前外相で現在アラブ連盟リーダーであるアムル・ムーサと顔をあわせた。ムーサはかなり前からの友人で、意見は違っても、いつでも率直に話せる仲である。私たちは一緒にテーブルを囲んだ。抜群の識見をもつ友人、エジプト人ビジネスマンのシャフィク・ガブルも同席した。思い出せるかぎり、私はムーサにこんな質問をした。「アラブ連盟をどうするつもりだい？　もう手詰まりじゃないか。このまま衰退していくのを仕切るのか？」

私たちはさまざまな話題で話しあった。アラブ連盟が主役となる問題もあった。私は、アンドレとの話から出てきたアイディアを口にし、コラムに書くつもりだといった。ムーサは太い葉巻を吸っていたが、葉巻を指で弄びながらあれこれ考えた。そして、「そのコラム、書くといいよ」

といった。

ほお。ということは、この点でアラブの支持があるとみていい。ニューヨークを発つ前にほかのアラブ外交官ら数人に対して、このコラムのアイディアを試しに話してみると、全員が賛成した。あとで、またムーサに出くわした。「あのコラムを書くのだね？」と訊かれ、私は「書くよ」といった。

それからおよそ一週間後の二〇〇二年二月七日、コラムが掲載された。「ブッシュ大統領からアラブの主要指導者たちに宛てた手紙」というスタイルをとって、アラブ側に次のように提案している。二〇〇二年三月ベイルートで開かれるアラブ連盟首脳会議は、イスラエルが一九六七年戦争で占領した領土全体から撤退する見返りに、関係を完全正常化——貿易、観光、大使館——する用意がある、と宣言したらどうか？

二、三日後、ヨルダン政府にいる友人が、二〇〇一年九月八日、既にヨルダン国王アブドッラーはブッシュ大統領に同様の手紙を送っている、といってきた。アンマンから手紙のコピーも別に送られてきた。ところが、手紙は公表しないでくれという。エジプトやサウジアラビアといった「親分」国から出たアイディアでないと、アラブ連盟で過半数の賛成を得ることはできないから、というのがその理由だった。

そんなことを思いだしたのは、サウジアラビアに着いて二日後、アブドッラー皇太子のインタビューが実現したときであった。ファハド国王の健康がすぐれないため、事実上彼がサウジアラビアを支配している。二月一三日水曜日の午後、アデル・アル・ジュベイルがホテルに迎えに現れ、リヤド郊外の皇太子邸まで車で送ってくれた。邸に到着してから一時間かそこら、お菓子などを食べながら、私たちは皇太子の会議が終わるのを待っていた。(皇太子は午後遅くから朝五時くらいまで仕事をする。この伝統は、昼間暑くて外で働けなかったベドウィン時代にさかのぼる。)

ようやく会議が終わって部屋に案内された。壁のぐるりに椅子が並び、王族と閣僚の面々が座っていた。アブドッラーはずっとむこうの大きな椅子に座っている。その椅子はいくつものテレビ画面がはめこまれた壁のほうを向いていた。巨大画面がひとつ、それを二〇以上の小さい画面が囲んでいる。アブドッラーの前にはトレイがおかれ、テレビのリモコンが載っている。小さい画面で見たものが気になれば、なんでも大きな画面に移せる。さらに三つのグラスには、それぞれジュースがみたされ、小さなボウルにポップコーンが盛られていた。

皇太子は私に対して、全員に自己紹介したまえ、といった。私は部屋を歩き回って、王家のメンバーと役人のひとりひとりと握手した。ひとり残らずサウジの民族衣装を着ている。私は、これまでまったく来たことのない場所にいる感覚に襲われた。現世だけでなく、前世でもこんな場所に足を踏みいれたことはなかった気がする。ミネソタに住むユダヤ系アメリカ人であり、サウジアラビアに対して批判的な立場をとっている『ニューヨーク・タイムズ』コラムニストとして、じっと視線を浴びていると、異星人になった気分だった。部屋には男性だけ。みな座って、おしゃべりし、水きせるを吸っていた。

アブドッラーは英語が話せないので、アデルが通訳をした。私はアラビア語版『レクサスとオリーブの木』を献呈して、話の口火を切った。皇太子の農場や馬について尋ねると、片目をこちらにむけて返事をしながら、もう一方の目でテレビ画面を見ている。流れているのはアラブのテレビ局とCNN。中東、とくにイスラエルとパレスチナのニュースであることは一目瞭然だった。皇太子に理解できる唯一のニュース解説、アラブ放送では、バランス感覚や客観性がいささかも考慮されていない。ほかにも情報源があったとは思うけれど、皇太子の世界をみる見方は、アラブのテレビに大きく色づけされていたといって間違いない。

アブドッラーは七〇代、――とはいえ、砂漠で出生証明書というものがあるとは思えないが――何か老獪な狐のような感じだった。俗っぽさはないが、知恵を頼りに生きのびなければならなかった部族の長老にふさわしい才気があった。

四五分ほど雑談してから（本当におなかがすいていたので、自分で皇太子のポップコーンを取って食べたほどだ）、私たちは食堂に移った。一マイルもの長さのビュッフェが用意されている。アブドッラーが先に立って、気に入った料理があると、試食用スプーンで味をみる。おいしければ、後ろに控える召使が皿に盛りつける。アラブ料理、イタリア、フランス、アジア、アメリカ料理と多彩な食事で、料理人の大変な苦労がしのばれるが、皇太子がここで過ごすときは、おそらく毎晩こんなふうなのだろう。王家の人たちは、ただゆったりと動いている。アブドッラーは長方形のテーブルの上座に座った。正面には、視界を少しさえぎるような位置に、例の巨大なテレビ画面があった。私たちは食事をしながら話をし、テレビを見た。食後はもとの部屋に行って、コーヒーを飲んだ。

これからどんなことになるだろうか。私は展開が読めなかった。一〇時頃、皇太子は重大な話をしたいから、とまた場所を移した。一〇〇ヤード離れている皇太子の邸に歩いていき、私たちは居間のひとつに閉じこもった。

そこからが面白かった。

私はメモを取りだして、インタビューを始めた。一五人のサウジアラビア人ハイジャック犯は何者か、九月一一日の事件にサウジ国民がかかわっていたのに謝罪しないのはなぜか、と尋ねた。皇太子はこう答えた。ビンラーディン一味が合衆国とサウジの関係を壊そうとしていたことは、われわれにとっては明らかである。だから、アメリカ人もそう思っているだろうと考えていた。「アメリカ人が私たちのことを疑うなどとは予想もしなかったのです。われわれは、アメリカ人の気持を誤解していたのです。アメリカ人も同じように思っている、と。もし友情が本物であれば、友人を疑うことはないでしょう」

皇太子のこの言葉は、サウジアラビア全国民の反応のまさに典型だった。ビンラーディン一味は腐ったりんごであって、サウジアラビアの国益に反している。したがってサウジアラビアには何の責任もない。実際、どのみち「外国の諜報機関」が裏で糸を引いているのだろう。何も認めようとしなかったし、こんなことについて公的な場で考えるのもいやなようだった——陰謀者がそんなふうになったのは、サウジの学校でそういうことを学んだせいか、若者に職業とチャンスが与えられないからか、急進派がモスクなどで反米憎悪をあおる説教をしていながら、政府がその目の前で見て見ぬふりをしていたからか、などということは。サウジ政府は、ハイジャック犯がテロを起こすほどの怒りをかきたてた原因を調べようとするが、説明はいつも一点で終始する。いうまでもなく、「イスラエルとイスラエルの占領」だ。サウジにいわせれば、アラブ青年が怒り、しかもアメリカに怒りを集中させるのは、すべてそのせいなのである。

もちろん、アブドッラーのいいところも認めねばなるまい。九月一一日テロの直後、サウジ人はじめアラブ人は「自己を見直さねばならない」と公の場で力強く語った。しかしこの点で、アラブ国家が意味あるイニシアティヴを発揮したとは考えられない。サウジの新聞一紙のみが一五人のサウジ人ハイジャック犯の人物像についてまじめに調査していたが、それ以外は誰も知ろうとしないし、尋ねることもできなかった。

インタビューを一時間くらい続けてから、私はアラブ連盟について次のように切り出した。

「アラブ連盟の会議がベイルートで近く開かれます。私はここにまいります前、コラムで、アラブ連盟が何か生産的なことをうちだし、打開策を探ろうとするならば、アラブから和平案を提案すべきだろう、と書きました。正直にお話ししましょう。バラク首相からはイスラエルの和平案が示され、クリントン大統領もアメリカの和平案を出しました。しかしアラブ側の和平案はありません。アラブが何を求めているかだけでなく、何を差し出そうとしているかを明らかにした案ということです。そろそろアラブ連盟が連盟案を提示するべきではないでしょうか。たとえば、イスラエルが一九六七年戦争で占領した領土から撤退する見返りとして、イスラエルとの国交、貿易、観光を完全正常化するとか」

アブドッラーはちょっと驚いたような顔をしてみせた。「私の机の中をさらいでもしましたか？　私の執務室に入ったのかね？」

そしてアデルにむかって、「この人を、私の執務室にお連れしたのか？　というのは、今いわれたことは、私が考えていたこととまさに同じなのですよ。しかもそれを見た人間は二人しかいません。三か月の間、私はこのことについて考えてきて、アラブ連盟首脳会議の前に提案するつもりでした。しかしシャロンがあのような行為をしては支持を得られそうにない、と思い、当座は見送ることにしたのです。しかし、ここで電話をして、準備していたスピーチ原稿を補佐に読ませ、あなたに聞いていただいたら、ご自分の提案と寸分たがわないと思うでしょう。……もしこのスピーチをしたら、あなたのアイディアだとみな思うかもしれないが、しかし私自身、もとから考えていたのです」

これを聞きながら、私はがんばって頭をす早く働かせた。皇太子の言葉は、たとえまだスピーチをする気がないとしても、実際ニュースバリューがありそうだ。しかしこのやりとりはオフレコだから、皇太子の声明をコラムに引用できて初めて価値が出る。スピーチをしようとしていたが、シャロンのせいで机の引き出しに入れてしまった、とは、どう見てもいいのがれだ。

「率直に申しますと、似たような話を、前にも耳にしたことがあります。何度も何度も、アラブの指導者たちは、もし『ネタニヤフがこれをしなかったら、イスラエルと和平を結ぶところだったのに。シャロンがああしなかったら、イスラエルを訪問したのに』と繰りかえしてきました。こんな調子で続くと、もう額面どおりに受けとれなくなってしまいます。ですから、もしこのスピーチについて真剣にお考えでしたら、公表なさるべきではないでしょうか」

皇太子は、どの言葉を引用したいのかと訊いた。イスラエルの完全撤退と引きかえに国交を正常化する、というポイントはどうでしょう、というと、皇太子はしばらく考え込んでいたが「考えてみよう」といった。

話題が変わって、さらに一時間半話をした。最後に立ちあがったとき、皇太子の言葉を公表することについて、もう一おししてみた。「閣下にリスクをおかすおつもりがないならば、ブッシュ大統領が、あえてイスラエル―パレスチナ問題打開のために動くことはできません」

皇太子も立ちあがっていたが、ちょっと考えて、「ブッシュ大統領はどうして私にそういわなかったのでしょうか」ときいた。

「存じません。アラブの人たちは、ブッシュ政権についてよくおわかりでないように思われます。『ブッシュ二世』ではなく、『レーガン三世』であることを、まずご理解ください。現政権は、父ブッシュ政権の続きではないのです。レーガン新保守政権の延長線上にある、レーガン改良型政権とお考え下さい」

するとと、皇太子の目がぱっと輝いた。私のいわんとする意味が通じたのだ。皇太子は、ブッシュ政権のことがもっと知りたいようだった。そこで、こんなふうに説明を続けた。「アラブのみなさんが完全に思い違いしていらっしゃることがもうひとつあります。クリントンが辞任した後は、中東政策からユダヤ人がいなくなった、とお考えでしょう。デニス・ロスも、サンディ・バーガーも、マドレーン・オルブライトも、アーロン・ミラーもやめた。もうユダヤ人はいない、と。しかもそれを喜んでおいでです。確かにクリントン政権のユダヤ人はいなくなり、もはや中東政策から離れました」

今中東政策を進めているのはWASP《ワスプ》です、と私は付け加えた。WASPは有能で経験豊富ですが、「イスラエル-パレスチナの対立について、ユダヤ人と同様に頭を悩ませています。が、これは彼らにとってとくに共感をもてる問題ではありません。感情的には何の関係もない」。クリントン政権のユダヤ人は和平交渉に成功しませんでしたが、「それは彼らがあれこれ考えすぎたからで、しなさすぎたからではないのです」

皇太子はじっくりと耳を傾け、さらにブッシュ政権について質問をした。私の返事はアラブのテレビから入る情報とはまったく違っていたはずだ。私が邸を出たのは朝の二時。そのままホテルに戻った。観光客としては愉快だったが、皇太子がコメントを引用させてくれるとは思えない。翌朝起きてから、別のコラムを書きはじめた。

しかし午後になってアデルから電話が入り、私がどのコメントを使いたいのか、正確にタイプしてファクスで送るようにいわれた。皇太子とチェックする、という。ファクスして一、二時間後、折り返し電話があった。「そのままでいい。書きたいように書いてくれてかまわない」

「アデル。失礼なことかもしれないが、皇太子は自分が何をいったかちゃんと理解しているのかい？　『正常化』の意味がわかっているのだろうか。アラビア語の翻訳はだいじょうぶか？　新聞に出したあとで、そんなことはいってない、なんていわれたくないからね」

「言葉のことなら、もう一度チェックをさせてくれ」

そのあとでまた電話があった。「皇太子には誤解がなかった。『平和』も『正常化』も、意味は完璧に把握している」

わかった。「それでは、そのようにさせてもらうよ」

二月一四日、木曜日の午後のことだった。コラムをニューヨークに送るまで、まだ三六時間の余裕がある。（日曜日のコラムは金曜日の夜中に送るのだ。）その間に、いつ電話があって、「コメントの引用は控えめにしてほしい」といわれるかもしれない。その場合に備えて、私は別ヴァージョンを一本書き上げた。〆切直前で行き詰まったら大変だ。

この三日間、私はほかのサウジの大臣（王家のメンバーも含めて）との会談など、いろいろな仕事を進めていた。アブドッラーは、王家にも政府にもこのことを話していない、と私は確信した。ワシントンの大使館にも知らせていないようだ。というのは、土曜の夜、皇太子の補佐官から、国務省とホワイトハウスの電話番号を尋ねられたのだ。大使館に電話をして聞けばよいのに、といったが、彼らは大使館を避けているらしかった。

土曜日の夜には、いろいろなことで疲れきってしまった。サウジ人ジャーナリストの家で夕食に招かれ、ホテル（ジェッダ・シェラトン）に戻ってくると、フロントで呼びとめられ、「クリントン大統領からお電話がございました。この番号まで折り返しお電話をほしい、とのことです」とメッセージを渡された。何ごとだろう。想像できないまま、その番号に電話してみた。クリントン夫人が出た。挨拶を交わしてから、大統領にかわった。シモン・ペレスらを相手に、クリントンは、イスラエルとアラブが非公式で進めてきた交渉について議論していた。和平協定の大雑把な草案を書いたところだが、それはアラファトも署名している、とクリントンはいった。それを私がまとめないかと打診してきたのだ。クリントンが在任中できなかった和平交渉の再開を真剣に願っていることに、私は感銘を受けずにはいられなかった。しかし、今サウジアラビアにいるので、この草案がどれだけしっかりしたものかわからない、帰国してイスラエルに電話を入れないと先に進めない、と答えた。そのうえで、翌朝新聞に載るコラムについて、アブドッラーがこんな声明を公表する、と耳うちした。クリントンは事の重要性を理解し、支持しようと応じた。電話が終わってみると、午前三時だった。この一週間、いろいろなことがあって、疲労困憊していた。とにかく眠りたかった。

二月一七日（日曜日）の朝、『ニューヨーク・タイムズ』にこのコラムが出、翌日にはサウジの新聞に（一字一句たがわずアラビア語に翻訳され）転載された。サウジアラビアでは誰もが目を疑った。ちょうど次の日、イスラム教徒のメッカ巡礼（ハッジ）が始まるというタイミングだったので、この声明はなおさら意味が重い。この時期、サウジアラビアにはイスラム世界各地から二〇〇万ものイスラム教徒が集まってくる。外から二〇〇万のイスラム教徒と、それに一人のユダヤ人がやってきたわけだ。

今ふりかえってみると、皇太子は何を考えていたのだろうか。九月一一日のテロに多数のサウジ人がかかわったために、アメリカに対してサウジのイメージは地に落ちた。話をそらせることで、そのイメージをなんとかよくしたい、という狙いがあったことは明らかだ。しかし、これだけではなかった。彼の宣言は、さまざまな点で、サウジ国内のクーデターであった。最も微妙な問題について、王家を代表する形で語り、イスラエルに対して新しい態度を示したのだ。しかも、王家の誰にも相談しないで。この声明によって、アブドッラーは国王となったといってもいいだろう。王家のメンバーが必ずしも同意するとは思えないが、しかしいまや皇太子は、アラブと世界政治において、かつてないほど重大な主役の座に躍りでた。そして国外で立場が高まったのを追い風にして、国内での権力も強め、支配者として名を上げたのだ。

アラブ首脳会議で、アラブ指導者たちがこぞってアリエル・シャロンを徹底非難し、互いに結束してイラクを守る、という姿勢を示そうものならば、アラブとアメリカ合衆国は間違いなく衝突するだろう。アブドッラーにはそのことがわかっていた。そこで、対イスラエル問題について別の視点を持ちだし、合衆国に、中東の問題はイラク攻撃だけではないことを示そうとしたのだ。サウジ王室はパレスチナ問題を利用して、内外の注目を自身の腐敗と失政からそらそうとしているが、その一方で、この問題について国民感情も重視しないわけにいかない。アラブのメディアによって、世論は始終あおられ、イスラエルを支持するアメリカに対する怒りと一体となって燃えあがっている。もし問題が解決できないまま放置されたら、若者たちの間に、サウジアラビアと合衆国が公的に協力できないような空気が醸しだされるかもしれない。サウジ王族にとって、これは脅威なのだ。個人的レベルでいうと、アブドッラーは、イスラム教徒がエルサレムにある二つの神聖なモスクを管轄することに、とことんこだわっている。エルサレムについて議論もしたが、皇太子にとって、エルサレムという町は、「神殿の丘」にある二つのモスクにほかならなかった。それ以外は、とくに関心がないらしい。

コラムが掲載されて一日か二日すると、アブドッラーの声明は注目を集め、アラブではこの話題でもちきりだった。サウジアラビアから帰国してまもなく、レバノンの大物政治家がパリから電話をよこした。「ここから君に電話ができるのは、フランスで私の電話を盗聴できるのがアメリカ人とフランス人だけだからだよ」。私に、シリアの外相に電話してインタビューを申し込み、サウジの和平案をふってみないか、という。レバノンはぜひ和平案を進めたいと思っているが、シリアはためらっている。私は、自分がそんな電話をするのは適当でないし、どのみち受けてもらえないでしょう、と答えた。政治家は便宜をはかるといったが、私は辞退した。

また、イスラエル閣僚からも電話があり、サウジが現実的にどこまでイニシアティヴをとれるのか尋ねられた。ペルシャ湾岸某国のある王族からも同様の電話があった。私はどちらとも親しいつきあいがあった。今書いてきたような話をすると、イスラエルについての情報や、アラブ諸国内の噂話が入ってきた。

はたして、アブドッラーは約束を守った。三月末にベイルートで開かれた首脳会談で、彼はかねてからの提案を示した。シリア側の圧力にあい、イスラエルに対しては「国交（貿易、観光、大使館）の正常化」から、「正常な」関係に言葉をぼかしたものの、しかし基本的には引き出しにあるといったあのスピーチを行ったのだ。あれは本当に引き出しにあったのか？　それとも私のコラムを読んでひらめいたのか。アデルと宣伝担当の手を借りて、アイディアを盗用し、インタビューを通じてさらに格好を整えれば、サウジアラビアは「テロリストの工場」から「平和の調停者」へと——しかもシャロンに拒否されるとわかっているから、何の犠牲も払わずに——変身できるかもしれない、と考えたのだろうか。わからない。どの可能性もあると思う。

しかし、こうはいえる。いずれにせよ、世界で最も重要なイスラム国家であるサウジアラビアの指導者が、イスラエルが撤退する見返りにユダヤ人国家との関係を正常化するという意思を初めて公表する手伝いができたとしたら、いずれにせよ、パレスチナ-イスラエル問題を打開し、これまで長きにわたって続いてきた論争の流れが変わるうえで役立ったとしたら、けっこうなことだ。クリントン大統領がアラファトをキャンプ・デーヴィッドに招いて以来、アラブ側が対案を示したのはこれが初めてだろう。

わくわくするようなできごとだった。しかし、だからといって、私がサウジアラビアに来た第一の目的を忘れるわけにはいかないのだ。

DIARY 9

DIARY 9
Travels in a World Without Walls: September 11,2001-July 3,2002

イスラム教はほうっておいて、自分のことに目を向けなさい……

そもそもサウジアラビアにきたのは、一五人のサウジ人がどうしてハイジャック犯となったのかを知りたかったからだ。リヤドに着いた翌日、私は国の南東に広がる世界最大の砂漠地帯、ルブウ・アル・カーリー（全体の四分の一にあたる「空虚な土地」の意）に降りたった。サウジの石油相アリ・アル・ナイミから誘われて、ノルウェーの石油担当大臣と同行のマスコミ代表団のための油田視察に参加することになったのだ。飛行機が着陸したのは、高さ三〇〇フィートという赤茶色の砂丘にはさまれた滑走路だった。このあたりが、サウジアラビアで最も新しい油田なのだ。ナイミは、ずんぐりした背格好で、頭の切れる仕事熱心な男だったが、到着するやいなや、後からついてきてくれといって砂丘を歩きはじめた。私たちは靴を脱いでズボンをたくしあげ、おぼつかない足取りであとを追ったが、一歩進むごとに足がずぶずぶとめりこんでいく。やっと砂丘を一マイルほどいくと、日は沈み、砂丘全体はまるで砂の波がうちよせる海だった。三六〇度、目に入るものは、どこまでも砂の海だけ。『ナショナル・ジオグラフィック』の折りこみ写真ページをみているようだ。こんな壮大な風景は見たことがない。

この砂丘にひとり座っていると、サウジアラビアについて二つのことが思いうかんだ。一つは、サウジアラビアが外界から完全に切り離された場所であるということだ。はじめは地理的条件によって、のちにオイルマネーのおかげで、サウジは内に入れてやる相手を好きなように選べる立場にあった。二つのレベルで周囲から孤立しているため、サウジアラビアは長い間、部外者や外の思想から戦いを挑まれることも揺さぶられることもなく、自分の殻に閉じこもっていた。九月一一日がサウジにとって大きな衝撃だったのは、そういう歴史的な事情もある。サウジアラビアのまわりの壁は、音を立てて破られた。ヴィザもとらずに入りこんで、一五人のハイジャック犯は誰か、と答えを求めてくる。九月一一日後の世界は、さながら映画『シャイニング』の中の、有名なバスルームのシーンのようだ。ジャック・ニコルソンがバスルームのドアを叩きやぶり、中を覗きこんで「いたぞ！」と叫ぶ。サウジアラビアの驚愕は、さながら映画のシェリー・デュヴァルのようだ。

サウジアラビアについてもう一点考えていたのは、このような場所ならば、イスラム教のなかでもとくに厳格な宗派が根づいたのも無理はないなあ、ということだった。「こんなところで唯一の神の存在を信じられなければ、やっていけない。自分と天国の間には何もないのだから。祈る対象となりそうな木も岩もない。なるほど、仏教が生まれなかったわけだ」

私のコラムは多くがアラビア語に翻訳されてサウジアラビアの新聞に掲載されているし、インターネット上のニフティ・コムでも読めるので、行く先々で会う人は、サウジアラビアについて私が書いたことを熟知していた。私と会う準備をしていなかった（だから人当たりがよかった）

サウジの知識人や役人、実業家と話をすると、こんなふうになった。

「こんにちは、トム・フリードマンです」

「サウジアラビアのことを書いていらっしゃるあの人ですか？」

「そうです」

「サウジにいらしたんですか」

「ええ」

「ヴィザがおりた、と？」

「そうです。不法入国ではありませんよ」

「いいたくないですけど、サウジアラビアについてお書きになったことは、どれもいかがなものかと思いますね。いや実際、偏見をおもちでしょう」

しかし最後は、「拙宅に、夕食にいらっしゃいませんか？　お目にかかりたいという人に声をかけましょう」というお誘いがかかる。

どこにいっても、みなが話をしたがった。君は誤解している、サウジアラビアはイスラム教テロリストを生み出す工場ではない、とやっきになって説明しようとする。サウジアラビアにいる間、五人、一〇人、時には三〇人もの人を相手に議論をすることもよくあった。ぐったりすることもあれば、元気をもらうこともあったが、たいていは失望させられた。私たちの間に横たわる、文化の、道徳の、宗教の、政治の溝は、なんと深いのだろうか。

私が話をしたサウジ人は、ほとんどみな教育があり、自国と宗教が世界のマスコミによって批判され侮辱されていることに動揺していた。典型的な一例をあげると、リヤドの国立病院で約二一五人の医師・看護婦との集まりに出席したときのこと。昼食で隣に座ったのは、アメリカで訓練を受けたサウジ人医師だった。着席するなりEメールをプリントアウトした紙を渡された。一か月前に書いたのだが、アドレスがわからなかったので送らなかった、という。ページの上にはこう記されていた。

FROM：ヒバ・ファタニ

TO：トーマス・フリードマン……イスラム教はほうっておいて、自分のことに目を向けなさい

その下は、旧約聖書からの引用で、ユダヤ人の人種的・宗教的優位を示唆したり、ユダヤ人の異端者への暴力を正当化したりする箇所が挙げられていた。最後はこう締めくくられている。「タルムードは、敵を精液と糞便で煮よといい、恥ずかしげもなく非ユダヤ人を何度となく動物のように扱い、ごみ呼ばわりしています。これには、ヒトラーもあきれたに違いありません」。ひとつひとつ、聖書の引用で注釈がつけられていた。何がいいたいかは、明白だった。聖典で身の毛のよだつようなことを書いているのは、コーランだけではありません。コーランから不愉快な部分を取りだして、前後の文脈ぬきにイスラム教徒を批判するなら、私たちもあなたがたに同

じことを返します。というわけだ。

旧約聖書も、新約聖書やコーランと同じように、暴力的な言葉や異教徒批判にあふれている、という彼女の指摘は正しい。彼女の目からみれば、これがどのように映るかもわかる。しかし、ひとつ大きな違いがある。キリスト教徒やユダヤ人のテロリスト指導者が、こうしたくだりを引用して、異教徒殺害を正当化したという話は聞いたことがない。しかしサウジアラビアには、ほかならぬコーランの文章を基盤に、宗教的理由から九月一一日を正当化する聖職者が（少数ではあるが）いる。九月一一日以前には、彼らの教えはコミュニティ内部で誰の検閲も受けなかったようだ。現在の世界で、これは危険なことである。中世では、宗教を政治・破壊目的に利用したいと思ったら、数千、数百万もの民衆を動員し、あおりたてて、エルサレムなどに行進させなければならなかった。が、今は違う。一九人の若者を動かし、旅客機を四機ハイジャックさせて、ビルに突っ込ませるだけでいいのだ。今日、聖書にテクノロジー、さらに手伝いがいれば、じゅうぶん大量破壊兵器になりうる。

この昼食の席では、もうひとり医師が立ちあがって、「父は、サウジで広く使われている重要なイスラム教の教科書の著者ですが、私を含めて兄弟姉妹は六人とも医者になりました」と話しだした。サウジのイスラム教育が正しくない、暴力を薦めている、というならば、どうして子どもが医師として人類に奉仕することになろうか？　というわけだ。

居場所のない苦悩が伝わってきた。あなたがたご兄弟が、官費で合衆国の教育を受け、帰国してからサウジ社会に恩返しするというつとめをはたされたのは、本当に素晴らしいことです、と私はいった。法的にみれば義務であっても、帰国して自分たちの国づくりに貢献したい、と心から願っているという人も多いそうだ。

それはさておき、私が力説しようとしたのは、西側のメディアが決して完璧とはいわないが、イスラム教を曲解しているのは私たちでない、ということだ。イスラム教の名のもとにアメリカのビルに突っ込んで自爆したり、ダニー・パールのような記者を殺したりするイスラム教徒こそ、教義を歪曲しているのだ。米大統領のほうでは、「イスラム教は平和の教えである」といい続けているのに、アラブ人イスラム教徒の指導者の中で、九月一一日以後にイスラム主義過激派を非難し、自爆テロを糾弾するスピーチをした人は稀である。サウジ含め、彼ら支配者がそうしないのは、選挙で選ばれたわけでないから、また実際に本来の信仰から遠ざかった結果、本当の教えがわからなくなっているからだ。自分が支配者である根拠を法的に与えてくれる宗教的権威に立てつくようなまねは、どうしても避けたいのである。

イラン人歴史家ボルーマンド姉妹のラダンとロヤが『ジャーナル・オブ・デモクラシー』二〇〇二年四月号に、「テロ、イスラム教、民主主義」というタイトルの論考を寄せている。これを読んだのは、サウジアラビアから帰国してすぐのことだった。サウジアラビアにこれをもっていけばよかった。この論考は、暴力的イスラム主義者が、イスラム教のシンボルと言語を基本的に盗用して、正統派イスラム教と民主主義に反抗していること、そして主流のイスラム教指導者と神学者がそれに対して無為無策であったことを明らかにしている。
「これらイスラム主義者は、現代と西側に挑む大胆な戦士のつもりになっている」として、二人は次のように論じている。

しかし実際、彼らは、現代西洋から生まれた最もあやしげな思想、つまりファシズムやレーニン流全体主義など、今日の西側では受け入れられない思想を輸入して、イスラム風の言葉で飾り立ててきた。われわれが文化的遺産にもっと目をむけていたならば、神学者や知識人たちは、イスラム主義者の言葉とイスラム教本来の教えにずれがあることを、暴けたのではないだろうか。地上で自分たちだけが神の教えを実現できる、というテロリストの主張に対して、もっと効果的にダメージを与えられたのではないか。アブラハムが命じられたとおり息子に手をかけようとした寸前で、神が天使を遣わされた場面を知らないかのように、人間を再びいけにえにする教義を唱えているだけであったとしても。

私はサウジ人の苦悩に耳を傾け、つらい気持を理解した。しかし、私が話をしたサウジ人はみな、一五人のハイジャック犯が生まれた理由を自国が今日までアメリカに説明しなかったことを、なんとも思っていないようだった。「この国には確かに大ばか者もいますが、そっちにもばかなやつはいるじゃないですか。ティモシー・マクヴェイやユナボマーはどうです」といわれたことも一度や二度ではない。そのとおり、連中のことを考えてみましょう、と私は答えた。第一に、三〇〇〇マイルもわざわざ飛行機に乗って、ほかの国の人たちを殺したり非難したりというまねはしませんでした。アメリカ国内で同国人を殺したのです。第二に、アメリカでティモシー・マクヴェイに拍手喝采する人など、ほとんどいませんでした。背後に何か運動組織があったというわけでもありません。ひとりきりで、頭のおかしいことをしたのです。ユナボマーにしても同じです。それにひきかえ、サウジアラビアには、ビンラーディン一味の仕業を陰でも表でも賞賛する人たちが、ずいぶん多いではないですか。サウジのみなさんはそのことをきちんと考えるべきです。この種の憎悪がどうして生まれたか、それも、イスラエルを支持したからアメリカが悪い、というだけでなく、サウジアラビアが社会の暗部で野放しにしてきたものに目を向けて説明しないのならば、アメリカ人はこの先も恐怖を抱き続けるでしょう。

ある晩、サウジアラビア最大の新聞『ウカーズ』（ジェッダ）のオフィスを訪ねた。少数の記者と気楽に話をするつもりで、九時に会社に着いたのだが、いきなり広い部屋に通された。中央には長方形のテーブルがおかれ、二五人ほどの記者、学者、実業家が座っている。私の隣にはコンピューターがおかれ、リヤド以外の同紙記者らがそこにEメールや電話で質問を寄せてきていた。壁に大きな旗が掲げられ、「歓迎　トーマス・フリードマン様」と記されている。私はこの歓迎ぶりに度肝をぬかれ、次に尋問の厳しさに唖然とした。なかにはしみじみする言葉もあった。出席したサウジの女性が、九月一一日直後に世界各地で自分たちの宗教が糾弾されたのは本当につらかった、と語ったときはとくに胸をうたれた。彼女たちの深い苦しみはよくわかる。イスラム教は自分のアイデンティティにとって最も重要なもので、それが傷つけられるのを見聞きすると何より苦しいのです、という話には、つい涙ぐみそうになった。ときに丁々発止の激論となったが、彼らは私を丁重に扱ってくれ、私もそのように努力した。多かったのは、こんなやりとりだった。

記者「アリエル・シャロンをテロリストと呼ばないのはどうしてですか？　あなたの定義で考えれば、彼は罪のない民間人を殺しているではないですか」

私（白い紙を出して）「わかりました。それじゃこういうことにしましょう。契約です。これから先、私はコラムでアリエル・シャロンを必ずテロリストと呼ぶ、と約束します。ただし、あなたがたが、イスラエルのピザ屋で子どもを爆破したパレスチナ人を必ずテロリストと呼ぶのが条件です。乗りますか？」

返事なし。

彼らは、パレスチナ人が「されていること」はどんなことでもわかるのに、パレスチナ人がユダヤ人に「していること」はこれっぽっちも認めようとしなかった。サウジアラビア国内ではほかの信教が認められていない。大学では、ほかの宗教について直接学んでしかるべきだと思うが、キリスト教研究やユダヤ教研究といった学科がない（アメリカ研究もない）。それゆえ、ユダヤ人がアメリカ、世界および世界経済を支配している、というおなじみのうわさ（『シオン賢者の議定書』の受け売りだ）がくまなく浸透しているのだった。

王族のメンバーで大臣の中でも長老格の人物に、今回、オフレコで取材をした。二時間話したが、「サウジ人ハイジャック犯は誰か」が話題の中心だった。インタビューの終わりに、彼は通訳を通して、質問があるのだが、といった。

何のことかは、わかっていた。

「アメリカではユダヤ人が銀行とマスコミを支配しているというのは、本当かね？」

おそらく私は彼にとって初めて出会った正統派ユダヤ人であり、心から答えを知りたそうにみえた。あまりに真剣に聞くので、私はついこうささやき返したくなった。「どうしてそれを？秘密にしてきたのに！」

アメリカ最大のマスコミと銀行、企業はみなガラス張りで、ユダヤ人グループが支配しているなどということはないし、多くの場合はユダヤ人重役が牛耳っていることもない、と私は一生懸命説明したが、彼の考えは変わらなかった。有力な大臣がこうなのである。

おかしかったのは、この大臣が、一五人のサウジ人ハイジャック犯は「外国の諜報機関」（CIAやモサドのこと）の指示を受けていたに違いない、と繰り返し語ったことだ。自分たちだけではこれほどの作戦をやってのけることは不可能、ととれるではないか。「アラブ人はそれほど頭がよくないし、組織的行動が得意でもない」ということか。

私はいった。「話をさせてください。九月一一日、私はイスラエルにおりました。一二日の朝、イスラエル国防省にまいりまして、この大量殺人は誰が仕組んだのかという点で、と軍のテロ専門家と意見を交換したのですが、『アラブ人のグループが、自分たちだけでこれほど手の込んだ作戦を成功させたなんて考えられません。国家的諜報機関が裏にいたはずです』と申しますと、イスラエル軍専門家からどんな答えが返ってきたと思われますか？　それは違う、いったん飛び立ったら、飛行機を操縦するのはそんなに難しくない、といわれました。しかしもっと重要なのは、ヒズボラがイスラエル軍をレバノンから追放した方法を思いだし、パレスチナ人のイスラエル人に対する自爆テロの成功例を考えてみなさい、実に高度なことをしていますよ、と。『アラブ人は九月一一日のテロを見事にやってのけるくらい頭がいい』と考えているのが、中東ではユダヤ人だけ、というのはおかしいですね」

通訳されると、ともかく彼は笑った。

さて、問いに戻ろう。サウジ人ハイジャックはいったい何者だったのか？　前述したように、私が思うに、ハイジャック犯は大きく二つのグループに分かれる。かたや首謀者（「ヨーロッパ人」）、かたや肉体労働担当。後者は大部分がサウジアラビア出身だ。このメンバーには取材できなかったが、彼らがどんな人たちかはわかるような気がする。サウジには、高校、あるいは大学まで卒業したのに、失業率がざっと三〇パーセントという国の事情から（サウジ人はたいてい召使仕事を敬遠するので、莫大な数の労働者を輸入し、なおかつ膨大な数のサウジ人失業者をかかえている！）政府にも私企業にも仕事がない青年が一〇〇万人もいるのだ。多くの場合、家族の中で高等教育を受けたのは自分が最初で、親にとって自慢の息子である。しかし職業につけず、喫茶店などでぶらぶらしていては、だんだんと見る目が冷たくなる。夜、ジェッダに行ってみれば、町はこんな若者であふれかえっている。ショッピングモールでたむろしたり、あてもなく車を走らせたり、ヴェールをつけた女性をひっかけようとしたり、つきあう相手を探してネットサーフィンをしたり。サウジアラビアの人口の約四〇パーセントが一四歳未満であり、十分な仕事がないところに、大挙して押しよせるのが現状だ。

これら若者の中には、自然ななりゆきとして、モスクや祈りの集会にひきよせられるものも少なくない。往々にして、こうした集会は、サウジの国家的宗教制度に属さない、非公認の説教者が主宰しており、異端者を憎め、非イスラム世界を認めるな、という教えが繰り返される。あのサウジ人ハイジャック犯は初めてアル・カーイダと接触し、テロのいろはを手ほどきされ、アフガニスタンで対ソ連のジハードに加わったのだろう。そしてサウジアラビアに帰国してあてどない暮らしに戻ると、アル・カーイダの誰かがまたモスクに現れ、こうささやくのだ。君たちにもうひとつ特殊な任務がある、危険かもしれないが、重大なる任務である。これによって自信がつくだろうし、家族もきっと君を見直すはずだ、と。彼らは「やります」という。そして九月一一日、気がついたら、カッターナイフで飛行機を乗っとっていた。

みなさん、遺憾ながら……

サウジ人コラムニスト、アリ・サアド・アル・ムッサは、二〇〇一年一二月二四日付『アル・ワタン』紙で、自分と同郷（イエメンとの国境近く、山がちの南西アシール地方）のハイジャック犯青年について書いている。

「彼らのほとんどは、財産家の出身である。たいていは中流階級でなく、もっと上だ。貧困がテロの原因であるならば、ひとりとして、このテロにかむことはなかっただろう」。では、何が原因だったのか？　アル・ムッサによれば、この事件にまきこまれたサウジ青年は、毒をしみこませる隠れみのとして宗教を利用するノウハウを熟知した連中のカモになってしまった。彼ら南部の山間部に住む人たちは、頼りになる素朴な人間であり、預言者（ムハンマド）を信じている。「問題は、彼らがいわれたことを何でも信じることだ。……彼らがあんなことをしたのは、誰が説教壇に立とうと、必要以上に注意深く人の話を聞いたからだ」

『アル・ワタン』はハイジャック犯の人間像について真剣な調査を行ったサウジで唯一の新聞だが、編集長ケナン・アル・ガムディのコメントが、『ボストン・グローブ』紙（二〇〇二年三月三日付サウジ・リポート）に紹介されている。サウジ人ハイジャック犯の大半は「中流階級の冒険家」である、として、さらに編集長は次のように述べた。青年たちの出身地は、アシール地方の、南西のハイウェイ一五に沿って位置する小さい町々で、政府の支配力があまり強くないことで知られている。アル・カーイダのスパイや説教者が作戦を実行するには都合がいい。『グローブ』によれば、この美しい山あいの南西地区はサウジ観光業の中心地でもある。「ひんやりした微風の吹く高地の町に、五つ星ホテルや遊園地、コンサート会場が開発されると、他地域の富裕な王家や商家はこぞって訪れた。しかし結局は、中流階級の地元民にいっそう怒りと不満を呼びおこしただけだった」

このレポートの中には、本当の話がひそんでいる。サウジの中流階級の青年は失業し、たとえ職があってもまともな仕事ではなく、ぶらぶらしているうちに、急進的なイマームやアル・カーイダのえじきになってしまう、というところだ。だから、合衆国政府のサウジアラビア専門家は心配するのである。サウジアラビアに目を向けると、日に日に年齢が下がり、ますます貧しく、宗教熱心に、そして反米的になる一方だ。ある午後、ジェッダあたりをドライブしていると、そんな事情がのみこめた。サウジアラビアにいる間は、政府が二人の護衛をつけてくれた。（ダニー・パールが同じ頃誘拐されたが、正直にいって気にしていなかった。）二人とも、いい人間だった。話をしていると面白い。八日間一緒にすごすうちに親しくなり、家族についてきわめて個人的な話もするようになった。

ある日、こういわれた。「トムさん、ここでの問題はイスラム教ではありませんよ。あまりに多くの若者が職につけず、大学にも行かないから、モスク以外に行き場がないのです。モスクに行けば過激派の説教をきかされ、頭の中はアメリカへの怒りでいっぱいになってしまいます。どの家にも仕事のないのが二、三人はいます。これこそが本当の問題なのです」

英国航空でサウジアラビア入りしたとき、漆黒の髪が魅力的な、ブルージーンズ姿のサウジ人女性と隣りあわせになった。ロンドンからリヤドまで、言葉をかわすことはなかったが、着陸間近になると、次第に不安げな表情を浮かべている。アナウンスがあって降りようと立ち上がったとき、この女性が口を開いた。

いかにも気弱な口調で、「ロンドンのアパートにヴェールをおいてきてしまったのです。これがなくては、飛行機から出られません。ロンドンの空港を発つ前、夫に電話して、誰かにヴェールをもって迎えにきてほしい、と頼んだのですが、きてくれていればいいんですけど」

彼女は必死になって携帯電話からリヤドの家に連絡をとり、誰かヴェールをもって空港に向かったか、と訊いた。なんて無駄なことをしているのだろう、としか思えなかった。こんな美しい女性が顔を隠さなければならないのがまず無駄だし、そのためにこんなストレスを抱えなければならないなんて、時間とエネルギーの無駄だ。

サウジアラビアでは多くの人々に会った。たとえ同意できないことがあっても、立派な人が多かった。しかし、最も強い印象を受けたのは、女性たちだった。私が話をしたのは教育のある女性で、たいていの場合、中流あるいはもっと富裕な階級に属している。彼女たちは男性以上に、臆することなく正面から考えを語った。その姿に私は深く感銘を受け、こう思った。サウジアラビアにひそむ欲求不満は、女性が靴をはかないとか、多産を求められるとか、運転を禁じられるとか、ということではないだろう。確かに父親は娘をそんなふうに教育しているけれど、本当は、サウジ社会が彼女たちに十分な職場を提供していないことが問題なのだ。

一九七〇年代半ばまでは、サウジで女性解放にむかう気運もかなり高まっていたが、そこにイランのイスラム革命が勃発した。この革命によって、イスラム世界の覇権をめぐるイランとサウジアラビア間の競争に拍車がかかった。この競争は、世界規模で多大な影響を与えた。というのも、両国がイスラム世界各地にある原理主義の学校に対し、競って資金調達をはじめたからだ。サウジアラビア内部でも影響は大きかった。イラン革命と同時に、サウジ人原理主義者がメッカの聖モスクを占領しようとし、サウジ王家は信仰が不十分だと非難したのだ。ダブルの衝撃で、サウジの支配者はすっかり震えあがった。イスラム教強硬論者に反論するのでなく逆に持ちあげ、もっとイスラムのきまりを厳守せよ、と社会に強制した。たとえば、毎日の祈りの時間には、ショッピングモールも店を閉めなければならないことになった。あるサウジの大臣はこういっていた。「イラン革命が起こらなかったら、サウジアラビアの女性は今ごろ、自由に車を運転していたでしょう」

そうはいっても、独自の文化の一つとしてヴェールを受けいれ、運転できないことさえなんとも思わないサウジ人女性が、いかに多いことだろう！　進歩的な女性であってもそうなのだ。サウジ宗教警察が「公共の場で女性がヴェールを着用する必要はない」と明日宣言したところで、ひとりもヴェールをはずさないだろう、とはいわないが、多くの女性は（とくに三〇歳以上の女性は）習慣をやめそうにない。ヴェールはイスラム教のきまりではない。コーランでヴェール着用を命じられたわけではなく、砂漠で生活する保守的なベドウィンの文化的慣習である。

ヴェールは女性の日常に実に深くまで浸透している。リヤドで、最も現代的な病院に案内された際、理事が集中治療室をぜひお見せしたいといった。歩いていくと、理事はある患者のところで不意にカーテンを閉めた。それは年配の女性患者で、心臓発作をおこし、酸素吸入を受けていたのだった。口を酸素マスクで覆われ、その上に黒いヴェールがかかっている。見るだけでもぞっとする光景だった。まるで中世に足を踏みいれたようだ。病院で強制しているのではありません、と医者はいった。この女性が希望したからです。文化に根を下ろした習慣なのです。

ある夜、ジェッダの海近いレストランで、サウジの主要英語紙である『アラブ・ニューズ』の編集長カリド・アル・マイーナ夫妻と夕食をともにした。夫人は黒い服を着て、顔をスカーフで隠している。その彼女が私に向かって、合衆国はサウジアラビアとの議論で市民権、人権、政治改革という問題を取りあげていないではないか、と怒りをぶちまけた。高等教育を受け、弁のたつ女性だ。英語ではっきりと意見を述べている。ウェイターが来て料理を並べたので、話は中断した。カリドは大きい水きせるを吸い、私は夫人の言葉を考えていた。

サウジ政権も大目に見る陽気なオピニオンリーダーであるカリドは、やぶからぼうに宗教警察批判を始めた。ヴァレンタインデーに恋人どうしが花を贈りあえないように、その前日、警察がジェッダの花屋から赤いばらをすべて没収した、という話だった。ホンムス（ヒヨコマメのペースト）を食べながら頷いていると、夫人が会話に割りこんできた。

それは違いますわ、宗教警察がばらを撤去したのはどうみても正しい判断です、と夫人は主張した。なぜなら「ヴァレンタインデーは私たちの祭日ではないのですもの。あれは西洋の祭日でしょう。私たちは、こうした外国の影響からサウジ文化を守らなければ」

これでおわかりだろう。はじめ、この現代的なサウジ女性は、アメリカのサウジに対する改革要求が甘いといって批判したが、その次には、ヴァレンタインデーに宗教警察がばらを没収したことは正しい、といいきるのだ。

同じ人物が二つの相反する意見をもつのは、ごく普通のことらしい。サウジアラビアの滞在が長くなるにつれて、そう私にもわかってきた。

ところが、人と会話するといつでもそんな内省的な気分になるというわけではない。たとえば、サウジアラビアの保守的日刊紙『アル・メディーナ』でのセッションは、不愉快きわまりなかった。それは編集者とコラムニストたちをまじえた集まりだったが、出席者のひとりアブドル・モフシン・ムサッラムが、中東問題はすべてアメリカが「ユダヤ人によって支配されている」ことが原因だ、と攻撃をしかけてきたのだ。さらに、二、三年前にアメリカの議員がサウジアラビアに来て実際にそう述べたのだから、事実にちがいない、といいつのった。私はその場で席を立った。侮辱されて腹が立ったから、というだけではない。後で、サウジ人の友人にも話したのだが、この男がアメリカに来て『ニューヨーク・タイムズ』の編集会議に顔を出したとして、誰かが世界の問題は、あらゆるものがイスラム教徒とアラブのオイルマネーに支配されていることがすべての原因であり、レバノン人議員が前に来てそう述べたのだから事実だ、と急にいいだしたら、どんな気分がするだろうか。あまりにばかばかしい。私は、こんなくだらない話を信じるような人間につきあって一秒たりとも無駄にしたくなかったのだ。一、二時間後、情報大臣が謝罪の電話をよこし、「頭の固い、無教養な人間はどこにでもいるものです」といった。私がサウジアラビアを発って二か月後、くだんのサウジ人は、「サウジの判事はみな腐敗している」という詩を書いて投獄された。

この種の「ユダヤ人の世界支配」説は、サウジアラビアに深く根を張っている。私が訪れたことのあるどの国よりも深刻だ。前にも述べたが、こうした陰謀に基づく歴史観は、アラブの政治力を衰弱させる大きな要因となっている。つまり、未来を決めるのはいつも、アラブの力が及ばない外部勢力であるから、何が起こっても自分たちに責任はない、というい い分である。アメリカ人がイスラエルの側についているのは、イスラエルのロビイストの要求をのんだからでなく、台湾や韓国、現代ドイツに対するのと同様、アメリカと基本的価値観や生活観を共有する自由経済の民主国家だからだ――などといっても、アラブの面々にはとうてい受けいれられない。誰かが裏でイスラエルにいいように仕組んでいる、と頑としていいはるのだ。

サウジアラビアではつらいやりとりも多かったが、一番きつかったのは最後の集まりだった。サウジ人の友人宅で始まり、王家のメンバーも、私に直接会って、サウジアラビアについて書いたことに文句をいいたい、と数名が姿をみせた。彼らが自分たちの国と信条を真摯に守ろうとしているのはよくわかる。しかし、サウジの若者が九月一一日のハイジャック犯となった背景には、自分たちや社会・教育が関係している、ということを、(少なくとも私のいるところでは)まったく認めようとしない。これには私も怒りを抑えることができなかった。この問題になると、彼らは決まって同じ説明を繰り返す。「イスラエル」だ。イスラエルがいけない。アラブ青年が怒ったのは、イスラエルのパレスチナ人に対する暴虐なふるまいをテレビで見たからだ。サウジ政府はパレスチナ人の問題に長年の間まったく無関心だったけれど、なかったことにしよう。オサマ・ビンラーディンは、アラブ世界での支持を失うかもしれないという不安をいだいて初めて、自分の行動の動機付けのためパレスチナ問題に言及したのだが、なかったことにしよう。世界にはいろいろ怒っている人がいるといっても、飛行機をハイジャックしてニューヨークの摩天楼に突っ込ませるようなまねは誰もしないが、それもなかったことにしよう。全部イスラエルが悪いのだ。

これは、たまたまサウジアラビア滞在の最終日だったが、最後に私は「私たちの間には、文化・政治・宗教の面であまりに深い淵があり、橋のかけようもないと思われます」といった。彼らは反対しなかった。ホテルに戻った私は、サウジ人の友人に電話をし、「心底がっかりした」と愚痴をこぼした。「一杯のめるところはないかな? 安ウィスキーでも、強い酒でも、密売酒でもなんでもいい」。彼は含み笑いした。アルコールはサウジアラビアで禁じられているが、ここジェッダのホテルから四ブロックのところに行けば、何でも手に入る、と教えてくれた。

この国には、私のいわんとすることを本当に理解できる人がひとりもいない、と失望していたら、午後遅い時間になって、さきほどの集まりに出席していた男性から連絡があった。そして、ついいましがたのやりとりについて、吃驚するような説明をしてくれた。

「あのやりとりを聴いていて、本当にいらいらしました。王族は本当のところ、問題が何かを知っているのです。しかし、あなたの書きぶりがしゃくにさわるものだから、目の前で認めたくないのです。私は、『この人が書いていることは事実です。書き方が無礼だとしても、それはそれとして現実を見るべきです』と始終いい続けてきました。この国の教育制度に問題があるのは確かです。……ここは部族根性が非常に強いのです。砂漠では、攻撃されたら、部族がしっかり結束しなければ生きのびていけませんから。イスラム教の教育制度に問題があることは、みな知っていますし、取りあげてくださってよかったという人も少なくありません。けれども、攻撃されているような気になっていますから、あなたに要求されて、素直に制度を変えようといえないのです。問題は教科書ではありません。金曜日、若者にむかって、アメリカがイスラムを倒そうとしている、とたきつけるモスクの説教師たちです。アブドルアジーズ王は、ワッハーブ派の指導者たちに命じて、部族を団結させましたが、この指導者たちが逆らったので、王が取り締まらざるをえず、それ以来、ある種のバランスが保たれています。イスラム教指導者が政府の足元を揺さぶらないところでは、王は彼らに口出しをしません。ええ、教育制度やモスクのことです。ところが今、過激な宗教指導者たちが一線をこえてしまいました。政府が引き戻そうとしています。この点で、九月一一日は意味がありました……あの連中は自由にさせておいたらだめです。そうはいっても、これは内密に行わなければなりません。部外者に、問題があることを知られてはいけないのです。決して。自分たちの問題をまず解決してから、私たちは問題を解決した、だからあなたたちも解決せよ、というわけです。こんな部族根性を克服しない限り、私たちの国は発展できません」

あなたのおかげで私の旅は救われました、と私は彼にいった。サウジアラビアには、アメリカのパートナーになりうる人が相当数いるのだ。問題は、その数がどのくらいか、そして、まだ間に合ううちに、この人たちが「不思議の国」を改革する力と勇気をもてるか、ということだ。

Column 51

2002.3.3

壁を作った人、壊す人

この六週間、アラブ・イスラム世界各地を回って、九月一一日のこと、またアメリカとイスラムの関係について、多くの人々と話をした。帰国して、国防総省が反テロキャンペーンを前進させるような偽りの話を発表しようと考えている、という記事を読んだときは、笑うべきか泣くべきか、迷ってしまった。というのも、近年のアラブ・イスラム世界に足を踏みいれて五分もすれば、たとえ私たちが本当のことを話しても誰も信じてくれない、とぴんとくるはずだ。私たちの嘘なら、逆に信じるかもしれないと思うと、笑うしかない。(国防総省は、つまりこれを実行してみようというわけだ。)

皆さん。ベルリンの壁は一九八九年に崩壊したが、壁の向こう側をみると、数百万もの人たちがアメリカの理想とものの見方を受けいれていたのだ。今日、世界にはもう一つ壁がある。地面に立っているのではない、人々の頭の中にある壁。この壁が、アメリカとアラブ・イスラム世界を分け隔てている。ベルリンの壁と違い、この壁は両側から築かれているので、倒そうとしたら、両方から崩していくしかない。

エジプト、サウジアラビア、パキスタン…、どこに行っても、私たちはこの壁に頭をぶつけてしまう。ここアメリカでは、イスラム教徒によるテロリズムが問題だといい、向こうでは、イスラエルがパレスチナ人に暴虐なふるまいをするからだという。こちらでは、アメリカがアフガン人をタリバンから解放したといい、向こうでは、アメリカ人は罪のないアフガン民間人を爆撃したという。こちらでは、サダム・フセインは悪だが、向こうではアリエル・シャロンのほうが悪者だ。私たちにとってアメリカとは民主主義の国だが、向こうからみれば、ユダヤ人がアメリカのマスコミと政治を牛耳っていることになる。こちらでは、ビル・クリントン大統領は大統領としてパレスチナ国家建設に専心したとみるが、向こうでは、アメリカはその計画を示さなかったという。こちらでは、彼らが民主主義を敷かないことが問題だというが、向こうでは、アメリカの好むものに問題があるという。

先週、イスラム教国九か国を対象とした世論調査が発表された。イスラム教徒のうち、「アラブ人は九月一一日のテロに関係していない」と考える人は六一パーセント。アメリカに好意をもたない人は五三パーセント、という結果だが、経験からみて、この程度の数字でおさまったことのほうが驚きだ。

こんな思想の鉄壁がどうしてできてしまったのだろう？　これには、多くの人たちが加わっている。まず、私たちのことから考えてみよう。アラブ人とイスラム人に私たちの話をすることについては、悲観的だった。アメリカの外交官は、継続的に説明しているのだろうか。この一〇年間、アメリカがボスニア、コソボ、ソマリア、クウェートのイスラム教徒を救うため、いかに戦ってきたかを。

アメリカは世界にむけて、きちんと話したことがあっただろうか。ヤセル・アラファトが拒否したクリントンの和平案がもし通っていれば、パレスチナ人の要求が一〇〇パーセント近くみたせる土地にパレスチナ国家が作られただろう、と。

合衆国の役人が、民主主義国家イスラエルはわれわれの友人だ、というのは間違っていない。しかし三〇年間、この役人たちは、イスラエルの入植地に対して、はっきりと反論してこなかった。もしそのまま放置したら、この入植地によって、ユダヤ人民主主義国家としてのイスラエルが潰れ、パレスチナ人が祖国になりうる土地を失うだろう、と知っていながら、黙っていた。私たちは、アラブ・イスラム世界で、民主主義、自由、女性の権利といったアメリカの価値観を主張できているだろうか。答えは、ノーである。中国や北朝鮮に対しては語るのに、私たちに必要な原油や基地を供給してくれる国には何もいわないのだ。アラブの人たちに偽善者だと思われても、仕方ない。

しかし、アラブ・イスラム世界側も、壁を築くのに手を貸してきた。アラブ・イスラムの指導者たちは、国民の怒りをそらすために、マスコミが露骨にユダヤ人を嫌う記事やホロコーストを否定する記事を載せるだけでなく、アメリカについていてたちの悪い嘘を流すようにしむけてきた。

アラブ・イスラム政権が内密にしか私たちに協力できない理由は、そこにある。アメリカとイスラエルが陰謀を企んでいる、だから自分たちには反省の必要がないのだ、と安易にいいのがれしてしまう。この陰謀説のおかげで、「こんなに信じられないほど原油収入に恵まれながら、大いなる潜在能力を利用できるような社会をうまく建設できなかったのは、どうしてだろう?」と自問することもない。

来週、アラブ・イスラム世界を左右する指導者に数えられるエジプトのホスニ・ムバラク大統領が訪米し、ブッシュ大統領と会談する。おそらく、エジプトは内密にかくかくしかじかの形で、テロと戦うアメリカを支援します、と小声で話があるのだろう。そして私たちも小声で返事をする。しかし、これは私たちが望むものではない。

私たちに必要なのは、ムバラク氏が、ビンラーディン主義に対抗するため、進歩的で現代にあったアラブ・イスラム世界の展望を公的な場で語ることだ。ムバラク氏の指導力により、エジプトがアメリカとともに行動し、過去をひきずるのをやめて、アラブ世界を未来へと導くことだ。そして、ブッシュ氏が、エジプト国民、アラブ社会にむかって——指導者たちにでなく——、アラブ世界の未来はあなたがたのものだ、と話すことだ。

ホスニ・ムバラクよ、ジョージ・ブッシュよ。この壁をうち壊せ。

Column 52

2002.3.6

イスラム教徒はなぜ怒る?

インドにおけるヒンドゥー教徒とイスラム教徒間の衝突では、五四四人の死傷者が出たという。その多くがイスラム教徒である。ヒンドゥー教徒が数百人ものイスラム教徒を殺しても、アラブの新聞の見出しは冷静を保っているのに、イスラム教徒とイスラエル人が互いに殺しあう戦争で、イスラエル人が一〇人ほどのイスラム教徒を殺害すると、イスラム教世界全体が怒りの炎につつまれるというのは、どういうわけだろう。

この問いを持ち出したのは、ぴんぼけの新聞批判や安っぽいアラブバッシングをするためではない。本当に重大な問題なのだ。この数週間、アラブ・イスラム教徒たちに、パレスチナ人がイスラエル人の暴力にさらされる場面を毎晩毎晩テレビで見るとつらい、といわれるたび、私はこう問い返した。「イスラエル人がパレスチナ人に残忍な仕打ちをするといって嘆きながら、その一方で、サダム・フセインが残忍にも二世代にわたり、イラク国民を殺し、恐怖にさらし、毒ガスでいためつけていることには、口をつぐんでしまうではないですか」。まともな答えは、ひとつとして返ってこなかった。

誰も答えられないのは、これがきわめて深いところに根ざしているからだ。イスラム教徒は、自分たちが三つの一神教（ユダヤ教、キリスト教、イスラム教）のうちで最も理想的にして完全な表現であると考えているが、現実には今日そのほとんどが貧しく、抑圧され、発展から取り残されている。問題は、この自意識と現実のギャップからくるのだ。

中東に駐在するアメリカ人外交官が話してくれたところでは、イスラエルは――イラクでもインドでもなく――「自分がいかに無力か、イスラム教徒にたえず思い知らせる存在」なのだという。もしも、キリスト教でもユダヤ教でもなく、イスラム的生活様式が最も理想的な信仰のありかただとしたら、ちっぽけなユダヤ人国家が、軍事的にも経済的にもこれほど力をつけられるはずがないではないか。

ヒンドゥー教徒がイスラム教徒を殺しても話題にもならないのは、ヒンドゥー教徒は一〇億もいて、しかもイスラム教徒の世界には属さないからだ。サダムが国民を殺してもとくに話題にならないのは、アラブ・イスラム世界のファミリー内の出来事だからだ。しかしイスラエル人が集団でイスラム教徒を殺すと、怒りが爆発する。イスラム教徒としての自意識とイスラム世界の現実があまりに乖離していることに、いやでも直面せざるをえないから、といって間違いない。

かねがね、私は、今日のイスラム教徒の怒りはカネがないからでなく尊厳をもてないからだと思っていた。最も怒りが激しいのが、教育を受けたものの欲求不満をかかえたイスラム教徒の若者だというのも、そのせいだろう、と。九月一一日のテロを実行したのも、『ウォールストリート・ジャーナル』記者ダニー・パールを「私はユダヤ人です。母がユダヤ人なのです」とヴィデオで告白させたあと、そののどを切り裂いたとされるのも、同じくイスラム教徒の若者である。だからといって、合衆国の側に何の非もないというつもりはない。私たちももちろん、時には間違いをおかす。しかし、アメリカの政策が正しくないといって自爆テロに走るのはイスラム教徒だけで、メキシコ人も中国人もそんなことはしない。イスラム教徒だけが、どうしてか。アラブ・イスラム世界では、ユダヤ人は自分たちだけでこれほど強くなれるはずがない、イスラエル人が強くてイスラム教徒が弱いのは、合衆国がイスラエルを作り支持しているからだ、といわれているからだろうか。

イスラム世界は、自分たちの感情を正直な目で見つめるべきだ。自分たちがパレスチナ社会に何をしてきたか、人生を謳歌するはずのパレスチナ人の若者が、今ではユダヤ人に対する自爆テロを尊厳ある行為だといってほめたたえている事実から、目をそらしてはならない。不幸なことだ。イスラエル人が土地を占領したのはそのとおりだし、そのせいでパレスチナ人の生活が大きく歪められたのも確かだ。しかし実際には、もしパレスチナ人が「他の選択肢など全く考えずに、非暴力的抵抗によってイスラエル人の占領に反対するつもりだ。そしてパレスチナ人社会、学校、経済を築いていこう」といっていたら、とうの昔に立派な国家になっていたはずだ。しかし、彼らはそうしなかった。自分たちの行動をすべて占領のせいにし、人々の就職口を作れないのも民主主義国家を築けないのも占領されたからだと、ヤセル・アラファトは逃げてしまった。

イスラム教徒の怒りを鎮められるのは、イスラム教徒自身だけだ。しかし西洋は、とくにユダヤ人世界は、その手伝いをしなければなるまい。イスラム教徒の怒りは、イスラエルにとって根本にかかわる脅威なのだから。三つの大きな流れが、今一点に集約しようとしている——(一)イスラエル人とパレスチナ人の間で、史上最悪の暴力衝突が起こる。(二)アラブ・イスラム世界にベビーブームが到来、人口の半分が二〇歳未満となる。(三)アラブの衛星テレビとインターネットが爆発的に普及し、イスラエル人と戦う残虐な映像をアラブ・イスラム世界の新世代に直接送りこむ。一億ものアラブ・イスラム教徒が、もしこうした映像を見て育てば、イスラエルは生きのびてはいけないだろう。

イスラエルがどんな対応をとっても、こうした憎悪は何かしら残りそうだ。とはいえ、イスラエル人が占領地から出て行って、常軌を逸した入植地を放棄したところで、問題は軽減されない、と考えるのは、理屈に合わない。

これはイスラエルが単独でできることではない。しかし、こんな映像でアラブ・イスラム世界に怒りを増殖させないよう、できるかぎりのことをすべきだ。そうすれば、最も激しく反ユダヤ主義を掲げるイスラム教徒は、大事な一手を失うだろう。また、狂信者の怒りが自爆テロをあおると文明全体が潰れることを知っているイスラム教徒(そういう人たちもたくさんいるのだ)に、力を与えることになるだろう。

2002.3.10

Column 53

八個の爆弾

パレスチナ―イスラエルの対立がまた新たな段階を迎え、激しさをましている。これが導火線となって、はるかに大規模な文明間の戦いにつながるのではないか、という感じがする。近頃アラブ・イスラム世界各地に吹き荒れる信じがたい逆風にも、その匂いを嗅ぎとれるのではないだろうか。この風は、さまざまな要素がもとになっている。イスラエル人がパレスチナ人に暴力的にふるまう場面を流し続けるアラブの（一方的な）テレビ映像が、まずそのひとつだ。アメリカはイスラエルを支援してイラクを脅威にさらしている、とアラブが憤慨していること、さらにアラブ人の若者は自由もなく仕事にもつけないために、欲求不満を抱えていることもそうだ。これらすべてが一つに束ねられると、かつてなかったほど激しい反イスラエル・反アメリカ感情となって噴出するのである。

これは危険なことだ。アラブ・イスラム世界では、ベビーブームで人口が増えるとともに、テロを実行することで、アラブ人は現実にイスラエルを倒せる、という信念が強まりつつある。この確信をはじめて語ったのはオサマ・ビンラーディンであったが、パレスチナ人の自爆テロによってさらに精度をまし、今ではヒズボラやイランの過激派がさかんに声援を送っている。過激派の中には、自分たちがアメリカを骨抜きにできると空想するものまでいるのだ。

訪米中のエジプト人役人が話してくれたのだが、最近アラブ人学生に中東和平について話をしたところ、最後までいかないうちに、ある学生が「スーツケースくらいの小さな核爆弾が八個あれば」イスラエル問題は全部きれいに片づきます、といったという。

中東情勢評論家スティーヴン・P・コーエンは、こう語る。「パレスチナ人の過激派が、ビンラーディンにできないことをやろうとするか、つまり文明間戦争を引きおこすつもりがあるのかどうかが問題です。自分の命も数千人もの同胞の命も犠牲にしようというなら、もはやアメリカとイスラエルの力が圧倒的だからといって挫かれることもないでしょう。今は、大多数の人たちがもう一つ別の選択肢にむけて行動を起こすより先に、過激派がこの破壊的な力を現実に示そうとする瀬戸際といえます。イスラエル-パレスチナのこの争いが、単なる地域的民族抗争として放っておけないのは、そういう理由からです。衛星テレビでつながった数百万もの人々がこれに共鳴し、さらに多くの危険な兵器に結びついてしまうのです」

それでも、イスラエル人とパレスチナ人の大多数が、さらにアメリカ人とイスラム教徒もこの戦争を望んでいない、と私は信じている。とはいえ、意見を声高にいわない多数派が反旗を翻す覚悟ができるまで、血の気の多い少数派はしたい放題にするだろう。こういうわけで、私たちに残された選択肢は明らかだ。コミュニティ内部で戦い、イスラエルがユダヤ人入植地の大半を手放し、パレスチナ人がハマスを根絶し、アラブ諸政権が原理主義者をコントロールするようになるか、それとも、最後にはコミュニティどうしで文明間戦争に突入し、アメリカも引っ張りこまれるか、そのどちらかしかない。

しかし、コミュニティ間の戦争が不可避とは思わない。一九九〇年代半ば、イツハク・ラビンはユダヤ人入植者と対立し、代償として命を奪われた。同時期にヤセル・アラファトもハマス問題に取りくみ、アラブ八か国がイスラエルとの通商・外交関係を結んでいる。長くは続かなかったにせよ、イスラエルと穏健なアラブ諸国が、ともに自らが抱える過激派に対して厳しい姿勢で臨もうとしていた。

アブドッラー皇太子が最近示した和平案は、九月一一日以後、地に落ちたサウジアラビアのイメージを回復しようという狙いがみえみえだが、しかしそれだけで片づけるべきではない。私の感触では、もしアラブ穏健派が自分たちの和平案を本気で進めなければ、アメリカとの衝突は避けられないことが、アブドッラーにはわかっているのだろう。アブドッラー案によって、九月一一日以後のアラブ諸国間闘争の幕が切って落されたといえるかもしれない。

アラブ世界内部で戦いが起こり、穏健派が勝利を収めることに私たちは大きな期待を寄せている。それは、サウジの国民などアラブ人がどれだけの勇気を示すかにもよるし、また合衆国とイスラエルがどんな対応を示すかにもよる。ビンラーディンに対してアラブ各地から消極的な支持が集まった現在、アラブ・イスラム世界において誰が穏健派で誰が過激派か、はっきりと線を引くことは難しい。しかし、あえてこの二つを区別し、その区別に従って行動していかなければ——そしてアラブ穏健派にも、是が非でもそうしてもらわなければ——、私たちの先にあるのは、文明間の戦争である。

イスラエル国民や、右派アメリカ系ユダヤ人の中には、これは既に文明間戦争であり、向こうが降伏してくるまでパレスチナ人を殺すしかない、と主張するものもいる。これが「リアリズム」なのだ、という。なるほど、そうかもしれない。しかしリアルなものは、他にもある。お教えしよう——もしイスラエル国民やアメリカ系ユダヤ人の間でこんな頑固な風潮が支配的になったら、イスラエル債を現金化したほうがいい。国の先行きは暗い。殺されたイスラム教徒の数はユダヤ人よりはるかに多く、しかも大量破壊兵器はますます小型化し安価になっているから、先のエジプト人の話に出てきた学生が八個の爆弾のうち一個を手に入れ、イスラエルを地図から抹消する日はそれほど遠くないだろう。

読者の皆さん、これをリアルだと思うだろうか？

2002.3.13

Column 54

持ち上げたはいいが…

エジプト大統領ホスニ・ムバラクが先週ワシントンを訪問したさい、ホワイトハウスの記者会見の席で、サウジアラビアのアブドッラー皇太子が示した和平案がいかに画期的であるかを力説していた。「『われわれにはイスラエルとの国交を正常化する用意がある』と話されるのは、サウジアラビア史上初めてのことです。和平が実現するならば、この点を強調しなければなりません」

ムバラク氏はさらに力をこめてこう語った。イスラム教が生まれた土地であるサウジアラビアの指導者が、英語で、そして自国民に対してはアラビア語で、イスラエルが全面撤退するのと引き換えに「関係を完全正常化する」——通商、観光、大使館の設置ということだ——構えである、と述べるとは、まさに特筆すべきであり、大きな反響を巻き起こしている、と。

けれども、アラブ連盟はアブドッラーの提案どおり受けいれるだろうか。先週末、アラブ諸国の外相が三月二七〜二八日のアラブ首脳会議（ここで、アブドッラーの提言が支持されることになっている）に備え、カイロで会議を催した。そこでアブドッラーの提案について尋ねられたサウジ外相サウド・アル・ファイサルは、イスラエルが一九六七年当時の境界線に撤退し、エルサレムを首都とするパレスチナ国家を作るならば、その見返りに、アラブ連盟はイスラエルに「完全な平和」を提示するのだ、と説明していた。

これを聞いて、私はひっかかるものを感じた。なんだって？　「完全な平和」？　この場合、一言一句がなおざりにできない。アブドッラーは「完全な平和」を提示してはいないのだ。彼がいったのは「関係の完全正常化」であり、この二つは別物だ。ホスニ・ムバラクに聞いてみるがよい。シリアがイスラエルと「完全な平和」を保ちながら、国交を結ばないことも可能だった。サウジアラビアは後退しようとしているのだろうか？　それは断言できない。

断言できるのは、アラブ連盟の中で戦いの火蓋が切って落とされた、ということだ。つまり、シリアはアブドッラーの発言力を弱めようと必死になっている。また当のサウジアラビアでも、アブドッラーが誰にも相談しないまま、インタビューで「正常化」提案を行ったことで、戦いが始まっている。アブドッラーがただ単にうまくPRしようとしたにせよ、実際に現状を打破する意思があったにせよ、人々の視線を集めるためには、画期的印象を与える言葉——「正常化」——を用いなければならないことを、彼は知っていたのだ。しかし注目は集まったものの、今や国内外の保守派が、首脳会談でこの提案が議題に上げられる前に何とかアブドッラーの発言力を弱めよう、と画策している。アブドッラーは保守派のなすがままとなるのだろうか？

現在の戦いは、三つの立場の間で起こっているといえる。一つめはオサマ・ビンラーディンの見解で、イスラム世界には、ユダヤ人国家あるいはほかの「異端者」（とくにアメリカ人）が住む場所はどこにもない、というものだ。

二つめは、シリア人の考え方である。シリア人は、与えるものを減らし——国交、通商、観光は正常化しない、など——ながら、サダトと同じだけイスラエルから譲歩を引き出せることを証明したい、と思っている。

最後の三つめは、エジプトとヨルダンがとりいれた見解であり、アブドッラーもこれに触れたわけだが、イスラエルが本当に撤退し、またイスラエルをユダヤ人国家としてこの地で本当に受けいれて初めて、平和が実現する、とみる。「関係の正常化」という言葉は、この立場で用いられる。

これは重要な戦いである。単なるＰＲか本気の和平提案かという議論を超えた、大きな意味を秘めているからだ。つまり、誰のヴィジョンがアラブ政治を支配するか、という問題である。もしアブドッラーが提案を後退させられたまま黙認しているならば、それはパレスチナ人だけでなく、アラブ人もイスラエルに対して本当の和平を結べない、というのと同じである。したがって、中東ではいかなるユダヤ人国家も受け入れられない——かりに、イスラエルがアラブの要求をすべてみたしたとしても。アラブ世界についていえば、今後の方針を決めるのはビンラーディンとシリアであり、過去をひきずったまま、アラブの未来をみすみす潰し続けるだろう、と予感させる。

アラブ首脳会議前、本当に問題とすべきはこのことなのだ。アラブ人はビンラーディンに対して、他のヴィジョンを示すことができるだろうか。アラブ・イスラム世界は多元主義を進んで受けいれ、ユダヤ人国家を認めようという態度を示せるだろうか。それとも、この地域から「異端者」はひとり残らず追い出されるのか。さまざまな人々との共存を認められないアラブ連盟であれば、さまざまな思想との共存も認めようがない。自分と異質の思想の存在を認められないならば、この先決して発展できないし、西側からもイスラエルからもある意味で孤立したままだ。

イスラエルも、自分たちの役割を果たし、一九六七年の境界線に撤退しなければならない。しかし、もうそろそろアラブ連盟も本気になっていい頃ではないか。サダトも完全撤退を求めた。その要求が通ったのは、彼が何を求めたかではない。はじめにイスラエルに申し出、膠着状態を心理的に打開したからだ。アブドッラー案にイスラエル人がためらっている理由は、「完全正常化」という提示のせいだ。これはもっと前進させる必要がある。それができずに、アラブ連盟が却下するようなことがあったら、一切はむだなたわごととして記憶されるだろう。「なりゆきに注目」というところだ。

2002.3.17

Column 55

リメンバー・マーシャル

アメリカが今日と同じように圧倒的な力で世界を支配したのは、近いところでいうと、第二次世界大戦の後である。当時のアメリカが、今日と違い、世界中から怒りを招かなかったのはどうしてだろう。ひとつには、他の国が、当時手も足も出ない状態だったからといえる。しかし、もっと重要なのは、当時のアメリカがみずから責任をとって、世界をより安全な暮らしのできる、より住みやすい場に改善しようとしていたからである。マーシャル・プランなどでわかるように、多くの資源をそのためにつぎこんだのだ。

九月一一日のテロ以降、ブッシュ・チームは世界をより安全な場所にするべく力を傾けてきたが、しかし、健康面、経済面、環境面で改善することには、ほとんど関心を示さなかった。その結果、アメリカ人にとって世界が前より安全な場所になる可能性は、きわめて薄くなっている。

そういうわけで、木曜日にブッシュ大統領がスピーチの中で、貧しい国々への支援を五〇億ドル上乗せする、と発言したことは意義深い。ブッシュ政権にとって実質的な前進であるのみならず、心理的にもそうした効果が期待できるだろう。大統領は、テロを経て、世界が根本的に変化した、とよく口にする。それなのに、九月一一日のショックをうまく利用し、アメリカが前進するには、テロ前に自分がとっていた昔ながらの政策しかない、という主張を繰り返しているのだ。あのテロのせいで、富裕層の税金をさらに軽くし、絵に描いたようなミサイル防衛（そんなものを作っても、九月一一日には役に立たなかっただろう）のためにいっそうカネをつぎこみ、防衛費を増やし、荒地からもっと原油を採掘しなければならない、というわけだ。

九月一一日のテロから引き出せる最も明白な結論は、世界各地のテロと戦うには、単なる防衛戦略だけでなく、新たな多次元的戦略が必要である、ということである。しかし、これはブッシュ氏にとって何より好ましくないものだったようだ。彼の木曜日のスピーチが歓迎されるべき理由はそこにある。

ところが、だ。私たちにはもはや隠れる壁がないこと、ひとつひとつのものが他のあらゆる事柄に結びついていること、地球規模の同盟国なしにはテロとの戦いに勝てないことをブッシュ・チームが理解していなければ、せっかくのスピーチも意味がない。さらに、地球規模で同盟国を得るには、マーシャル・プランの理念にそって私たちが行動すること、つまり、ひたすら自国の利益を追求するのでなく、世界について十分な理解をもったうえで自国の利益を考えることが必要である。戦後マーシャル・プランを立案した賢人たちが、アメリカに従うように他国を説得できたのは、アメリカの力のせいだけではない。私たちの知恵と高い道徳が尊敬されたからこそだ。

九月一一日のテロリストたちは、貧しいから私たちを攻撃したのではない。しかし、数百万もの貧しい人たちがこれらテロリストに消極的な支持を寄せるのは、アメリカがカネにうるさく、しかもひどい政権を支持していることへの不満がたまっているからである。だからこそ大統領が、外国への支援を増やすには、当該国の統治体制の改善、法の支配、社会的安全網、投資環境、反腐敗慣習が条件だ、といった言葉は、重要な意味をもつ。

外国に対して選挙を強制するわけにはいかないが、経済援助を用いて、発展途上国が国民の声をもっと聞き、法の支配を進め、国民にとって本当の優先事項である経済的公平性を高めるよう、圧力をかけることはできる。考えてみてほしい。イスラム教が今日これほど不機嫌な宗教にみえるのは、あまりに多くのイスラム教徒がいらいらしているからだ。イスラム教徒がこれほど怒っているのは、アメリカの支援を受けた反民主主義政権下、経済が立ち遅れたせいで、若者にとってのチャンスは狭まるいっぽう、という状況で生活している人が大半だからだ。

ただ援助をすればいいというのでなく、できるかぎり多くのイスラム教国と自由貿易協定を結ぶ必要もある。世界経済フォーラムで、ある専門家が「イスラム教国は世界人口の二〇パーセントを占めるのに、世界貿易に占める割合は四パーセントにすぎない」と指摘した。モノをやりとりすれば、思想もやりとりされる。イスラム世界の中で最も開かれ、思想的に寛容な都市は、ドバイ、イスタンブール、バーレーン、アンマン、ベイルート、ジャカルタ、インドの沿岸都市など、みな貿易の拠点ではないか。

十分な理解を踏まえたうえで自国の利益を追求する、といったが、他に対して寛容にふるまうだけでは十分でない。自己抑制も大事なポイントだ。京都議定書をアメリカも批准するように考えるべきである。そうすることがまっとうである、というだけでなく、アメリカも参加すれば、世界に対して非常にポジティヴなサインを送ることになるからだ――「アメリカは、地球規模でテロと戦うにあたって不変の同盟国を求めるならば、自ら最良の地球市民とならねばならないことをちゃんと理解している」というメッセージが、他の国々にも伝わるに違いない。世界人口に占める割合は四パーセントにすぎないけれども、私たちには世界中のエネルギーの二五パーセントを消費する権利がある、といわんばかりのアメリカの態度は、非難されてもいたしかたない。わがまま勝手でそのうえ傲慢となれば、最悪である。

もし私たちの味方にならないなら、それは敵になるということだ、とブッシュ氏は世界に向かって何度もいってきた。しかし、このことも忘れてはならないだろう――世界の国々も、それと同じことをアメリカにいっているのだ。

2002.3.20

Column 56

単刀直入に…

お話ししなければならないことがあります。

どうぞお座りください。はい、いいでしょう。回りくどい話はしたくありません。単刀直入にお話しします。アメリカがイラクを侵略したいにせよ、他の地域でどうするにせよ、アフガニスタンとイスラエル両国周辺に無期限でアメリカ軍を駐屯させる用意がなければ、この先うまく中東政策を進めていくことはできないでしょう。

いや、頭がおかしくなったわけではありません。

非常に簡単な理屈です。イスラエル－パレスチナとアフガニスタンの両地域を安定させられないかぎり、アメリカがイラクでサダム・フセインを潰すといっても、周囲から持続的に支援してもらえるとは思えません。アフガニスタンをスイスのような国家に変えるべきだ、というわけではないのです。新しいアフガニスタンを、タリバン政権下と比べて少しはぐらつかないように、いくらかでもまともで、こころもち繁栄した国にすればよいのです。その最低限の水準がクリアできないならば、私たちがイラクを叩く合法性もなくなりますし、信頼も支持も得られないでしょう。

私たちが尻ごみしていると、アフガニスタンはあっというまに九月一一日以前の姿に逆戻りしてしまいます。あるいは、それより悪くなるかもしれません。そしてこのアフガニスタンの問題が私たちにとってこの先も頭痛の種となり、いつまでもアメリカの反テロキャンペーンの足を引っ張るでしょう。新生アフガニスタンを以前よりもいくぶんよい状態にするには、アメリカ軍がアフガニスタン政府にてこ入れし、同盟国による平和維持軍の舵取り役となるしかありません。これだけいえば、もう十分でしょう。

同じことがイスラエル－パレスチナ問題にもあてはまります。ここで私たちが抱えるディレンマとは、こういうことです。イスラエルが占領地にとどまりながらユダヤ人の民主国家であり続けることはできないけれども、とはいえイスラエルが撤退したところで、パレスチナ人が自分たちだけでこの地域を治められるかどうか、不安が残る。ヤセル・アラファトに、安心してご近所の警備を任せられますか？

ですから、この問題を解決するには、イスラエルがヨルダン川西岸・ガザ地区から徐々に撤退し、そのあとをアメリカ－パレスチナが共同で結成する治安部隊が引き継ぐ、これしかありません。パレスチナ側は責任をもって国内治安にあたる。アメリカ－パレスチナ合同治安部隊はあらゆる国境と国外との通路を取り締まり、重火器の輸入を水際で防ぐとともに、パレスチナ国家がイスラエルに対する軍事作戦の基地にならないようにチェックする。エルサレム最大の要注意地点、「神殿の丘」は、アメリカ軍が守るのがよいでしょう。そしてパレスチナ人とユダヤ人は、それぞれのモスク、聖地に主権を有し、管轄するわけです。

イスラエルとパレスチナには、この問題を両者だけで解決するために必要な手段も、信頼関係もありません。オスロ合意が破綻する前から、そうだったのです。アメリカとしては、両者が殺し合うのをこれ以上放っておくわけにいきません。というのも、このままにしておいたら、中東におけるアメリカの立場全体が危うくなってしまうからです。イスラエルが自衛のため行動を起こせば、イスラム教徒はますます私たちを非難するでしょうから。こうしているうちに、自爆テロリストが続々と放たれ、アメリカの戸口に着陸しようとし、アメリカがサダム政権を覆すこともできなくなるでしょう。

イスラエルはただひたすら軍事行動を起こしてパレスチナ人を根負けさせよ、そうすれば何もかもうまくいく、と考える人もいますが、この数か月のなりゆきについて考えてほしいと思います。戦闘でイスラエル製戦車が二台、パレスチナ製ながら性能のよい地雷によって爆破されました。戦車の最も弱い部分を的確につかれたことは、イスラエルの将官たちにとって大きなショックだったはずです。

タカ派の論客は、イスラエルとパレスチナ間で軍事摩擦がエスカレートすると、パレスチナ人の軍事技術が高まるということが、わかっていません。これは、レベルの違う二つの軍隊が長期戦を行う場合、よくみられる自然現象といえます。レバノンのみすぼらしい民兵であったヒズボラと、イスラエルとの摩擦が長期にわたった結果、ヒズボラの軍事技術は相当向上しました。死傷者数の割合も、ヒズボラとイスラエルで一〇対一から一対一となり、ヒズボラはイスラエルに対して何の合意もなくレバノンから強制的に撤退させることができるほどになったのです。

イスラエルはいつまでもパレスチナ人を殺し続けるかもしれませんが、これでは難問の解決になりません。つまり、イスラエルが西岸・ガザに留まったままでユダヤ人の民主主義国家であり続けることはできないし、かといって、そこを離れるだけではユダヤ人民主主義国家として生き残れないでしょう。安全に西岸・ガザを離れるには、アメリカ軍がイスラエルとパレスチナ両方の境界を守ることが不可欠なのです。そしてこれは、パレスチナ人が国家を手に入れる唯一の方法でもあります。アメリカにいるユダヤ人が本当にイスラエルのことを考えているならば、アラブの指導者が本当にパレスチナ人のことを考えているならば、イラク問題のタカ派がサダムを追放したいと思っているならば、ブッシュ大統領がこの提案をするようにせっつくべきでしょう。

どうか席を立たないでください。

2002.3.24

Column 57

「オサマ・ビンラーディンは（単なる）テロリストではない」説

アメリカ移民帰化局が、九月一一日のテロのリーダー格であったムハンマド・アタとマルワン・アルシェッヒのヴィザ申請を認める、とする書面を送り、テロから半年後、その書状がフロリダ航空学校に届いた、という。この事実は、なかなか象徴的である。そうですか、と聞き流すわけにはいかない。

「象徴的」といったのは、私たちが九月一一日について最も重要な真理をいくつか忘れつつあるからだ。なぜ慣性航法装置（ＩＮＳ）を使用しなかったのか？　九月一一日は、きわめて新しい種類の脅威であった。単なるテロとは片づけられない。

本当のテロリストは、人をたくさん殺したいとは思わない。むしろ一定の暴力を無差別に用いて、つまりハイジャックという手段によって騒ぎや恐怖を引き起こし、自分たちの大義に世間の注意を引きつけようとする。最終的にはひとつの目標をかなえるべく、政治・外交的圧力をかける狙いがあるのだ。

したがって、オサマ・ビンラーディンは単なるテロリストではない。彼の野望ははるかに大きい。国民国家における地政学的目標と直覚力のすべてを備えた、不機嫌な超権力人物である。そのビンラーディンが暴力を用いるのは、マスコミの注目を集めたいからではない。アメリカ人をできるだけたくさん殺し、それによってイスラム世界からアメリカ人を駆逐するとともに、アメリカ社会を弱体化しようと考えているのだ。だから九月一一日のハイジャック犯は、一般のテロリストと違って何も要求を残さなかった。彼らの行動それじたいが要求であった。つまり、完全なる勝利を私たちに求めたのである。

不機嫌な超権力人物ビンラーディンは、どうして超大国に挑むことができたのか。アメリカに匹敵する独自のミサイル発射システムを見事にこしらえるだけの力があったからだ。私たちのミサイルはコンピューターで誘導される。これに対して、ビンラーディンのミサイルは人間が誘導する。——航空機をハイジャックし、ターゲットに突っ込むことに何の躊躇も感じなかった、教育ある一九人のアラブ人若者たちのことだ。しかし、頭においておかなければならない。九月一一日は、あれ以上の惨事になったかもしれなかった。ビンラーディンが擁する人間ミサイルのうち、誰かが核爆弾をもっていた、という可能性もあったのだ。そうならなかったのは、たまたまハイジャック犯の手に入らなかったからでしかない。

これから考えると、九月一一日のテロに対するアメリカがとるべき長期的戦略は、二つの部分から捉えるべきだろう。第一に、一九人のテロリストの人間像と彼らがリクルートされた経緯を、きっちりと把握することだ。彼ら人間ミサイルは、一体どのようにして組みたてられたのか。第二に、あらゆる核・生物兵器にできるかぎり厳重な規制をかけるべく、地球規模で徹底的に努力することである。

ハーヴァード大学の戦略評論家グレアム・アリソンはこう語る。「歴史的にみて、人々が個々に怒りを感じても、それが行動に直結するわけではありませんでした。しかしテクノロジーが発達し、進んで自爆テロを起こして命を捨てようとする人々もいる今では、本当に怒ったら、ふさわしい道具が手に入りさえすれば、数百万もの人々を殺せるのです。彼らの気持を一晩で変えようとしても無理ですが、怒りを私たち全員への脅威に変えうる道具が、フォートノックスの金塊貯蔵庫並みの厳重な管理下におかれるように、きっちり手段を講じることはできます」

つまり、アメリカはロシアと協力して、兵器の貯蔵・管理にもっとエネルギーと金をつぎこむべきだ、ということである。この両国で世界の核・生物兵器の九九パーセントを所有しているからだが、ロシアの後は、中国、インド、パキスタン、イラン、イラクに注意をふりむけていかねばならない。ところがブッシュ・チームは、イラクにばかり気をとられているようだ。もちろん、イラクが問題でないというつもりはないけれども、私にいわせれば、問題事項のトップにはこない。

娘たちの将来を思いめぐらすとき不安を感じるのは、サダム・フセインのせいではない。彼は人殺しの独裁者であるが、従来の手段で抑えることもできるし、追いだすこともできる。そうではなく、本当に不安なのは、一九人のハイジャック犯が何者か、私たちがまだ理解していないという事実である。この半年の間、ほとんど毎日のようにパレスチナ人の男女が——宗教的でなく世俗的な人がほとんど——腰にダイナマイトを巻きつけてイスラエルのターゲットに飛びこみ、自爆したという事実である。家族やわが身の未来を愛するよりも激しく私たちやイスラエルを憎む若者を、どうして思いとどまらせることができるだろうか。

この傾向をただすには長い時間がかかるだろうし、外交面で対応することも必要だろう。が、彼らが自爆テロを実行できないよう制限をかけることは、今でもできる。この問題に関心をもつべきは私たちだけではない。もし自爆テロが「普通」になったら、アラブ政権も永らえることはできない。自爆テロなどにより、一般の人たちが、自分には力があると感じるようになったら、異端者を攻撃するだけで終わりにはならないだろう。今度は独裁者に矛先を向けるはずだ。もし自爆テロが「普通」になれば、パレスチナ人にとっても、とんでもないことになる。国のなりたちにかかわる問題であるし、自爆テロによって生まれた国家は永遠に奇形のままだ。

そして、この統合された世界で、自爆テロが「普通」になったら、私たちの子どもも影響を受ける。その場合、イラク問題はまるでお気楽にみえるだろう。

2002.3.27

Column 58

「言論の自由」は難しい

なかなか興味深い道徳的ディレンマを体験した。先週、サウジアラビアとエジプトの友人からそれぞれEメールをもらった。サウジ人判事の汚職を激しく攻撃する詩を書いたため投獄されたサウジ人詩人について書いてみたらどうか、といってきたのだ。

このサウジ人詩人アブドルムフシン・ムサッラムが、『アル・メディナ』紙（三月一〇日付）に発表したのが「大いなる腐敗」という問題の詩である。「悲しいことに、イスラム世界では、自分の銀行預金とお上の覚えしか眼中にない判事がおり、正義が傷つけられている」。そして吃驚するほどストレートな口調で、こう付け加える。「判事の髭には血のりがついている。一〇〇〇人もの暴君を甘やかし、自分も暴君の言葉にしか耳を貸さない」

この詩のおかげで、ムサッラム氏がサウジ内相によって監獄送りになっただけでなく、編集長ムフタル・アル・ファルもくびになった。では、私のディレンマとは？　私は言論の自由には全面的に賛成、のはずだ——とくにサウジアラビアでは。

しかし、そう結論を急がれては困る。先日サウジアラビアを訪問したとき、偶然くだんの詩人に会い、ほかの話も聞くことができた。以前のコラムで、サウジアラビアのある新聞社に行ったが、今のあらゆる問題は「ユダヤ人がアメリカを牛耳っている」ことが原因だ、といわれ席を立った、と書いた。覚えている読者もあるかもしれない。その新聞こそ『アル・メディナ』であり、私にこのせりふをぶつけた人間が誰あろう、ムサッラム氏だったのだ。(代わりに謝罪してくれた編集長は、いい人だった。復職できることを願っている。)

それで、どうしたらよいか?

ムサッラム氏の釈放をサウジ人に求める、これしかないだろう。彼のためではない。一篇の詩を怖がっている政府というのは、みずから不安定であること、専制的であることを露呈しているからだ。詩人の告発には何らかの対応が必要だが、監獄に入れるべきではない。

ところが、この出来事によって、さらに大きなディレンマが浮きぼりになる。現在ベイルートで開催中のアラブ首脳会議に出席した指導者二二人のうち、自由で公正な投票で選ばれた人間は一人もいないのだ。専門家の中には、こんな疑問を投げかけるものもあるだろう。「この地域に、民主主義と言論の自由を促進したいなんて、どうして私たちに思えるだろうか。選挙をしたら選ばれそうな人間、あるいは言論が自由になれば存分にものを書けるだろう人間の多くが、信じられないほど強い反米感情を抱いていることがわかっているのに」。結局、エジプトのホスニ・ムバラクやサウジアラビアの王族のすることなすこと気に入らないにせよ、私たちからみれば、大半の国民よりもリベラルだし、親米的ではないか。

なるほどそのとおりだ。しかし、九月一一日のテロによって、私たちは、彼らをあてにすることがいかに危険か、思い知らされた。アラブ指導者を親米側にひきこむことはできたが、その代償として、国民は憤慨し、しかし発言を奪われ、政治腐敗に欲求不満を募らせるあまり、政権にもアメリカにも、怒りの矛先を向けている。政権が国民に、アメリカ・イスラエルだけを攻撃する言論の自由を与えることで、アラブ諸国は安定しているのだ。

『アル・リヤド』紙は、最近あるサウジ人「教授」による記事を載せた。教授は、ユダヤ人の祝日用菓子は、キリスト教徒あるいはイスラム教徒の若者から「血を抜」いて作る、と断言している。しかし、編集長はくびにならなかった。今のところ、アラブの新聞で自由に意見を述べようとするならば、イスラエルとアメリカを非難するか、政権を賞賛するか、そのどちらかしかないといっていい。このことで、政治的議論全体が歪められている。

スタンフォード大学の民主主義評論家ラリー・ダイヤモンドは語る。「政治的開放以外に、アラブ世界のディレンマを解決する方法はありません。とはいえ、今選挙を実施すればそうなるというわけではないのです。経済を改革すると同時に、きちんとした管理下で政治を開放し、法制度の支配を重んじる中流階級を生み出すことが必要です。俯瞰的見地に立って、少しずつ政治に多元主義を取り入れていかなければいけません。権力を保険代わりにとっておこうとする政権に対抗して、権力を手に入れるため、責任をもちつついずれ戦える集団を作ることが目標です」。

同感である。このように閉ざされた社会の扉を開くと、土牢からこうもりが飛び出してくるように、妙なものが噴き出すものだ。たとえばポーランドとロシアの場合、まっさきに飛び出してきたこうもりは、狂信的な超ナショナリストの大統領候補、スタニスラフ・ティミンスキとウラジーミル・ジリノフスキーの二人であった。しかし民主主義が普及し始めてまもなく、二人とも姿を消した。ちゃんとした選択肢があるならば、普通は、まぬけな連中に支配されたいとは誰も思うまい。

確かに、過渡期というものは気が抜けない。事態が悪くなることだってある。セルビアをみればいい。しかしこのリスクをおかす甲斐は十分にある。周囲の状況が大きくものをいうからだ。人々の生活する状況を変えれば、何もかも変えることができる。現在のアラブはというと、やはり私たちが満足できる状況からはほど遠い。

2002.3.31

Column 59

嘘は地球を…

現在イスラエルとパレスチナの間で繰り広げられている戦争がこの先どうなるか、アメリカ人ひとりひとりの安全にとって、ひいては全文明社会にとって、これはきわめて重大である。理由は非常に単純だ。パレスチナ人は政治目的を達成するため、自爆テロリスト——ダイナマイトを身体に縛りつけ、外見はイスラエル人風——も含めて、全く新しい兵器を実地に試しているから。しかも、その実験が結果を出しているからである。

イスラエル人は恐怖におののいている。パレスチナ人は、この戦略のせいで社会が衰弱してしまったにもかかわらず、力が増したように感じている。イスラエルとわたりあえる兵器をやっと手に入れた、これでイスラエルを倒せるのではないか、といい気分だ。ハマスの指導者のひとりであるイスマイル・ハニヤは、『ワシントン・ポスト』で、イスラエルはパレスチナに弱点をみつけられ逃げ回っている、と述べた。ユダヤ人は「どの民族より生命を愛し、なるべくなら死にたくないと思っている」。だからユダヤ人と戦うには、パレスチナの自爆テロリストがうってつけである。なんとも気味の悪いいい分だ。

パレスチナは、イスラエルの占領が原因で自暴自棄になり、そのために自爆テロを選んだわけではない。このことを、世界は理解しなければならない。自暴自棄になったから、なんてまっかな嘘だ。どうしてそういえるか？　そもそも、世界に自暴自棄になっている人たちは大勢いるが、ダイナマイトを巻きつけて歩き回ったりしない。もっと重要なのは、クリントン大統領の和平案をパレスチナ人が受けいれれば、「自暴自棄」の原因となったという占領に終止符を打てたのに、ヤセル・アラファトは席を立ってしまった。それ以上に重要なことがある。パレスチナ人はずっと前から、自爆テロに代わりうる別の戦術を持っていた。ガンジー風の非暴力的抵抗がそれだ。もし非暴力的運動を展開し、イスラエルの一般大衆の良心に訴えていたら、三〇年前にパレスチナ人国家が生まれていただろう。しかしパレスチナ人はそれも拒んできた。

パレスチナ人がこれら自爆テロ以外の方法を選ばなかった理由は、実のところ、血で血を洗う戦いで独立を得たいと思っているからだ。彼らがコミュニティとして同意できるのは、何を壊すかという点であって、何を作りたいかではない。アラファト氏が、どういった教育制度や経済政策がよいか、あるいはどんな法律が望ましいか、などを語ったのを聞いたことがあるだろうか。まさか。アラファト氏にとって、パレスチナ人国家の中身はどうでもいい。興味があるのは輪郭だけだ。

はっきりいってしまおう。パレスチナ人が自爆テロを行うのは、自暴自棄になったからでなく、戦略としての選択なのである。そしてこの自爆テロが、世界全体をも脅威にさらしてしまう。イスラエルで自爆テロが効果を上げげたら、ハイジャックや航空機爆発と同じように、模倣事件が繰り返されるだろう。その結果、核装置を身体に縛りつけた自爆テロリストによって、全世界が恐怖の底に沈むことになる。だからこそ、パレスチナ人の自爆テロ戦略は挫かれねばならないのだ。

しかし、どのようにして？　この種のテロを抑えこむには、コミュニティじたいが歯止めをかけ、拒否するしかない。外国の軍隊では、喜んで命を捨てようとする人たちを思いとどまらせることは不可能だ。パレスチナ人コミュニティに自己抑制させるには、どうしたらよいだろう。第一に、イスラエルが、テロは結局損であることを見せつけるような軍事的打撃をパレスチナに与えることだ。

第二に、今度はアメリカが、自爆テロはイスラエルだけの問題ではないことを言明することだ。それには、「パレスチナ人ナショナリズムの合法性は尊重するけれども、パレスチナ指導部が自爆テロを容認するかぎり交渉相手とみなさない」と宣言すべきである。さらに、自爆テロリストをマスコミが「殉教者」扱いするようなアラブ国の指導者をまともに歓迎しない、といい切ろう。

第三に、イスラエルは、パレスチナがインティファーダ以前のクリントン提案を拒否したところから、交渉を再開しよう、と呼びかけなければならない。交渉が再開されれば、占領の終結とパレスチナ国家の誕生まで、あと一歩だ。

イスラエルの政治理論家ヤロン・エズラヒは、こう語った。「スペイン内乱は、第二次世界大戦前に大国が新兵器を試す舞台でした。今日のイスラエル-パレスチナ間の対立は、二一世紀のスペイン内乱といえるでしょう。自爆テロが解放のための戦略として使えるどうか、大変な実験が行われているのです。これは成功させてはなりません。それには、軍事戦略だけでは不十分です」

パレスチナ人は被害者意識のかたまりとなり、怒りで理性をなくしている。文明とは自分の命をはじめ人間ひとりひとりの生命を神聖とすることから成り立つ、という基本的な真理を見失っているのだ。もしアメリカが彼らの狂気にブレーキをかけ、本性をあばくことに力を傾けないならば、自爆テロは世界中に広まってしまうだろう。悪魔は中東で踊っている。そして踊りながら、私たちのほうに向かっている。

2002.4.3

Column 60

目をそらすな！

中東で恐ろしい事態が展開しつつある。オサマ・ビンラーディンが九月一一日に実現できなかったものが、今やヨルダン川西岸におけるイスラエル－パレスチナ戦争によって、鎖から放たれようとしているのだ。文明間の衝突である。

自爆テロが繰り返された後に、イスラエル軍が西岸地区で攻撃に出たとしても不思議ではない。他の国でも同じ対応をとっただろう。しかしアリエル・シャロンの作戦が成功するのは、イスラエルができるだけ早く安全に占領地を手放すべく計画されている場合だけだ。イスラエルがめざすのは、一九六七年の戦争で得たこれらの占領地からの撤退でなければならない。そうでなければ、一日も平和になることはないだろうし、世界各地のテロと戦うというアメリカのまっとうな努力も骨抜きになってしまう。私が恐れているのは、イスラエルが撤退する状況を作ろうとしてでなく、西岸の入植地を維持するために、シャロン氏がアラファト氏を追い払いたがっているということだ。

ブッシュ大統領は、アメリカがここで何か非常に危険なものに引きこまれないように、注意する必要がある。ブッシュ氏が、「パレスチナの自爆テロは常軌を逸している」と非難したのはそのとおりだが、イスラエルの対テロ戦争は入植地から出て行くための現実的な計画とセットでなければならない点については、明言を避けている。

どうして？　他の主役たちもそうだが、ブッシュ大統領も、この対立の中心にあるディレンマに直面したくないのだ。というのは、イスラエルは西岸・ガザ地区から出て行かなければならないけれども、その一方で、今のパレスチナが単独でこの土地を治められるか、イスラエルに対する将来の作戦拠点とならないかというと、確信がもてない。こういうわけで、国外の軍隊が国境地区の安全を守るために介入する必要が出てくる。そのとき任せられるのは、合衆国かＮＡＴＯしかないだろう。

過ぎ越しの祭を祝うイスラエル人を、自爆テロで爆破し、「占領を終わらせれば、何もかもうまくいく」と宣言するパレスチナ人は、信じるにあたいしない。まともなイスラエル人なら、ヤセル・アラファトを信じないだろう。アラファトは、自分の目的にかなうときは自爆テロリストを使うが、西岸地区を取り戻し、自分の国民がテルアビブを要求し始めても同じ行動はとらないだろう。

「イスラエルが段階的に撤退した後で、パレスチナ人国家が徐々に形をなし、国連が合衆国とＮＡＴＯ軍に委託して、パレスチナの管理と国境の取り締まりをさせること、解決策はそれしかありません」というのは、中東情勢評論家のスティーヴン・P・コーエンである。

合衆国軍がパレスチナに入ったら、ベイルートの合衆国軍のように攻撃されるだろう、という人もいる。しかしそうだろうか。合衆国軍はパレスチナ人国家誕生を助け、イスラム教徒がエルサレムにおける聖モスクに対する主権を取り戻すよう監督するのだ。新しいターゲットでなく、中東における合衆国政策の矛盾をすべて解決する鍵となるに違いない。

しかし、アラブ指導者たちはこの厳然たる事実からも逃げようとする。合法的選挙によらない独裁者がほとんどであり、公的な場でパレスチナ人に真実を話すのを怖れているのだ。アラブ指導者たちはシャロン氏と同様に不誠実である。シャロン氏は「テロ」を終わらせるだけで占領地が平和になるだろう、という。アラブ指導者たちは、「占領」を終わらせばテロがすべて終わるという。

シャロン氏のように、アラブ指導者も事実に直面する必要がある。占領は終わらせるべきだが、イスラムの名のもとで自爆テロが行われるという問題について、それぞれが取りくまなければならない。マレーシア首相マハティール・ムハンマドが、勇敢にも自爆テロについて「不愉快に思えるかもしれないが、われわれイスラム教徒が権利のために戦う際には、理性のある民族であり、テロという手段をとらないということを、世界に示さなければならない」と宣言したのはよい例だ。

もしアラブ指導者たちが、イスラエルの行動を非難する勇気しか持ちあわせず、腐敗しきって地に落ちたパレスチナ人指導部を告発したり、イスラムの名のもとで行われる自爆テロを公然と非難したりする勇気がなければ、何の結果も得られないだろう。

事実に直面したがらない人たちはほかにもいる。無責任なユダヤ系アメリカ人指導者、原理主義キリスト教徒、新保守派などだが、こうした連中のおかげで、合衆国政府の誰かが真剣にイスラエルの入植を止めたらどうかと持ち出すと、反イスラエルだと攻撃されてしまう。今ではシオニスト計画全体をおびやかしている、イスラエルの占領がずるずる延びているのも、彼らのせいなのだ。

それでわかるだろう。勇気ある指導者が互いに手を組み、イスラエルは占領地を放棄すべきだが、合衆国-NATO軍の助けなしには即座に出て行くことはできない、と認めるか、そうでなければオサマが勝つ——文明間の戦争は、あなたのすぐそばまで近づいている。

Column 61

線は太く、濃く

2002.4.7

イツハク・ラビンが暗殺されてまもなく、私のもとに、あるイスラエル人女性からのEメールが届いた。悲痛な心持をあちこちの友人に書き送っていたようだ。コンピューターの前に座り、「ラビン」のファイルを分類したが、それが済んだところで、このファイルをセーブしようとしたのだという。すると、コンピューター画面に「ラビンをセーブしますか」という問いが自動的に表れた。キーにタッチするだけで「ラビンをセーブ（救う）」できたら、と心から思いました――、と彼女はメールで書いていた。

中東の友人から届いた怒りのメールにすべて目を通したとき、思い出したのは、彼女のことだった。これほど両極端な状況を経験したことはなかった。ヨルダン川西岸地区からテレビが中継され、人々の反応をインターネットが即座に伝えることで、両側の怒りは火山が噴火するように高まり、中東からヨーロッパへ、さらにその先まで、溶岩のように流れ出ている。「リターン」キーがあれば、それを叩けば狂気じみた事態になる前の段階に、私たちが戻れるならば、どんなにいいだろう。こう思わずにいられなかった。

しかし、いつでもこんなふうになったわけではない。一九七〇年代後半以降、イスラエルはエジプト、ヨルダン、さらにはパレスチナ人とも長い年月にわたる平和（といわないまでも、平穏）を享受してきた。この間、みなが共有していたものがある。基盤として、互いに、相手との間に明確な境界線を引き、自分を守ろうとしている——国境、道徳の区分線、そして未来へ続く道筋も。

オスロ合意が徐々に崩壊したのは、この線があいまいになってきたからだ。イスラエルは一方で平和を築き、その一方でヨルダン川西岸とガザ地区でユダヤ人入植地を作り続け、そのためパレスチナ人は、「和平」という名のもとにイスラエルの住居空間ばかりがどんどん拡大し、自分たちの住む場所は縮小しているように感じるようになった。

アリエル・シャロンはこれら入植地を作り、境界線をあいまいにした張本人である。「ユダヤ人はどうして、どこに住むことも許されないの？」という無意味な呪文によって、ユダヤ人の権利がいつでもこのことを正当化してきた。ユダヤ人はどこにでも住める権利をもつべきか否かが問題なのではない。聖書に書かれたイスラエル中、いたるところに住むことが賢明かどうか——おかげでパレスチナ人が自分の国家をもつチャンスは減る——である。

しかし、オスロ合意がうまくいかなかったのは、パレスチナ人が英語で和平を語りながら、モスクや学校教科書では、アラビア語でイスラエル人に対する敵意を強めていったからでもある。

そして、イスラエルという国を抹消するようなパレスチナ国家の未来地図を描きつづけた。最近、パレスチナ人のイスラエルに対する怒りがつのるあまり、自己欺瞞ともいえる主張をしはじめている。イスラエルが占領したのだから、パレスチナは解放のためにどんな戦術をとっても許される。民間人を自爆テロに巻き込んでも正当化される、というのだ。自爆テロをしていながら、正常な国家を作ることはできない。

ブッシュ大統領の先週のスピーチは、アメリカが果たすべき役割、つまり境界線をはっきりさせる、という役割を明確に述べたという点で、とくに重要であった。まずイスラエル人に対しては、どれだけたくさんの入植地を作ろうが、和平交渉は必ず一九六七年当時の境界線に基づかなければならない、といいきった。同時にパレスチナ人に対して、自爆テロリストは「殉教者ではない。殺人者である」と明言したのだ。

しかし、ブッシュ氏は中間に線を引いたわけではなかった。シャロン氏に対してよりもアラファト氏に批判的である。アラブ人が一貫して無視したがってきたこと、つまりアリエル・シャロンがまったく関係のない外野から来たのではないことを、彼は知っている。シャロン氏が選ばれたのは、アラファト氏がパレスチナ人国家を作る、願ってもないチャンス（クリントン案）を捨てた直後のことだった。アラファト氏は、イスラエルから譲歩を引き出すために、外交や非暴力作戦を用いず、軍事的圧力をかけることをあえて選んだ。そこでイスラエルは復讐として、シャロン氏を選んだのだ。この前後関係はきわめて重要であって、ブッシュ氏はそれを無視しようとはしなかった。

こんなふうにおかしくなった境界線をアメリカが断固として引きなおす。私たちに望めることは、それしかない。そうしなければ、双方の社会で、まともな中心部分と過激派の区別がすっかりぼやけてしまい、強硬論者が一切を動かすようになるだろう。

いつでもそんなふうにはいくわけではない。一九九五年、アンマンで行われたアラブ-イスラエル経済サミットに参加したことがある。私の席は、イスラム代表団の真上にあたるマスコミ傍聴席だった。クウェートからの代表者がたまたまイスラエル席に座り、ぐるりをイスラエル人に囲まれてしまった。私が上から眺めていると、目に入ったのは、アラブ風頭布の隣に、正統派ユダヤ教徒の小さな頭布が並ぶ様子だけだった。この図は決して忘れられないだろう。

ぼやけてほしいのは、この境界線だけだ。イスラエルの中心とアラブの中心が、両者の中間でともに力を合わせるようになること。しかしそのためには、国境線と道徳の境界線を回復しなければならない。コンピューターに「線を挿入」というキーがあったら、私はすぐにでも叩くだろう。

Column 62

2002.4.17

サダト役は彼しかいない

コリン・パウエルが中東に赴き、殺戮をやめさせようとして、それで事態がどう変わるだろうか。そう……まずモロッコの少年王に当惑し、そのあとイスラエルに着くと、ヒステリックな『エルサレム・ポスト』社説が、パウエルはアリエル・シャロンやその内閣の右翼のように物事をちゃんと見ていないから、「失敗を運命づけられている」と書きたてるだろう。パウエルがエルサレムに到着する前でさえ、ヤセル・アラファト夫人が（パリの贅をきわめた隠れ家から）「もし私に息子がいたら、喜んでパレスチナのために『殉教』させたでしょう」と明言したという。エルサレムのスーパーマーケットで最近自爆したパレスチナ人の少女は、まだ一〇代だった、というニュースも報じられている。私の娘も一〇代だ。一〇代で、政治的意図で自殺しようと決断するような子はいない。必ず誰かおとなが命令して、身体にダイナマイトを巻きつけたはずだ。これは殉教ではない。自己犠牲の儀式なのだ。

こうしたことが、世界各国の目にはどれほど歪んでみえるか、彼らにはわからないのだろうか。

あらゆる境界線が破られてしまった今、このとき、プラスに考えられることといったら、ひとつしかない。このことで、チャンスがひとつ生まれた、と思うことだ。ブッシュ大統領には、このチャンスをぜひものにしてほしい。

私がいいたいのは、こういうことだ。アラファト氏たちはパレスチナ人の子どもを自爆テロリストにしたてることで、この五〇年間いずれのアラブ軍でもできなかったほど激しく、イスラエル一般大衆を動揺させられる、と証明した。同時に、彼らはイスラエルの最後の神話——パレスチナ人はなんだかんだいっても、結局はイスラエルの入植地に妥協するだろう、あるいは武力で脅せばイスラエルの条件をのむだろう——を見事打ち壊したのだ。

他方、シャロン政権下のイスラエルは、逆に、パレスチナ人の間で広まっている幻想を潰した。自爆テロでユダヤ人を中東から追い出せる、われわれは最終兵器をついに手に入れた、という幻想である。シャロン氏は、たとえパレスチナの民間人にまぎれていても、西岸地区の自爆テロリストを容赦なくおいつめ、「テロ攻撃すればユダヤ人を駆逐できる」という思いこみを捨てさせるべきだった。

アラブ指導者たちも、ひとつの教訓を学んだ。数十年の間、彼らはパレスチナの大義を利用して、自分の正当性を堅固なものにし、あるいは自分の失政から国民の目をそらせようとしてきた。昔ならば、メディアを国家が管理して、対イスラエル紛争についての国民世論を規制できただろう。しかし、今ではそうはいかない。これは、グローバリゼーション時代のサイバー・インテファーダだ。アラブの衛星テレビがパレスチナからアラブの若者に向けて、一日二四時間映像を送り続けるおかげで、またアラブの若者がこの映像について互いに感想を語りあえるインターネットのおかげで、アラブ政権は世論の支配力を失いつつある。明日すぐアラブ政権がひっくり返ることはないだろうが、しかし足元を揺さぶられている。しかも、投資家たちが逃げてしまったため、経済は荒廃している。

パレスチナ－イスラエル間でたがはずれたように暴発した衝突によって、ブッシュ・チームもまた、学ぶことがあったはずだ。この衝突を無視したいのはやまやまだが、そうも出来ない。もし無視してしまったら、テロに対してグローバルな戦いをしても骨抜きになってしまうだろう、という教訓である。

こうした諸事情が組み合わさって、ひとつのチャンスが浮上する。これはあのときと似ている。――エジプトが一九七三年にスエズ運河を渡って、「自分たちは攻撃を受けない」というイスラエルの思い込みを潰し、そして今度はイスラエルがアリエル・シャロンに率いられて運河を渡り、エジプト軍ののど首を締めあげて、エジプトもやはり脆いことを白日のもとにさらした、あのときと。

つまらない国際会議をしている場合ではない。合衆国とソ連は一九七三年の戦争から国際会議での解決を試みてきたが、アンワル・エル・サダトはそれを時間のむだとみて、エルサレムに乗りこみ、あらゆることを直接、率直に話し合おうとした。ブッシュ氏は、今すぐ同じことをすべきだ。ほかに誰もなり手がいないのだから、彼がサダト役をしなければならない。アメリカの明確な和平案を示すのだ。まず国連が動いて、西岸・ガザ地区に新たなパレスチナ暫定政権を作り、同地区を支配するよう要求すること。クリントン案に従って、イスラエル軍が漸次撤退すること。そしてこの協定が破られないように、アメリカあるいはＮＡＴＯ軍が駐留すること。

「もし問題を抱えていて、自分で解決できないなら、引きのばせ」。ドン・ラムズフェルドのワシントン・ルールはこんなことではないだろうか。これから、私たちが平和に向かって長い道のりを歩き、当事者全員――パレスチナ人、イスラエル人、アラブ人――も平和への協力を求めるか、それとも彼らが反対の道を進んで、次々に文明の壁を吹き飛ばし、ついには私たちにまで戦火が及ぶか。どちらかだろう。

2002.4.21

Column 63

だからゴルフ番組をみたくなる

イスラエルとパレスチナの間の戦いが激しさを増すにつれ、テレビのニュースを見ることがつらくなってきた。最近では、CNNやMSNBCで中東報道が始まると、私はリモコンに手を伸ばし、ゴルフ番組に切り替える。この報道につきものの、あまりにリアルな惨劇から、誰しも休息が必要だ。

元ヤンキースのピッチャーで『フォアボール』の著者、ジム・バウトンと雑談をしていたとき、私がたまたまこの話をしたところ、「私も同じです」という。そこで私たちは、ゴルフ番組はなぜ中東のニュースの解毒剤として完璧か、という理由を一〇個考えだした。

一　ゴルフ番組の解説者、とくにレッスンプロは、自分が話している内容をよく知りつくしている。ゴルフ番組の出演者には、「テロ専門家」というような、怪しく無意味な肩書きを持った人などひとりもいない。実際、ゴルフ番組で何か偏向があるとしたら、ゴルフボールの飛びだけだろう。ゴルフ番組では、自分のやり方でプレイするしかない。PR会社を使っても、大統領選に出て負けても、OJ(シンプソン)裁判の関係者であっても、関係ない。

二　ゴルフ番組には宗教が絡まない。神さま、なんていうことばは、誰かが打ち損じたときに「ちぇっ!」という意味で口にするくらいのものだ。

三　ゴルフ番組には歴史が出てこないし、歴史について議論されることもない。ゴルフ番組で、昨日何をしたかということは問題にならない。毎日がゼロから始まるのだ。実際、ゴルフでいい成績を収めるには、昨日したことを忘れ、今日のラウンドに集中することが必要である。ゴルフでは、アラブ–イスラエル政治と違い、常に未来が過去に積み重なり、過去を埋めていく。過去をひきずったり、未来が押さえつけられたりすることはありえない。

四　ゴルフ番組には沈黙の時間がたっぷりある。解説者は、互いに仕切りの両側から叫びあうのでなく、プレイヤーの邪魔にならないよう、ほとんどささやくような声で試合の模様を伝える。ゴルフ番組では、誰も他人の邪魔をしない。

五　ゴルフ番組には、ユニフォームがない。スウッシュや、ワニや、傘のマークのついたゴルフウェアくらいだろう。プレイヤーにとって重要なのは、自分自身と自分の成績だけで、町や国、宗教を代表しているわけではないからだが、それがなんともほっとさせられる。ゴルフ番組で旗のたなびく様子が放映されるのは、一から一八まで数字のついた旗だけである（ただし、アメリカ対欧州連合のライダーカップは別）。

六　ゴルフ番組には、悪いことが起きると何でもアメリカのせいにしたがる人が出てこない。ゴルフで自分の身に降りかかることは、すべて自分の責任だ。泣き言は許されない。打った球が芝にひっかかった？　とんでもない方向に弾んだ？　お気の毒さま、それがゴルフというものだ。人生だって、そんなものさ。ＣＮＮやＭＳＮＢＣのニュースでは、ゲスト解説者が、何か望ましくない展開になると必ずアメリカの陰謀が原因だという。ゴルフ番組ならば、「（自分で）何とかリカバーし、うまく挽回してほしいですね」というところだ。

七　ゴルフ番組では、「帰還」といえば初めてオーガスタに出たあとで要求する権利をさす。ゴルフ番組のバンカーは、バズーカ砲で潰す掩蔽壕（バンカー）のことでなく、ウェッジを使って球を打ち出す。中東でも、ゴルフ番組を放映するときがある。三月、ドバイ砂漠クラシックとカタール・マスターズの試合がペルシャ湾《ペルシャン・ガルフ》で開催されるときだ。

八　ゴルフ番組は、ルールを尊重し、インかアウトかがはっきりしている競技のためにある。中東情勢では、アメリカがレフェリー役で、関係者がみな相手をだまして逃げおおせようとするが、ゴルフでは、みな自らペナルティを申告することになっている。ゴルフ番組では、不正行為、嘘、ルール違反をしたら、もう二度と一緒にラウンドしてもらえないし、番組に出ることもできない。しかし、中東では、無法なふるまいをすればするほど要職に抜擢されたり、番組への出演を依頼されたりする。

九　ゴルフ番組では、やっつけたいのはコースであって、相手ではない。自然に対する人間の戦い、あるいは自分との戦いであって、他人との戦いではない。

十　ゴルフ番組では、誰も妥協や変更を恐れない。それどころか、ゴルフというのは、たとえ最高のプレイヤーであっても、果てることなく自己批判と反省を繰り返してプレイを改め、コースや条件、年齢の変化にたえず自分を適応させていく競技である。ゴルフ番組で話題になるのは、そういうことだ。最高のゴルファーであっても、長い時間をかけて、鏡で自分のスウィングをチェックするのだ。自己反省と自己批判にお目にかかるのが三つこぶらくだにあうくらい珍しい中東とは、まったくえらい違いである。

Column 64

2002.4.24
エルサレム

未来を生き返らせよ！

ブッシュ大統領は最近、中東の「未来は死んでいる」と嘆いた。ここにいると、確かにそのとおりだと思える。未来を生き返らせる方法は、ひとつしかない。アメリカがサウジ皇太子アブドッラー、アリエル・シャロン、ヤセル・アラファトを促し、それぞれ目をそらそうとしているものを直視させることだ。アブドッラーには本人が無視したがる「昨日」を、シャロンには「明日」を、アラファトには「今日」を見せるべきなのだ。

サウジの指導者、アブドッラー皇太子は、明日ブッシュ氏と会談する。ポイントは、アラブ-イスラエルの対立と、和平交渉におけるサウジのイニシアティヴに絞られる。皇太子が和平案を示したことは喜んでいい。解決の糸口につながるだけではない。そんなのは宣伝だ、という人は、話がわかっていないのだ。

しかし、アメリカ人として、私たちにはサウジ皇太子を相手に、片づけるべき「昨日」の問題がある。九月一一日の一五人のサウジ人ハイジャック犯は、誰だったのか。そしてこのハイジャック犯を生みだしたサウジアラビア内部の力とは、何だったのか。ＦＢＩもまだつかめないでいる。サウジアラビアは、自国民が九月一一日のテロに加わったのに何の責任もとらない。責任を認めない社会は、自らを改めない。たとえば、青少年教育を改革したり若者に就職のチャンスをふやしたりしないだろう。

最近、こんな二つの話が目に留まった。『ニューヨーク・タイムズ』の教育・文化別冊によると、中国でここ一六か月、『ハーヴァード大学に入った少女』という本がベストセラーになっている。中国人の母親が、娘をハーヴァード大学に合格させる「科学的に証明されたメソッド」をあかした本だ。一一〇万部の売り上げを記録し、さらには『コロンビア大学に入れる方法』をはじめ、オックスフォード大学、ケンブリッジ大学ヴァージョンなど、一五種類の後追い本も出ている。その一方で、同じ頃、普通程度にインテリジェンスをもったロンドン駐在サウジ人大使ガジ・アル・ゴサイビが、『アル・ハヤート』に一編の詩を発表した。イスラエルのスーパーマーケットの外で自爆した一八歳のパレスチナ人の女性を称賛する詩で、「神の言葉をたたえるために命を捨てた」と綴っている。

子どもをハーヴァード大学に入れるハウツー本がベストセラーになる社会は、やがて自らハーヴァード級の立派な大学を作りだすに違いない。しかし、民間人でいっぱいのスーパーマーケット前で自爆する少年少女をほめるような指導者たちには、石油以外に基盤をもたない国しか作れない。彼らには、何が一番大事なのかがわかっていない。イスラエルはジェニンの事件で、神をたたえはしなかったし、自爆などしなかった。

アリエル・シャロンについていえば、彼はパレスチナ自爆テロを鎮圧する方法を話したがるばかりで、その先どうしたいのか、というはっきりした計画がない。エルサレムにいると、人々の気分が二つに分裂しているのを感じる。自爆テロにあい、六か月の間、ユダヤ人はここに住み続けていられるかどうか不安をぬぐえなかった。そういう状況で最近イスラエルが軍事作戦を展開、ユダヤ人の間に、自分たちは自衛できるという確信が戻った。しかし、失望感もまた深い。イスラエル人が私に話してくれたのだが、わが指導者はこぶしをふりあげるだけで計画がない、未来へのロードマップもない、と感じているからだ。

イスラエル人の多くは、こう感じている。シャロン氏は、アラファト氏を排斥しなければならないという強迫観念にとりつかれ、入植地にしがみついている。また、イスラエルが譲歩したら世界にはパレスチナ人が勝ったと思われるだろうと心配で、身動きがとれなくなっている。そんな状態では、おおかたのイスラエル人が求めるものを生み出せるわけがない。つまり、思想上でなく実際的な解決は難しいのではないか。「このラインまで戻って、入植地を明け渡そう。パレスチナ人にも、この提案を真剣に考えてもらおう。そうすれば、とにかくわれわれユダヤ人の民主主義が守られるのだから。他のことはどうでもいい」というせりふは彼の口から出てきそうにない。

アラファト氏はどうかといえば、彼が話すのはパレスチナ人が苦しんできた過去のこと、あるいはパレスチナの旗がエルサレムにはためく未来のことばかりだ。今日どうするかという計画は、彼にはない。パレスチナ人を動かして歴史的妥協を実現する計画も、諸制度を作る計画も、インティファーダを解決してイスラエルと和平交渉をする外交戦略もない。今日、アラファト氏擁護に走るヨーロッパの愚か者たちには、次のようにいってやらねばならないだろう。このインティファーダは、そもそもアラファト氏の腐敗した指導力のせいで始まったのだが、アラファト氏はその矛先を（シャロン氏の助けもあって）イスラエルにむけた。その結果、パレスチナ人が国家をもつ唯一の要因となるはずのパレスチナ経済も、イスラエルの和平陣営も、大打撃を受けたのだ。

キャンプ・デーヴィッドでビル・クリントンは、「われわれは成功しないかもしれないが、これからも試み続けることは間違いない」と述べた。ブッシュ氏には、アブドッラー、シャロン、アラファトを変身させることはできなくても、パレスチナの人々に、そしてその社会に真実を語るという試みをこれからも続けてほしい。パレスチナの社会には、未来がいつ訪れるかもわからない指導者から是が非でも未来を守ろうとする人たちが、大勢いるのだから。

2002.4.28
ベツレヘム
（西岸地区）

Column 65

チャンスをのがすな！

イスラエルの元移民相ユリ・タミルが、こんな話をしてくれた。最近エルサレムで、イスラエル人が三人亡くなる自爆テロが起こったが、その後、友人から電話で、「娘さんは無事ですか」ときかれた。ユリの一〇代の娘が通っていた青年団体事務所の隣が爆発したからだ。「それで、『おかげさまで。娘は今、アウシュヴィッツにいるものですから』と答えたのです」

テロのときユリの娘は実際にポーランドにいて、青年団体のメンバーとして、ナチスの強制収容所を見学していた。が、この言葉にひそむアイロニーに、彼女が気づかなかったわけではない。イスラエル人にとって、あれは同じような瞬間だった。二か月にわたる立てつづけの自爆テロによって、この国はがたがたになった。この五〇年間のアラブ軍によるいかなる作戦よりも、イスラエルの安全に与えた打撃は大きかった。イスラエル人は、領地を明け渡してもいい、と思うようになったが、しかし「ヤセル・アラファト商会」への信頼は地に落ちた。

今日のイスラエルの世論調査を眺めると、どの項目にも三分の二の支持が集まっている。「アラファト氏を抹殺したい」三分の二。「西岸地区から撤退して、そのかわりに本当の安全を得たい」三分の二。「現行の弾圧を支持する」三分の二。「弾圧しても、長期的解決にはならない」三分の二。彼らは、現状から抜けだせる現実的才覚のある指導者を渇望している。まったく正気のさたと思えないガザ地区のイスラエル入植地を「永遠に守る」と先週表明したシャロン氏を、自分たちが求めている指導者ではない、と不安視する声も高まっている。

ベツレヘムにいるイスラエル軍少佐が、この気分をうまくいいあてた。「ぼくはすごく混乱しています。自爆テロのおかげで、ぼくの夢は破れさってしまった。もう家がないんです」と一息にいってから、こう付け加えた。「しかし、ぼくはエフラトの入植者ですし、息子には、『平和のために出ていけと政府から命じられたら、従わなければならない』といってあります」

しかし同時に、シャロン氏が自爆テロリストやパレスチナ過激派のキャンプ、事務所をうちこわしたことで、パレスチナ人の気持はぐらついた。イスラエルが一方的にレバノンから撤退してからというもの、パレスチナ人はテレビで、レバノンから送られるヒズボラの映像を飽きるほど見ている。そのおかげで、イスラエルはただの大きなシリコンバレーにすぎない、したがって自爆テロを何度か繰り返せば、ユダヤ人は、南レバノンから出ていったように、パレスチナからも駆逐できる、といやおうなしに思いこむ。最近のイスラエルの軍事作戦は、パレスチナ人にイスラエル軍の実力を誇示するだけが目的ではない。イスラエルの突撃隊員と予備役兵は、国を守るため、パレスチナ人難民キャンプをひとつひとつ襲撃する用意があることを示そうとする訓練である。

パレスチナ人にとっては、これがまた迷いの種となった。「将来どの方向をめざすべきかはもちろん、現在自分たちがどんな状況におかれているのか、という点ですら、みな意見がまちまちなのです。現状を見て、自分たちが優勢だという人もいれば、もう負けそうだという人もいます」とパレスチナ暫定自治政府のエルサレム事務所長サリ・ヌセイベは語る。

こうした瞬間こそ、外交の機が熟したということだ。一九七三年戦争の末期、エジプトとイスラエルが血だらけになって互いの襟首をつかみあっているとき、ヘンリー・キッシンジャーが中東和平外交の機会をとらえたことを思い出してほしい。あれと状況は似ている。

政治学者ヤロン・エズラヒは次のように話している。「双方とも、自分たちがうまくいったと思っています。パレスチナ人はイスラエルで生活できないようにしてやった、と思い、イスラエル人のほうでも、パレスチナの生活を叩きつぶした、と思っている。前回は負けたと思っていないものの、戦争が再開したらどんなことになるか、不安なのはどちらも同じです。世界外交がこの瞬間を利用しないなら、犯罪的な失態といえるでしょう」

ブッシュ大統領、注意したまえ。あそこの人たちのいうことを聞いてはいけない。みな混乱して何をいっているのかわかっていないのだから。重要なのは、彼らの本音を理解すること。みな、かつてないほど現実的な外交的解決に前向きだ。指導者たちは、次の手に詰まっている。だから、アメリカが大きな立場でアイディアを示すべきなのだ。

ブッシュ大統領は、二週間前の演説で、ひとつのヴィジョンを打ちだした。サウジアラビア皇太子も同様にヴィジョンを示している。しかしどちらにしても、漠然としすぎている。イスラエル外相シモン・ペレスは、両者のヴィジョンについて、「トンネルの先にある明かりのようだ。しかしここにトンネルなどはない」といった。今、求められているのは、アメリカが二つの国家のための明確で具体的なプランを提示することだ。

そうしなければ、この先どうなるか、わかるだろう。現在の指導者たちは、一つの案しか頭にない。それがどんな案かは、この三か月で明らかだ。彼らに代案はない。もしこの瞬間をとらえて創造的外交を進めなければ、ぽっかりあいた穴は、腐敗が埋めてしまうだろう。

2002.5.1
アンマン
(ヨルダン)

Column 66

もっと血なまぐさく！ もっとセンセーショナルに！

ここ何か月か、アラブの衛星テレビやウェブサイトでは、ヨルダン川西岸でイスラエル人がパレスチナ人を弾圧している様子をノンストップで中継し、アラブの世論に甚大な影響を与えている。こうしたテレビ番組やEメールは、アラブ世界中の感情をあおりたて、エジプトとバーレーンでは抗議者が射殺されるという結果をもたらした。こんなふうにアラブ世論がエスカレートし、政権をひっくりかえすことはあるだろうか？　いや、それはない。いまのところ、どのアラブ政権も安全である。しかし、アラブ政権が生きのびるかどうかは正しい問いではない。どのように生きのびるかが、問題なのだ。

生きのびるため、多くの国々は、これまで追求あるいは検討してきた現代化、グローバリゼーション、民主化といった政策をペースダウンし、アラブ-イスラエルの対立に集中的に取りくまなければならない。西岸地区で起こった戦争で最も犠牲となるのは、アラブの指導者ではなく、アラブの自由主義者だろう。やっと始まったばかりの民主主義の実験は先延ばしされ、外国の投資は縮小し、国家の安全もあやうくなり、そして国民の議論はパレスチナ問題で埋めつくされてしまった。

今日のアラブ世界で最も進歩的な指導者といえるヨルダンのアブドッラー国王は、私にこう語った。「ヨルダンの現代化計画を停止させるつもりはないのですよ。これからも進めていきます。しかし、私ひとりではどうにもなりません。国民が賛成してくれなくては」

しかし今日、国民と政治家の関心を現代化の問題に集中させることは、一年前ほど簡単ではなくなっている。アラブ諸国の例にもれず、ヨルダンにも、独立系アラブ衛星テレビ各局が集中砲火のようにおしよせている。イスラエルのパレスチナに対する残虐なふるまいをいかになまなましく映像にして見せるかが、視聴率競争のポイントだ。

一九八二年に私がイスラエルのレバノン侵攻を報じたとき、映像を公表するには数時間から数日かかっていたから、アラブ政権がしっかり規制することもできた。しかしつい先ごろの事件では、アラブ・ニュース・ネットワークがジェニン隣のパレスチナ人村から生中継し、村を襲撃したイスラエル軍によって部屋に閉じ込められていたあるパレスチナ人家族の声を伝えていた。この母親は、携帯電話を通じて、ANNに「子どもを助けてください」と懇願し、アラブ世界はみな、生放送に耳を傾ける。

ヨルダン紙の編集長はこういった。「叫び声がします。寝室のテレビから声があがるのです。そしてパレスチナ人が殺される場面を見ながら眠りにつき、目が覚めると、やはり殺される場面です。これ以外の記事を一面にしたら、笑い者ですよ」

一年前はそうではなかった。ヨルダンのニュースは、国王による革新的な現代化計画一色だった。この計画によれば、教育制度を抜本的に改革し、ヨルダンのすべての学校をインターネットにつなぎ、また地方開発に投資することになっていた。緒についたら、国王は秋に議会を解散して選挙を実施し、この進歩的方針を支持する議会が発足するとみられていた。

この動きに加速度をつけるように、マイクロソフト社が、ヨルダンのあるソフトウェア会社に二〇〇〇万ドルを投資する意思を明らかにした。が、同社は投資する条件として、著作権法、労働法、会社法を改正して世界水準に引きあげることを求めていた。そこで内閣は議会の承認なく法改正に踏みきったが、新議会が批准するかどうかは未知数だった。

しかし、ヨルダン国民がこれだけ西岸地区の事件に興奮している——「現在、ここで最も人気のあるテレビ番組は、ヒズボラ・テレビです。信じられますか?」とヨルダン人のビジネスマンもいっていた——と、閣僚たちはもはや国内改革について表だって議論しにくい。本当は議論を練るべきなのに、マスコミはこの問題に関心をもたなくなった。国王は選挙をすべきかどうか、考え直している。現在の流れでいけば、進歩主義者でなく、イスラム主義者が圧勝しそうだ。

実際に、アラブの市井の人たちの気分はそうなっている。ヨルダン、モロッコ、バーレーンのような進歩的アラブ諸国は、イスラエルにどう対決するかでなく、国民に対して未来図をどれだけうまく示せるかで政権を維持しようとするが、現在は歩みが止まってしまった。シリア、サウジアラビア、イラクなど、逆行しているアラブ政権にしてみれば、改革しないためのいい訳が増えるわけだ。

　パレスチナ人は、アラブ世界をだますプロだ。アラブ諸国はたぶらかされ、パレスチナというセンセーショナルな問題が解決するまで、未来について考えるのをやめてしまう。アラブ人は、「若者をどう教育するか?」や「民主主義体制や経済体制はどうすべきか?」でなく、「誰がパレスチナを支配するのか?」という問いだけで、これまで三世代にわたり、大変な苦しみをなめてきた。このまま、四世代めの人々も同じ運命にあうならば、それは悲劇というしかないだろう。

2002.5.5
ジャカルタ
(インドネシア)

Column 67

Tシャツではなく、帽子を

先週の木曜日、私はジャカルタで最高レベルのイスラム教全寮制学校プサントレン・ダルナジャを訪れ、よくものを考える二〇人の生徒たちに、アメリカ観を問うてみた。世界最大のイスラム教国が、九月一一日と中東問題にどんな反応を示しているかを知りたかったのだ。私の言葉で話してもいいのだが、ここでは、ひとりの生徒との会話をそのままテープから起こしてみよう。二〇人のなかでも最もはっきりした意見を述べた一八歳の女生徒で、名前はウィサム・ロチャリナという。

「イスラム教徒はたいてい、アメリカを恐れていますが、それはアメリカがイスラムに敵対していると考えているからです。アメリカはイスラエル人を支持していますし、イスラムとイスラエル、ユダヤ人、ユダヤ教が深刻に対立していることは明らかです。アメリカ人がイスラム教を恐れているのでなく、イスラム教徒のほうがアメリカ人を恐れているのです。九月一一日の悲劇についてですが、イスラム教徒の犯行だとは証明されていません。今のところ、ビンラーディンがやった、という証拠が発見されていないのですから。また、ある新聞を読んだら、あの事件を起こした本当の犯人はアメリカ人だ、と書いてありました。……アメリカ議会の何パーセントがユダヤ人議員かは知りませんが、アメリカはイスラエル側についています。アメリカに敵意をもっているのは、そういうところに原因があるのではないでしょうか」

ニュースはどうやって手に入れるの？

「ほとんど、テレビやインターネットからです。……インターネットでアラブの雑誌を読むのも、違った見方を教えてくれますから、好きです。インドネシアの雑誌は、イスラム教徒やイスラムに関する情報が少ないのです」

こんなに多くのイスラム教徒が、アメリカとイスラエルに対してこれほど怒っているのはどうしてかな？

「イスラエルがやりすぎて、イスラム教徒の我慢も限界になり、何とかしなくては、と考えたのだと思います。イスラム教徒はアメリカで殺人者呼ばわりされ、テロリスト扱いを受けている、いわれのないことで非難されているという気分になっています。これも理由のひとつでしょう。……だから、アメリカを憎んでいるのだと思います。憎しみとは違います。これは、アメリカのマスコミがあちこちにまきちらしているのです。こんなふうにイスラムの間違ったイメージを広めていることも、関係しているのではないでしょうか」

ブッシュ大統領のことはどう思う？

「はじめジョージ・ブッシュが大統領になったとき、父親の二番煎じで、新しいことはできないだろうと考えていた人もいたようです。でもアル・ゴアに勝ってほしいとは思った人はいませんでした。ゴアはユダヤ人ですから。『よし、ジョージ・ブッシュのほうがまだましだ』という調子でした。ブッシュはいいことをたくさん約束しましたが、まだ実現できていません」

アメリカで勉強したいと思う？

「もちろんです！　アメリカに行けば、世界の考え方がわかるでしょう。今までは、新聞で読んだりテレビで見たりするしかないんです」

ウィサムの意見には、数百万に上るイスラム教徒の青年たちも賛成するだろう。こうした考え方が生まれた材料としては、いろいろな事柄が考えられる。たとえばアメリカの対テロ戦争や、アリエル・シャロンがヤセル・アラファトにしかけた戦争に対する反応がひとつ。イスラム教国が現代化に立ち遅れたこと。イスラム教徒が九月一一日について非難されるといって恨んでいること。アメリカ議会が無条件にイスラエルを支持すること。アラブとヨーロッパ諸国のメディアやウェブサイトで、イスラエルとユダヤ人に対する激しい憎悪がかきたてられていること。こうしたものを全部混ぜあわせれば、イスラム教徒の若者の頭の中はただひとつのことでいっぱいになる。ほかでもない、「アメリカ、イスラエル人、ユダヤ人は手を組んで、イスラム教をきりくずし、世界支配をねらっている」という信念である。

これはよいことではない。では、どうやって逆転させようか。イスラム世界に民主主義を広めれば、かなり役立つはずだが、しかしそれは先の話になりそうだ。近いことでいうならば、イスラエルはどういう形であっても、ヨルダン川西岸・ガザ地区から撤退すべきだ。しかもこのイスラエル-パレスチナ戦争をテレビで放映しないことである。イスラム教徒のユダヤ人国家に対する敵意に、これで終止符が打たれるとは思えないが、敵意のもととなる材料はかなり除かれるはずだ。

同時に、アメリカはイスラム世界の外交において、表舞台でもっと多くの投資をし、さらにイスラム教徒のいい分に対しては、まめに反論するべきである。理性を失った敵意が大量破壊の武器になりうる今日、これはミサイルの壁に劣らず重要な意味をもつ。若い世代は私たちと違うから、事態も変わってくるだろう。若者たちは、見解を手に入れるのも早いが、捨てるのも早い。アメリカ留学が話題になったとき、ウィサムの目が輝いたのを覚えている。

ジャカルタ駐在のアメリカ外交官が、西ジャワのマランを訪れたときの話をしてくれた。そこで見かけたあるインドネシア人少年は、オサマ・ビンラーディンの絵のついたTシャツと、ニューヨーク・ヤンキースの帽子をかぶっていた、という。そうだ。すべてが失われたわけではない。私たちは、この少年がTシャツの絵に惹かれるのでなく、間違いなく帽子を大切にしていくよう、慎重に見守る必要がある。

Column 68

2002.5.8
ジャカルタ
（インドネシア）

アメリカの孤児？

二、三日でもインドネシアにいると、思いがけない質問を受けることが多い。アメリカはテロに対する戦争をしていますが、この先、民主主義を叩こうとしているのですか？

インドネシアの人たちも知っているように、第二次世界大戦後の数十年、アメリカは共産主義を潰す戦いの最中で、スハルト元大統領ら独裁政権を支持していた。しかしベルリンの壁崩壊とともに、合衆国は共産主義の封じこめから民主国家の拡大へと方針を変えることとなった。そこでインドネシアのような国々に対して、民主主義と人権尊重を受けいれよ、とさかんに迫った。インドネシアはアメリカの言葉を聞きいれ、一九九八年にスハルト氏を追放して、初めて民主主義による選挙を施行した。

今日、インドネシアは依然としてアメリカの言葉に耳を傾けている。アメリカがまた方針を変えて、民主主義のための戦争から、テロに対する戦争へと移行するのではないかと不安なのだ。アメリカは、その戦争では、選挙や司法制度によってでなく、軍や警察がアル・カーイダと戦う熱のいれようで、味方か敵かを判断するだろう。民主主義がまだか弱く開花したばかりのインドネシアにとって、今でこそ少しは人畜無害になったとはいえ、スハルトの抑圧の道具として長い間恐怖の対象だった軍や警察を復活させるようなことは、何であれ、いいこととは思えないのである。

「インドネシアの民主主義者は、これまでアメリカをひとつの判断基準としてあてにし、いつも頼ってきました。もしアメリカの言葉がたわごとだと思ったら、何に頼ればいいのでしょう。空から太陽が消えて、何もかもが凍りつき始めるようなものです」というのは、著名なインドネシア人評論家ウィマル・ウィトゥラルである。

自分たちより独裁色の強いマレーシアやパキスタンなどの隣国が、テロと戦った結果突如としてワシントンの「新恋人」の座を勝ちとったのに、インドネシアはまるで孤児のようにひとりぼっちになろうとしている。確かに混乱してはいるが、本当の民主主義を受けいれているのに。インドネシアのエリートたちは、こんなふうに感じている。

インドネシア人作家アンドレアス・ハルソノは、「アメリカの民主化政策も、世界貿易センターとともに爆破されたのではないか、と時々不安になるのです。九月一一日以来、アメリカの反テロキャンペーンにただのりして、うまくメディアをおさえつけ、自由を抑圧して時計の針を元に戻そうとする国がたくさん出てきました。インドネシアは支援が必要な弱小民主主義国としてでなく、テロリストを守る弱小国だと思われるようになりました。マレーシアはインドネシアよりも多くのテロリストを逮捕しているから、われわれより上だとみられているんですよ」という。
実際に、インドネシアには、時代に逆行する軍と警察がアチェ特別州とマルク諸島での宗教間の衝突を扇動したのであり、その結果、治安機関はかつての権力を一部取りもどすことになった、と信じる人たちが多い。

現地の大型戦略研究センター長ユスフ・ワナンディは、こう述べる。「軍の幹部と話をしていたのですが、『政府は人権問題から手を引いて、私たちに任せてくれたらいいのに』といっていました。アメリカがインドネシア軍との関係を再び正常化すれば、『私たちも彼らのために働くつもりだ』と。しかし、これは正しいアプローチとはいえません。インドネシアの軍改革が適切に進んできたかどうか、信用できないからです」

アメリカについても、いいところはいいというべきだろう。ブッシュ政権はインドネシアに一億三千万ドルの援助を続けてきたし、インドネシアが対テロ戦争にできる範囲で貢献する一方で、民主主義国家となるための戦争を続けることを、外交政策として打ちだしている。(インドネシアにアル・カーイダのグループがいるかどうかは明らかでない。)

それにもかかわらず、国防総省のトップ役人のなかには、インドネシア軍のもりかえしに好意的で、一九九九年東ティモールの騒乱以後ストップしていた同軍との結びつきを回復しようとたくらむ向きもある。インドネシアでは、騒乱にかかわった軍将校を裁判にかけはじめたばかりだ。軍幹部の責任が認められる見込みが少しでもあるとしても、もしアメリカが、「インドネシア議会で議論している新しい反テロ法は、軍の権限を大幅に強化するのではないか」などと懸念を示したら、おそらく、話は違ってくる。

アメリカは、テロに対する戦争が他の諸国、とくに政治体制が移行段階にある国で、どのように読まれているか、意識する必要がある。インドネシアは世界最大のイスラム教国である。インドネシアが私たちに貢献するとしたら、現代的経済と中庸な宗教意識をもちつつ、イスラム民主国家としてうまく発展できることを、アラブ・イスラム諸国に身をもって示すことが一番だろう。インドネシアが成功例となってくれれば、ボルネオのジャングルでさまようアル・カーイダ兵士をちょっとつかまえるよりも、長い目で見れば、アメリカにとってはるかにありがたいことなのだ。

Column 69

2002.5.12
ジャカルタ
（インドネシア）

もうひとつのウィルス

ここジャカルタで、インドネシア人ジャーナリスト数名と夕食をともにした。『ファーイースタン・エコノミック・レヴュー』の記者ディニ・ジャヤラルが、唐突に、フォックス・ニュースとビル・オライリー批判を始めたので、私はめんくらってしまった。「フォックスでは、『報道するのはわれわれの仕事、判断するのは視聴者』といいますが、その報道じたい偏っているのです。視聴者より先に、テレビのほうで判断してしまいます。公明正大ですといわれても、見ただけでくらくらするほどです。イスラム教徒がゲスト出演して、結局侮辱されるだけ、などというときは、本当にどうしようと思います」

私は不思議に思った。アメリカに来たとき、この記者はフォックス・ニュースを見なかったのか？　「いや、それは違いますよ」と私は説明した。現在、この番組は、ジャカルタ・ケーブルのパッケージの一部となっており、毎晩、保守派のビル・オライリーが顔を見せる。

ジャカルタにくる途中、ドバイでいったん飛行機を降りた。午前二時の空港で、私はアラブ・

ニュース・ネットワークを見ていた。この番組はヨーロッパ発でアラブ政府の規制を受けず、中東各地で放映されている。イスラエル−パレスチナの対立を材料にした「最大のヒット」といえるだろう。イスラエル人がパレスチナ人を殴り、引きずり、棒で打ち、射殺する様子をノンストップで流している。映像は前後関係が何も示されず、脈絡がない。言葉による説明もない。ただ戦闘的な音楽を重ねて暴力シーンを流し、視聴者の感情をあおりたてる。

ジャカルタのアメリカ大使館に勤めているインドネシア人は、イスラム教原理主義の拠点であるジョグジャカルタの町を訪れた話をしてくれた。「こんな標識は、初めて見ました。『アラブとイスラエルの対立を解決するのはジハードしかない。本当のイスラム教徒であるならば、ジハードに志願しよう』。『われわれは、何かしなければ。そうでないと、キリスト教徒とユダヤ人に殺されてしまう』という人もいました。どこでそんなに考えるようになったのか、と訊いてみたら、インターネットだというのです。みな、インターネットで見たことなら何でも当然正しい、と思っています。ユダヤ人陰謀説も疑いませんし、四〇〇〇人ものユダヤ人が九月一一日世界貿易センターに出社を禁じられた、といううわさも鵜呑みにしています。インターネットに書かれていたからです」

ジョグジャカルタでデジタル・デバイド（情報格差）が知らないうちに進んでいるのには、本当に恐ろしさを感じた、と彼はさらに言葉を足した。「インターネット利用者は人口の五パーセントにすぎません。しかしその五パーセントが、ほかの人たちにうわさを広めるのです。『インターネットに出ていた』から、と。インターネットを、まるで聖書のように信じこんでいます」

イスラエル、ヨルダン、ドバイ、インドネシアと回った今回の旅行で学んだものがひとつあるとすれば、それは、インターネットと衛星テレビのおかげで、世界はテクノロジー上でつながっているが、社会・政治・文化の面ではそうでない、ということだ。今日、互いのことを見聞きするスピードは早まり、精度も上がっているけれども、相手から学び、相手について理解する能力がそれにあわせて改善されたとはいえない。現段階でみれば、世界が結びついたことでもたらされるのは、何よりも怒りである。近頃、『ニューヨーク・タイムズ・マガジン』でジョージ・パッカーが次のように書いていた。「ある意味で、地球規模の衛星テレビとインターネットによって、世界の人たちは、ますます相手を理解せず、認めないようになっている」

うまくいけば、インターネットは、これまでのどの道具よりも早く、多くの人々を教育できる。裏目に出れば、これまでのどの道具よりも早く、人々をもっとおろかにしかねない。九月一一日に、ユダヤ人四〇〇〇人が世界貿易センターに行くなと警告された、という嘘が広まったのもインターネット上であり、今ではイスラム世界中が本気にしている。インターネットには「いかにもハイテク」なイメージがあるため、教育のない人たちは、インターネットからといわれると、あっさり信じてしまう。最も醜悪なインターネットは、確認も処理もされない生の情報が電気的に伝わるだけで、ふたをしていない下水に限りなく近づくが、彼らは気づくよしもない。

もっと悪いことがある。たとえば、こんな過激な考え方をするのは自分だけだと思っていたとしても、インターネットでアクセスすれば、世界各地に同じような嫌悪感をもつ人々がいることがわかり、そのコミュニティに入ることもできる。BBCを消して、ニュースはウェブサイトだけを見ることにすれば、固定観念はますますゆるぎないものとなるだろう。

二年ほど前、二名のフィリピン人が「アイラブユー」ウィルスを撒きちらし、コンピューターとソフトウェアに数十億ドルの損失を与えた。しかし、このウィルスは少なくとももしかるべきソフトウェアを使えば、駆除できる。今広まりつつあるのは、もっと深刻なウィルス、「アイヘイトユー」ウィルスである。これはインターネットと衛星テレビによって世界中に蔓延し、最もおぞましい考え方に感染させる。どんなソフトウェアをダウンロードしても、これは退治できないのだ。ひっくり返せるとしたら、教育、交換留学、外交、人間的な交流、それしかない。昔ながらの一対一のやりかたでアップロードすることが必要なのだ。手遅れにならないうちに手を打とう。

DIARY 10
Travels in a World Without Walls: September 11,2001-July 3,2002

再び、ヨルダンとイスラエルに赴いた……

二〇〇二年四月、再び、ヨルダンとイスラエル（それからドバイ、インドネシア）に赴いた。九月一一日に訪れて以来、一体どんなふうに変わったか判断するためだ。そして、ふりだしに戻って、日記を閉じようと思ったのだ。

まず、ヨルダンについてお話ししよう。九月に訪れたとき、人々の話題はもっぱらビンラーディンだったが、今回はそれとは対照的に、耳に入ってくるのはアリエル・シャロンの名前ばかりだった。私が親しくしているアラブ人は、国が停滞するのでなく民主化し、自由化し、グローバル化することを望んでいる「アラブ人自由主義者」がほとんどだが、みな私に対して、何かしら不満を感じていた。彼らは以前、九月一一日以後の情勢について、ある意味で胸を高鳴らせていた。この流れで、アメリカが結果的に、アラブ独裁政権にいっそうの圧力をかけ、扉をこじあけ、改革者に権力を与え、ビンラーディン主義をのさばらせた国内問題を解決し、さらにパレスチナ問題を打開する一歩を示してくれるのではないか、と期待していたのである。

しかし二〇〇二年春には、こうした期待はすべて保留となった。友人のアラブ人自由主義者は、そろって私を質問攻めにしたり、Eメールを送りつけてきたりした。「アリエル・シャロンが私たちに何をしているか、君にはなぜわからないんだ？　全アラブ世界に火をつけて、自由主義を潰しにかかっているのに」。私は答えた。「ヤセル・アラファトがクリントンの和平案に基づいて交渉していたら、シャロンは首相になっていなかったし、私たちもこんなふうになっていなかった。クリントンの和平提案がなかったふりはできない。交渉の席を立ってしまったのはアラファトだよ」

彼らがいらいらしている理由はわかっていた。オスロ合意からの一〇年間に満足していた人は少なくない。満足しないまでも、私を含めてたくさんの人が希望をもっていた。せめて子どもには、違う未来が訪れることを夢みていた。そう、戦争がなくなるというだけでない。つらい年月が長く続いたが、今度こそもっとよい政府ができ、アラブ人が自らの潜在能力を実現させることができる日がくるだろう。一九九〇年代半ば、オスロ交渉が問題を抱えながらも前進すると、改革者たちはますます力を得、上昇気流に乗った。中東における和平交渉は、アラブ－イスラエル間の平和という枠をはるかに超えていることを忘れてはならない。遅れを取り戻そうと、世界に加わり、貿易と経済開放を望むアラブ進歩的勢力にとって、この和平交渉であらゆるものが前進すると見えた。

この和平交渉によって、アラブ・イスラムの自由主義者は、一世紀近く政治を支配してきた問題「誰がパレスチナを支配するのか？」から踏みだした。世界諸国に追いつき、繁栄しようとする以上、政治が第一に取りくむべき問題、つまり「子どもたちをどう教育するか？」「どんな経済を進めればいいか？」「どのような法制度を打ちたてるか？」という問題へと、こまを進めることができた。

だからといって、彼らがパレスチナ問題を気にしなくなった、というのではない。この問題に深い共感をもっていることに変わりはない。ただ、彼らは実際にこれが解決されること、ほかの問題に目を向けることを望んでいる。ナショナリストや二流知識人、独裁者が解決を望まず、ほかの問題を考えようとしないのとは対照的だ。

アンマンで、ビジネス界の若い改革者たちと、アブドッラー国王のとりまきらを交えた朝食会に参加したことがあったが、私は席につくと同時に、オスロ合意の腐敗からくるよどんだ空気を感じた。イスラエル-パレスチナ間の武力衝突を報道するアラブの衛星テレビ各局は、イスラエルの暴力を、最もパレスチナ寄りに、最もセンセーショナルに見せようとエスカレートし、そのせいでアラブ大衆はすっかり頭に血が上ってしまった。ヨルダンで、アブドッラー国王が教育制度の改善、全学校のコンピューター導入とインターネット化、地方開発への投資といった自由主義政策を打ちだしても、国民はそれどころではなかった。

ヨルダンのアカバで、アブドッラー国王とラニア王妃にインタビューしたとき、王妃は私にこう語った。「競走していて、全力疾走に切り替えたところで、突然、足に負担がかかってきたような感じです。それでも走り続けていますが、前より相当つらくなっています」

九月一一日の事件に加えて、和平交渉が崩壊すると、外国人投資家や観光客を中東にひきつけるのは難しい。(アンマンに来る一、二日前、エルサレムの旧市街を歩いていて、ひやかしにある店に入ったところ、パレスチナ人店主に「この五日間でみえたのは、お客さんが初めてですよ」といわれた。閉店間近の夕方六時半のことだ。近くにいた別の店主が「いらっしゃい、今日最初で最後のお客さんです」と声をかけてきた。)

それでも、とにかくヨルダンは競争し続けようとしている。エジプト、シリア、サウジアラビアは、目的を失って漂っている。イスラエル－パレスチナ戦闘の激化は、旧弊な政権が現代化に本気にならない口実にされてしまった。現代化すれば、政権が弱まり、汚職のうまみが減るから、なるべく避けたいのだ。イスラエルとの戦いが継続するのは、ダメ指導者にとって非常にありがたい。東アジアのように国家を民主化・現代化せずに、脇へそれる最高のいいわけとなるから、戦いがずっと続いてくれればいい、と思っているのだ。

とはいえ、これらアラブ諸国には、自由主義者も大勢いる。ビンラーディンによって深く傷つけられたアラブ・イスラム世界と西洋の関係を回復させようとするならば、彼ら自由主義者は、私たちのパートナーとして欠かせない存在である。問題は、彼らにどうやって力を与え、行動を促すかである。

私にしてみれば、答えはひとつしかない。私たちは、あの大問題「パレスチナを誰が支配するか」をとにかく片づけなければならない。せめて、解決へのめどをつけなければならないだろう。ブッシュ政権は、イラクのサダム・フセインを追放して民主政権をおけば、それだけで地域全体がうまいこと民主化し、現代化が進むはず、と幻想を抱いている。しかし、私はそうは思わない。たとえイラクに新政権が見事発足したところで、パレスチナ問題が解決しなければ、アラブ・イスラムの政治発展には足かせとなるだろう。今後も本物の改革が遅れ、みせかけの改革でいいことにされてしまうに違いない。

しかし本物の改革者がいないわけではない。九月一一日のテロが発生したときから、私のもとには彼らから手紙やEメールが届いたし、直接意見交換もした。その多くは女性だった。みな、国やコミュニティのわなにはまったように感じ、それに息をとめられそうだと語った。自分がいる場所は大きく変わりそうにないけれど、しかし変えなければならないとも思う。政府の取り締まりを受けたマスコミは嘘だらけで、指導者は事実から目をそらし、宗教的権威が時代から取り残されていることも、彼らは知っている。もっと勇気を出してもよかった、と思える人もいる。公然と権威に逆らったら投獄されたり仲間はずれになったりするかもしれないことを思えば、吃驚するくらい大胆なことを書いた人もいる。彼らが私に手紙を書くのは、私の言葉にすべて同意しているからではなく、思うに、私が本当に気にかけ、うまくいってほしいと願っているのが伝わっているからではないだろうか。

ここで、私に寄せられた手紙をいくつかご紹介しよう。まず、アメリカに住むイスラム教徒の若い女性から九月二七日に届いたEメール。出だしはこんなふうだ。

ご迷惑かとは存じますが、私どもが回覧しております手紙を御笑覧くださいまして、何かご意見をいただければ、ありがたく存じます。……私は活動家ではありません。これまで配ったちらしといえば、大学生のアルバイトで「洗濯物一ポンドにつき四〇セント」という広告くらいです。でも私は、イスラム教徒が話をしなければならない、と思うのです。せめて、努力はすべきだと思います。安全でいたければ、これは絶対に必要なことです。

そして署名があり、ちらしが添付されていた。イスラム教コミュニティの長老に宛てたちらしだった。最初の部分を引用してみる。

私どもは、みなさまにとって若者であり、イスラムにとって次世代であり、みなさまの弟妹であり、同胞です。みなさまは長老であり、この国が大切にしている信仰の種をまかれました。そういう存在として、私どもはみなさまの思想を尊重しておりますし、私どもの抱える問題をお話ししたいと存じます。……世界貿易センターと国防総省が爆破されたとき、私どもは、友人、家族、子ども、同国人が残忍な殺されかたをしているのを、なすすべもなく眺めていました。……残念なことに、アメリカでは、イスラム教徒として最も声が大きいのがこれらテロリストなのです。私どもの家族が自由、正義、平和、新生活を求めてこの国に渡ってきたとき、これが子どもたちの遺産になるとは想像もできなかったでしょう。
テロリストがイスラム世界最強の意見であってはいけないと思います。私どもイスラム教徒は、彼らの声をすぐ、しかるべき方法で消さなければなりません。……イスラム教徒のコミュニティは、これらのテロリストをその信条や大義にかかわらず、「イスラム教の敵」として弾劾すべきです。

もうひとつ二〇〇二年五月一一日付のEメールも、意見をはっきりと述べて、心を動かされた。イスラエル-パレスチナ間の闘いが最悪の状況となっている頃だ。友人であるアラブの自由主義者に感想を尋ねたのだが、それに対する返事である。

アラブ人自由主義者は、絶滅の恐れのある種になってしまった。新しい国籍を取得したか、さもなければ、ガタガタのアラブ政権やイスラム教原理主義者によって沈黙させられ、すっかり影響力を失っている。アラブ自由主義の伝統は、数十年もの間容赦なく攻撃され続け、実際社会構造からも政治文化からも姿を消してしまったといっていい。その後の真空地帯には、イスラム教原理主義が二〇年間近くはびこっている。アラブの抑圧的政治が残した最も悲しむべき業績だよ。本当をいえば、現在、政府による抑圧に対して、自由主義の側からは組織だった反論をしていない。あるのは、組織的な、「順調に機能する」こともあるイスラム側からの反論だけ。国民の権利のため、自由のために戦います、カネのない若者に教育を施し、貧困者の生活を助けます、ほかの選択肢を提供します、とね。その間、われわれ自由主義者はたじろいだまま、ほとんど言葉もなかった。政権が崩壊しなければ、二〇世紀に長いこと経験したよりもひどいサディスト的政治の時代になるかもしれない、と恐れていたのだ。

胸の痛むようなこの現状に、アラブ人としてわれわれが果たすべき役割は大きいと思う。しかし、われわれが今苦しんでいるのは自分のせいだ、といっては歴史を歪曲しているし、「アラブは無力な犠牲者だ」というのと同じくらい耳障りだ。……アラブの自由主義者にとって、いつでも気がかりなのは、反動的政治を相手に戦っていると、いつのまにか合衆国と対立していることなのだ……。

合衆国は、抑圧的で時代を逆行するような政治制度を必ずといっていいほど支持してきた。そしてイスラム原理主義の成長を促し、支援して、ソ連の脅威（幻想だったのだが）と戦わせたのだ。……われわれのなかで一番の理想主義者でさえ、国際外交は利他的な人間の意志に基づくものではない、と考えている。しかし、合衆国が、相手に質問せずただ従う子分を作って手っ取り早く満足するのでなく、われわれともっと創造的な（少しきついかもしれないが）「建設的契約」を結ぼうとしていたら、われわれのみならず、合衆国の利益にもなったのではないか。われわれ自由主義者はこの問いに悩んでいる。……

同じように意義深く、いろいろ考えさせられるEメールを受けとったのは、二〇〇二年三月一〇日のことだった。発信者はサウジアラビアの若い女性だった。署名もあったし、私がサウジ訪問から帰国して二週間後に送られてきたことをみれば、いい加減なメールではないだろう。このメールは、サウジアラビアにも善い人は多いこと、しかるべき状況があれば、アメリカには中東にもパートナーがいることを思いださせてくれた。

一部だけご紹介しよう。

　フリードマンさま。まず、あなたがサウジアラビアの現状を知らせようと努力してこられたことに、穏健派サウジ人として感謝したいと思い、お手紙を差し上げることにいたしました。……私たちは全世界に知ってほしいのです。頭も心も宗教的支配を受け、人間として苦しんでいることを。私たちは新聞に投書することも、認められたテーマ以外で本を出版することもできません。学校では他宗教を認めるなと教えられ、モスクでは非イスラム教徒を憎めと説教されます。マスコミは政府と宗教的指導者が握っているのです。穏健な思想を主張しようにも、その場がありません。……サウジの若者は思想を一つだけおしつけられ、ほかは罪であり間違いである、とすべて禁止されています。これが、問題なのです。……インターネットも規制され、何を見、何を見てはいけないか、すべて決まっているのです。

フリードマンさま。私たちは助けを求めています。私たちはずっと長いこと苦しみをなめてきました。私はサウジ女性です。世界の誰もがそうであるように、夢も希望もあります。技術ももっているし、興味もたくさんあります。でも時として、したいことができないのです。サウジ人女性だから！　サウジアラビアが信じているイスラム教は、女性を一人前として認めないので、私はしたい仕事があっても応募できません。関心があっても、大学によっては入れてくれないのです。働くならば、いやがらせを受けるだろう、男性の同僚とは差別されるだろう、と覚悟しなければなりません。……何を着、どうふるまうかさえ、宗教警察によって決められているのです。……いつか独立して、車をもてる日がくることを夢みています。人間としての権利をすべて手に入れる日がくることを。フリードマンさま、サウジの女性たちは、あなたにどんどん書いていただきたいと願ってやみません。

希望がございます。この手紙を匿名で活字にしてくだされば、うれしく思います。よろしくお願い申し上げます。かしこ

そしてサインがしてあった。

アラブ・イスラム世界内部からこのような思想を表現した例としてよく挙げられるのが、エジプト人風刺作家で劇作家アリ・サレムの書いたエッセイである。ロンドンに本社があるアラビア

語日刊紙『アル・ハヤート』（二〇〇一年一一月五日付）に掲載されたもので、タイトルは「子どものための、過激派育成新カリキュラム」。アラブの衛星テレビ、新聞、知識人が世界に向かってこぶしをふりあげ、「アラブ人よ、もっと怒って自滅せよ」とあおりたてる様子を皮肉っている。

「過激派幼稚園を作るスポンサーを探しております。子どもたちが高校、大学に進学しても、必ず過激派であり続けることを保証しましょう。いかなる人間や科学教育をもってしてもそこなわれず、丸くなることもありません。頭のいい人間を育てて、ジャーナリスト、知識人、編集長、ラジオのキャスター、役人にしましょう。私にお子さんをよこしてください、そうすれば裏も表もない過激派にするとお約束します……。

子どもたちには、こう話すつもりです。『ほかの連中が私たちと同じ神を礼拝していると思ってはいけません。やつらは、別の神を崇拝する異端者です。……自由だの、民主主義、人権、進歩、文明だの、やつらが何をいっても信じてはなりません。うそつきで、詐欺師なのですよ。やつらが私たちを憎むのは、私たちのほうが優秀で強く偉大だからです。やつらが生命を愛していることは一目瞭然、それが弱点ですから、つけこみなさい。それに対して、私たちは死を愛し、守ります。私たちが生き、建設し、楽しむために、アッラーは私たちに命をお与えになったのではありません。私たちが生に抗い、生を侮蔑し、最も幼き時にそれを捨てられるかどうか試されるためです……。

子どもたちよ、海を憎みなさい。花々を、ばらを憎みなさい。小麦畑を、木を憎み、音楽を憎み、あらゆる芸術、文学、科学を憎みなさい。優しさを憎み、理性と知性を憎みなさい。家族と隣人を憎み、すべての他人を憎みなさい。自分を憎み、教師を憎み、私を憎みなさい。この学校を憎みなさい。そして、人生と、その一切合財を憎みなさい。さあ、授業にいきなさい』」

2002.5.15

Column 70

戦争は一つだけに

アラブ-イスラエルの対立を映画化するとしたら、タイトルは「テン・ウォーズ」とつけよう。この対立を解決するにあたって最大の難点は、イスラエル-パレスチナをめぐって、少なくとも一〇もの戦争がさまざまなレベルで展開していることである。私たちはそれを一つに減らして、和平のチャンスを見いださなければならないのだ。

さまざまな戦争とは? まず、イスラエル人の大多数は、おおざっぱにいって一九六七年以前の境界線に基づいてユダヤ人国家を作る権利を手に入れようとして、戦っている。他方、一九六七年以前の国境の内側に一つ、ヨルダン川西岸・ガザ地区にもう一つ、ユダヤ人国家を作りたいと考えるむきも、少数ながら、ある。これは、最近開かれたリクード党の党大会をみれば、十分明らかだろう。この大会で、ビビ・ネタニヤフはすさまじいスタンドプレーを見せた。頭のおかしい主流派をたきつけて、「西岸地区にはいかなるパレスチナ国家も認めない」といわせ、アリエル・シャロンを当惑させたのだ。これらのイスラエル右派と入植者たちは、西岸地区におけるイスラエルの占領に対するパレスチナ人の抵抗を何でも意図的に「テロ」と決めつける。合衆国をひっぱりこんで、イスラエルの占領地支配を、対テロ戦争の一環として支持させようという狙いだ。要注意!

同じことは、ブッシュ政権内部にもいえる。国務省では、中東戦争はイスラエルの一九六七年の境界線についての戦争だととらえ、「対立の解決」が焦点だとみる。つまり、外交によって、イスラエルが占領地を返還するかわりに平和を得ることをめざそうとする。しかし国防総省では、ヤセル・アラファトはオサマ・ビンラーディンと似たりよったりで、ほかのアラブ指導者たちは軽蔑にしかあたいしない、と考える人が多い。彼らにとっては、アラファト氏を倒すためのイスラエルの戦争は、アメリカの対テロ戦争の延長線上にある。そして、アラブとイスラエル問題に関してアメリカにできることは「対立管理」であって「対立解決」ではない、と考えている。

パレスチナ人としても、二つの戦争を戦っている。そうだ。パレスチナ人の多くは、イスラエルを西岸・ガザ地区、東エルサレムから追い出し、そこに自分たちの国家を作るために戦っている。一九六七年以前のイスラエルにユダヤ人国家を作る合法性を認めているからではなく、既にユダヤ人を排除することは不可能だと知っているからだ。しかしパレスチナ人のなかには(アラファト氏もそのなかのひとりだが)、外交と戦争を通じて、現在のところ西岸・ガザ地区に自分たちの国家を作り、ゆくゆくはベビーブームと、一〇〇万ものパレスチナ難民が帰還する権利を確保することで、一九六七年以前のイスラエルにももう一つのパレスチナ人国家を建設したい、という希望を捨てていないものもある。「イスラエル」はいまでもアラファト氏の地図には存在しない。したがって、パレスチナは「イスラエルの占領に終止符を打つ」ことだけを望んでいる、などというナンセンスは忘れてしまうほうがいい。本当のことだったら何より喜ばしいのだが。ほかのアラブ人も同じことだ。エジプト、サウジアラビア、シリアは、イスラエルに一九六七年以前の境界線に撤退してほしいだけだ、と主張する。しかし、これらの国の公式メディアに何が書いてあるか、読んでみればいい。毎日のように、イスラエルをナチスドイツにたとえ、テルアビブでイスラエル民間人を巻きこんで自爆したパレスチナ人少女をたたえるような記事を書きたてている。彼らにとって唯一の問題がイスラエルの占領だとは、とうてい信じられないだろう。

ヨーロッパでもそうだ。そう、確かに、イスラエルの占領を終わらせたい、とだけ思っているヨーロッパ人は多い。しかし、今日のヨーロッパにおける反ユダヤ主義の風潮をみれば、ヨーロッパ人が心の奥深くで望んでいるものはそれにとどまらないことがうかがえる。シャロン氏がパレスチナ人大虐殺をすればいい、そうでなければ、シャロン氏がジェニンでしたことを「大虐殺」だといいたい。ホロコーストの罪という重荷を背中からおろして、「このユダヤ人を見ろ。以前のわれわれよりも悪いじゃないか！」と大声でいえるように。

先だって行われたアラブのメディア会議で、私はシンポジウムのパネルとして参加した。『ル・モンド』の元・中東特派員エリック・ルーローも一緒だった。彼は、近頃フランス人の将軍たちと話をしたが、将軍たちは、「イスラエルがジェニンでしたことは、フランスがアルジェリア戦争で行ったことより悪い」といっていた、という。あの戦争では一〇〇万人のアルジェリア人が殺され、家を失った人は二〇〇万に上った。他方、ジェニンではこれまで六体の遺体が発見されたが、その多くは戦士だった。算数ができないわけではあるまい。

率直にいって、ブッシュ大統領が中東の和平交渉にもっと積極的に関与していけばいい、と考えている。しかし、大統領が（自分の補佐官も含めて）中東紛争の各当事国・者に、現在行っている戦争をすべて中断させ、それぞれの人民に対して、いまや戦争はこのひとつ、ユダヤ人国家とパレスチナ人国家の国境線を決める戦争だけだ、といわせなければ、何の成果も得られないだろう。これ以外の戦争をしている人間は誰であれ、平和の敵であり、アメリカの国益にとっても敵なのである。

2002.5.19

Column 71

もっと想像力を!

ブッシュは九月一一日以前に攻撃される可能性を知っていたのか、そのうえで発表しなかったのか、ということがマスコミで取りざたされているが、私にいわせてもらえば、これは的外れな議論だと思う。

九月一一日を防止できなかったのは、諜報機関や調整の失敗によるものではない。想像力が足りなかったのだ。ＦＢＩやＣＩＡ、ホワイトハウスが、入手したばかりのあらゆる情報をつかんでいたとしても、誰かがこうした情報の断片を組みたてて、オサマ・ビンラーディンが現実に行った規模で惨事が起こるだろう、などと想像できたとは思えない。

オサマ・ビンラーディンは、独特のキャラクターをもっていた（あるいは、もっている）。連続殺人犯チャールズ・マンソンとＧＥ経営者ジャック・ウェルチを足して二で割ったような人物だ。根っからの悪人で、性格は歪んでいるが、しかし企業トップとしての組織力は抜群。自分の邪悪さを、超大国もゆるがすほどの地球的キャンペーンにすりかえてしまう。いいようによっては、アメリカ（ハリウッドは別だが）にビンラーディン流の想像力をもつ人間が少ないことは喜ぶべきかもしれない。ティモシー・マクヴェイ（オクラホマ・シティ連邦ビル爆破犯）はひとりで十分だ。

アメリカ人は本来、これほどものすごい惨事を想像することが得意でない。だから、何度こうした目にあっても、私たちはつい、元のとおり、愚直なまでの楽観的な自分に戻ってしまう。私たちの開かれた社会は互いの信頼を基盤にしている。これこそアメリカ人のアメリカ市民たるゆえんともいえるところであり、そうそうは捨てられない。どうみても、信頼できない場面だとわかっていても。

そういうわけで、ベイルートのアメリカ大使館に車が突っ込んで爆破されても、数か月後に米海兵隊兵舎が同様の（もっと大規模の）攻撃に見舞われるとは考えない。東アフリカで二つのアメリカ大使館を爆破されても、数年後に合衆国の駆逐船が小型船に衝突され、爆破することまで想像が働かない。一九九三年に世界貿易センタービルが爆弾トラックで爆破され、その犯人が飛行機を衝突させるつもりだったとＣＩＡにいっても、それでも、九月一一日にツインタワーがまさにそのとおりの攻撃を受けるとは想像できないのだ。

だから、これほどの惨事が起こることを大統領が想像しなかったからといって、非難すべきだとはいうまい。それより、テロがますます破壊力を強めているのだから、私たちもそろそろ環境に順応すべきだ。必要なのは、「惨事局」のような機関だろう。あらゆる情報を常に一本化し、よりわけ、極悪人がこれから何をしようとしているかを想像するのが仕事だ。

ブッシュ大統領が惨事を想像しなかったことを責める気はまったくない。非難したいのは、もっと大きな間違い、つまり、善なる力を想像できないことだ。

九月一一日以降、アメリカでは前向きな感情がみなぎった。とくに若者の間には、アメリカを長期的に強化するような大型プロジェクト――たとえば、エネルギー面で独立をめざす一種のマンハッタン計画のような――で働きたい、という希望をもつ人たちが増えた。しかし、ブッシュはそうしたやる気を無駄にしてしまった。もしこうしたプロジェクトが実現すれば、若者が環境保護のための国家的運動に参加することもできただろう。また再生可能で燃費のよいエネルギーを国内生産するための速成プロジェクトに科学業界を組みこんで、石油輸入量の削減をめざすこともできたのではないか。

こうしたプロジェクトを立ち上げていれば、アメリカはもっと安全になっただろう、というのは、価値観をただひとつも共有しない国々に依存する必要がなくなるからだけではない。世界各国に対して、私たちのテロとの戦いを支持するための、もっと強い理由を示せるからだ。この戦争は、パートナーがいなければ勝てない。ヨーロッパではとくに、最高の地球市民として認められなければ、末永くつきあえるパートナーを得ることは不可能である。それには、エネルギーの大量濫費をやめ、地球温暖化をくいとめるための京都議定書に批准することが一番だろう。

この点でミスをおかしたのは、ブッシュ大統領ひとりの責任とはいえない。彼は民主党の協力も得ていたが、民主党党首にしても、やはり想像力がなかったのだ。そのため、ブッシュ氏も、多額の税金を納めてくれる石油業界も、新しいエネルギーの開発で頭の痛い思いをしないですんだ。

しかし、私たちも子どもたちも、このことをきっと後悔するだろう。テロと戦うといいながら、兵士をアフガニスタンに送るだけで、あるいは国境警備を厳重にするだけでは、十分ではあるまい。もちろんこの種の戦争も重要だが、しかし一〇〇パーセントの勝利が得られることはなさそうだ。しかし、対テロ戦争を、ある程度の想像力を働かせて「アメリカをよりよい国にすることで、いっそう安全にする」行為だと定義できれば、私たちはきっと勝てる。そして、空港のチェックが厳しくなるという話でなく、何か永続するものが、九月一一日の惨事からきっと生まれてくるはずだ。アメリカや、そして今より緑豊かで清潔で、もっと広い意味で、より安全であるような国や惑星に対する敬意が高まるであろうような何かが。

大統領にそれが想像できないのは、まったくもって残念だ。

2002.5.22

Column 72

まあ、興奮しないで……

失礼、ちょっと落ちつこうじゃないか。

合衆国がテロリストに攻撃される可能性がある、というあいまいな警告を九月一一日以前につかみながら、ブッシュ・チームが生かせなかったという報道から始まったこの騒ぎだが、そのおかげで、今やブッシュは無責任だと糾弾されまいと防衛に必死で（それは当然だ）、それだけでなく、国民に荒唐無稽な不安をあおりたて、「もう一度攻撃される！　われわれには避けようがない。もうすぐそこまで迫っているぞ！　しかし、いつ、どこで、どんなふうに起こるかはわからないが」と大騒ぎし続けている。

それはそうだ。九月一一日直後なら、この先どんな攻撃もありうると思うだろう。そう思わなければ無謀だ。しかし私としては、ブッシュ・チームが、九月一一日以前にテロリストに攻撃される可能性を警告されながらきちんと反応しなかった、といって非難する気がないように、副大統領とＦＢＩに、「今後いつか、はっきりはわからないが、きっと攻撃されるに違いない」といってほしいとも思わない。

では、この情報をどう生かしたらいいだろう。「報告によれば、アル・カーイダのグループが部屋を借りて、アパート全体を爆破することもあるから、ほかのビルに行ってはいけない」？「外に出るな」？「国の記念建造物には近づくな」？「妊婦がいたら、自爆テロリストでないかどうか、ひとりひとりおなかにさわって確かめよ」？

こんな生活をしたいと誰が思うだろう。取引をしようか。私たちは、ブッシュ政権が九月一一日のテロを予想しなかったからといって批判しない。そのかわり今になって、悪夢の（あいまいな）シナリオをありうるかぎり並べ、国民を恐怖のどん底に突きおとすようなことはやめてほしい。やっと平静を取り戻し始めたというのに、こんな「警告」をきかされては、国民はあわてるだけだ。それだけでなく、本当に重要なことがぼかされてしまう。「私たちはあと少しで勝てる」ということだ。

いや、戦争はまだ終わっていない。それに、いつか、どこで、また攻撃を受けないとは限らない。しかしこれまでのところ、私たちは実際にたくさんの成果をあげてきた。もしオサマ・ビンラーディンが生きていたとしても、もはやアメリカに対するテロを指揮することはできない。そもそも、電話を使えるかどうかすら疑わしい。

このことは、重要である。ビンラーディン一味は独特で、非常に頭のいい、創造的で大胆なテロ集団であったが、もう普通に姿をみせることはない。死んだにせよ、隠れ家に潜んでいるにせよ、今、この時点でテロ計画を進めているとは思えない。もちろん、それほど専門知識のないグループは、おそらくまだ生きのびているだろう。大混乱を引きおこす可能性もある。しかし、アル・カーイダのようなテロ組織を叩きつぶし、カネの流れを絶ったら、それは大きな前進だ。アフガニスタンからタリバンを駆逐して、ビンラーディンの隠れ家を根こぎにすれば、それもまた大きな成果といっていい。

九月一一日以後、空港では妥当な予防措置を敷いた。FBI、CIA、INSの間での協力体制もスタートした。外国人学生には、目を光らせるようになっている。また、私たちと同盟国では数千もの容疑者が拘留されている。九月一一日以来、大きな事件がなかったのは、テロリストにその気がなくなったからではあるまい。私たちが、テロの芽を先につぶしてきたからだ。すばらしいことではないか。

しかし、熱心なテロリストを滅ぼそうとするこの戦争の性格からいって、「これで勝った」という確認ができない。テロに対する戦争は、永遠に続くだろう。そうはいっても、攻撃の数を減らすことはできる。テロ集団が逃げ回り、総崩れをおこし、テロを実行する力もなくなるようにするのは、不可能ではない。責任を持ってこの戦争を進める役人たちが日がな一日バックミラーを覗き込んでいたり、漠然と将来テロが起こると警告して不用意に社会を威嚇したりしなければ。

だからといって、ブッシュ・チームにフリーパスを出そうというわけではない。既に情報の扱いについてはミスがあったことがはっきりしている以上、政治家でなく専門家による特別な委員会を設けて、ここ一〇年にわたるアメリカのアル・カーイダ対策について見直すべきだろう。そして、精度の高い情報を得られなかった理由、点を線にできなかった原因を検討したうえで、今後の改善方法に取りくむことだ。

しかし、もうひとつ、私たちはテロをのりこえていかなければならない。もし開かれた社会を維持しようとするならば、適切な予防措置をとって、その状況に早く馴染み、以前よりリスクが大きいことを受けいれながら、生きていくしかない。これは私たちの運命なのだ。自分で自分をおいこむのはよそう。

読者のみなさんがどうかはわからないが、私の場合、この戦没将兵記念日の連休は、スケジュールが埋まっている。土曜日ゴルフ、日曜日サイクリング、月曜日バーベキュー。もしＦＢＩが「この日にここでこういう攻撃がある」と明確な警告をして、せっかくの週末をつぶすというならば、ちゃんと拝聴する用意はあるが、そうでなければ、だまっておとなしくしていること。怖がって逃げ回るのは私たちのほうでなく、アル・カーイダだ。それをお忘れなく。

2002.5.26

Column 73

シリコンバレー今昔

ムハンマド・アタが、自分のノート型パソコンでアメリカン航空のウェブサイトにアクセスして、九月一一日の航空券を予約し、仲間の数人はトラベロシティ・コムを利用して予約を入れたということを知って以来、私は、シリコンバレーの企業家たちが九月一一日の悲劇をどう見ているのか、気になっていた。これまで作り上げてきたネットワーク世界やその基盤となった前提について、何かためらいを感じただろうか。

最近スタンフォード大学とシリコンバレーを訪れ、私はこうした問いをテクノロジーの専門家にぶつけてみた。思想・行動の自由を主張する研究者にありがちな、テクノロジー万能主義的な風潮は、少なくとも多少はなくなった印象を受けた。シリコンバレーでは、九月一一日以前に作っていたテクノロジー（インターネットから、暗号化されたソフトウェアまで）によって、人々の行為（よいことも悪いことも）がはかりしれない規模の影響力をもつ可能性がある、と強く意識していた。こうしたテクノロジーは正しく使われるだろうという信頼のうえに作られたのだが、今や、その信頼が揺らいでいる。ハイテク企業はライバルだけでなく、利用者によっても脅威にさらされている、と多くの人が考えるようになった。

「会社にとって、研究開発の大きなポイントは、『このテクノロジーは、私の望まない使い方をされる可能性があるか？』ということです。以前は、誰もこんなことを考えませんでした。シリコンバレーでは、みな敵はマイクロソフトだと思ってきました。まさかムハンマド・アタが敵になるとは想像もしなかったのです」とトラベロシティ・コムの前副社長ジム・ホーンサルは話した。

シリコンバレーには、ある種の経験知がある。たとえば、新しい開発が成功するときは、新しい物好きが使い、次に比較的敏感な利用者、最後に大量販売へ、というようにだいたい同じルートをたどる。犯罪にも同じようなルートがあるといえるだろう。早い時期に新テクノロジーを悪用し始める者がいて、あげく、本物の悪党ユーザーの手にいたる、というルート。九月一一日のハイジャック犯はステガノグラフィーを利用して、地球規模で連絡を取りあっていたかもしれない。これを使えば、赤ちゃんの写真に三〇〇ページもの圧縮文書やボイスメッセージをひそませてメールすることも可能だ。

スタンフォード大学の法学教授、ジョセフ・A・グランドフェストは次のように語った。「われわれは、ほとんどいつも、信頼という前提に立ってシステムを設計してきました。しかしその前提が、もはやふさわしいとはいえなくなってしまいました。コンピューターからインターネット、建築基準法規にいたるまで、あらゆるものの基本に信頼が組みこまれているのです。誰かが旅客ジェット機を高層ビルに突っ込ませるという確率は、以前であればゼロでしたが、しかし今では事情が違います。テロリストは、私たちが日常使っている普通の道具やテクノロジーに対する信頼を失わせようとしているのです。今までは、朝起きて、これからブルックリンブリッジを渡って会社に行く、ということになんの疑いも覚えませんでした。けれども、しかしもうこれを信じるわけにはいかないのです。こういう現象はとくに危険です。相手や周囲に対して基本的な信頼もできないようでは、先進的社会とはいえないからです」

クリッパー・チップが提案されたとき、シリコンバレーは頑として反対した。これが通っていたら、政府は合衆国内の暗号化されたデータをすべて秘密裡に覗くことができた。今となっては、反対しなかったほうがよかったかもしれない、と思いかえす人も少なくない。ベンチャー投資家のジョン・ドーアは、「文化的に、シリコンバレーは九月一一日の時点で既に成熟していました。しかしあの日以来、指導者や政府機関を、いっそう重んじるようになった」という。

ホーンサル氏がいうには、トラベロシティは、ムハンマド・アタであれ、ビル・ゲイツであれ、「利用客の支払い能力を立証するだけが責任事項でした。名前とクレジットカードが支払い者と一致しているか確かめれば、それでよかったのです。切符を買った意図がどうか、には責任をもっていませんでしたし、それには深いレベルでの本人確認が必要ですから、そもそも私たちには不可能でした。そうはいっても、テクノロジーはこの先そうなるべきなのかもしれませんね。本人の意図が確認できるところまで進める必要がありそうです」

　マーケティング・コンサルタントのベサニー・ホーンサルによると、シリコンバレーは従来、いくつもの文化が共存する場であって、そこにいる若者たちは、世界中どこでも出かけていけるし、どこでもちゃんと適応できるような気がしていた。地球世代の子とでもいおうか。「けれども、九月一一日を境に、突如として変わってしまいました。急にアメリカ人になって、しかもアメリカ人であることに一種の危険を感じているようでした。その結果、彼らは、世界には前より境界線がはっきり引かれていて、狭苦しいと思うようになっています。今では、アメリカ人として、どこに行けば安全か？　をまず考えるのです」。テクノロジーとグローバリゼーションのおかげで「世界は小さくなったかもしれないが、私自身はどこにも出ていけない」と感じるようになった。

　最後に、ベンチャー投資家の友人ジャック・マーフィの言葉を引こう。ハイテク投資は立場が低い、という話をしていたときのこと。彼はしみじみとした調子で、こういった。「かわりに、防壁ビジネスでもやったほうがよかったかもしれないなあ」

Column 74

2002.5.29

第六次中東戦争

二〇〇二年春のイスラエル–パレスチナの武力衝突は、「第六次中東戦争」といってもいい。歴史をさかのぼれば、一九四八年の第一次中東戦争から、一九五六年、一九六七年、一九七三年、一九八二年と、五度にわたって繰り返されてきた。二〇〇二年の戦争にはまだ適当な名称がついていない(「自爆戦争」とか?)。とはいえ、それ以前の中東戦争もそうだったが、この第六次戦争も、しかるべき成果をもたらしつつある。今回も、アラブ、イスラエル、パレスチナの政治が根幹から揺さぶられているのだ。

パレスチナ人の問題から始めよう。今回の戦争が始まるずっと前の段階で、パレスチナ人の「アルアクサー・インティファーダ」は目的があいまいだとか、ヤセル・アラファトは国民の怒りをただ利用して、失政から注目をそらそうとしているとか、批判が既に高まっていた。実際に、アラファト氏は政策でミスをおかしても、しぶとく生きのびている。しかし今回ばかりは、パレスチナ人の大義を傷つけてしまった。パレスチナ人も、それを知っている。

第一に、イスラエルは、自爆テロの繰り返しというアラファトの挑発にのって報復に出た。しかし、アラファトが一九七〇年アンマンで、また一九八二年ベイルートで挑発した時と異なり、報復攻撃で破壊されたのは、これらアラブの都市ではなかった。今回、イスラエルがアラファトに挑発されて報復破壊したのは、パレスチナの諸都市――ラマラ、ナブルス、ジェニン、ベツレヘムだった。

第二に、パレスチナ国家を建設すると明示した合衆国案を拒否したあげく、この自爆戦争を引きおこしたことで、アラファト氏はパレスチナとアメリカの関係に深刻なダメージを与えた。ビル・クリントン大統領の時代は、どこの国の指導者よりもアラファト氏とひんぱんに会談していたのに、今日では、ホワイトハウス見学ツアーに申し込みでもしなければ、ブッシュ大統領には会えなくなっている。

第三に、この自爆戦争によって、それまでパレスチナ人が国家をもつことに好意的だった唯一の当事者である、声なきイスラエルの大衆も態度を硬化させてしまった。和平交渉の歴史は一言で、こんなふうにまとめられるだろう。「パレスチナ人がイスラエル主流派に対して、隣国として平和にやっていくつもりだ、といって説得すれば、自分たちの国家を作ることができる。そうしないならば、国家はもてない」。これ以外は、すべてつけたしだ。

自爆戦争がイスラエル政治に与えた影響も、同じく重大である。ヘブライ大学の哲学教授であり、ハートマン研究所のフェロー、モシェ・ハルベルタルは、「イスラエルの政治を支配してきた二つの見方が、どちらも崩れてしまった」という。

その一つ、ユダヤ人右派は、イスラエルはヨルダン川西岸の占領を維持しながら、さらにパレスチナ人の土地を獲得して入植し続けよう、パレスチナ人は結局こちらの要求をのむだろう、と考えてきたが、この議論はこの戦争で爆破された。他方、アラファト氏がもし西岸地区に戻ったら、まともな政府を作り市民社会を建設するだろう、そうすれば両国の対立も終わるに違いない、という左派の考えも否定されたことになる。

結果として今日のイスラエルでは、両陣営に分裂するのでなく、むしろこの二つの発想を足して一つに結びついている。大多数は、パレスチナ人が自爆テロを続けるかぎり、パレスチナ人を粉砕する気でいる。しかし、パレスチナ人が暴力をやめるというならば、サウジアラビアの和平案（正常な国交とひきかえに完全撤退する）に基づいて、解決を探ろうとする人も、また同じくらい多い。

最後に、自爆戦争はアラブの指導者にいかなる影響を及ぼしただろう。アラブの衛星テレビ局とインターネットが爆発的に発達し、もはや自分たちでは世論をコントロールできない、と理解したことが大きい。扇情的なアラブのメディアは、一般大衆に西岸地区の戦闘シーンをこれでもかというほど見せつけ、あおりたてる。とはいえ、指導者がすぐにひっくりかえることはない。われわれはイスラエルにいためつけられている、という大衆の不満は、アラブ経済と独裁政権に対する不満とないまぜになって増大する。穏健なアラブ指導者は不安に感じ、この種のテレビ放送をやめさせなければ、と焦っている。

つまり、こういうことだ。機は熟した。アメリカが大きな立場でイニシアティヴをとるのに最適な時期が来た。あいにくなことに、アメリカ、イスラエル、パレスチナの指導者は、誰ひとり必要なものに近寄らないようにみえる。つまり合衆国やNATOの監視のもと、西岸・ガザ地区で過渡的統治体制を作り、責任あるパレスチナ暫定自治政府の段階的な建設と、入植地の解放の両方を監督していかなければならない。もしそこから目をそらすならば、第七次中東戦争のお膳立てがそろってしまうだろう。

Column 75

2002.6.2

戦いはこれから

九月一一日を警告できたのにいくつもの兆候が放置されたことについて、ＦＢＩがなりたてているのはけっこうだが、忘れてならないことがある。九月一一日を予感させる「信号」がすべて隠れていたわけではない。信号の多くは公的な場にあった。イスラム世界各地のモスクや学校で教えられる反米憎悪の演説や、さまざまなアメリカ陰謀説がそれだ。もし私たちが、次の九月一一日が起こらないように細心の注意を払うならば、こっそりと敵を監視するというだけでは十分でない。彼らの思想を公けの場で攻撃するべきだ。

本音をいえば、サダム・フセインが明日にでもいなくなればいいと思う。しかし、仮に彼が消えたところで、問題は解決しないだろう。サダムは従来型の敵だから、従来の手段で潰すことができる。誰かを凶行にそそのかしたりはしない。ハイジャック犯は、とくにエジプトとサウジアラビアの宗教的指導者、似非インテリ、学識者、教育者に吹きこまれて、犯行に及んだ。こうした思想系の人たちは、厳格で他宗教を認めないイスラム教ワッハーブ派を広げるのに、石油からあがる巨万の富を使ってしまう。

しかしほっとすることもある。彼らの社会は一枚岩でない。一般市民や役人のなかには、私たちが指導者や宗教的権威に圧力をかけ、他宗教との共存を教え、イスラム教を現代化させることを望み、そうしない場合は資金援助をやめようという人たちが多い。

ブッシュ大統領は、ずっとこの挑戦を避けてきた。最近サウジアラビアを訪れてから、私のもとに、ある若いサウジアラビア女性からEメールが届いた。これは、こんなふうに始まっている。「サウジアラビアの現状を知らせようと努力してこられたことに穏健なサウジアラビア人として感謝いたします。……私たちの学校では他宗教を認めるなと教えられ、モスクではたいてい非イスラム教徒を憎めと説教されます。マスコミは政府と宗教的指導者が握っているのです。私たちの穏健な思想を主張しようにも、その場がありません。宗教によって私たちの生活は身動きできなくなっているのに、政府は何もしないのです。フリードマンさま、私たちは助けを求めております」

五月八日、サウジアラビアの日刊紙（アラビア語）『アッシャルクルアウサト』が、匿名のアラブ人外交官によるエッセイを掲載した。「一九四八年以来、アラブ各国がパレスチナを主要問題とせず、内部から国力の増強に目を向けてきたら、どうなっていたか？　アラブ各国が、市民教育に集中し、国民の心身の健康状態の改善と文化のレベルアップに力を入れていたら、どうなっていただろう？　聖職者たちは、イスラエルを非難し、ジハードを叫び、自爆テロを支持するないような宗教的決定をまるで競いあうように出しながら、自国発展のための精神的ジハードを促さない。なんということか」（翻訳はＭＥＭＲＩによる。）

要するに、アメリカと西側には、パートナーとなりうる相手がアラブ世界にもいるのだ。戦争を本来の場所に移すよう、つまりイスラムとの戦いでなく、精神的メッセージとアイデンティティをめぐる、イスラム内部の戦争に戻すよう、私たちに手を貸してほしい、と思う人たちがいるのである。

そしてこのイスラム内部の戦争は、本当のところ、宗教戦争ではない。未来と過去の戦いであり、発展と未開、クレージーな陰謀説を書きたてる人間と合理的理論を認める人間の戦い、自爆テロの唱道者と、社会は墓石で作れないことを知っている人々の戦いだ。この戦争に勝てるのは、アラブ人とイスラム教徒だけだが、私たちにも進歩主義者を支援することはできる。ところが、私たちは即効の解決策ばかり探している。「サダムを倒せ。そうすれば狂信者も崩れるだろう」。果たして本当にそうだろうか。

西側で実際にこの挑戦に取りくんできた指導者はオランダの政治家ピム・フォータインだけだったが、彼は五月六日にほかの理由で暗殺された。彼は、イスラム教徒のオランダ移住（二〇一〇年には教会の数をモスクの数が上回るだろう）を問題視した。イスラム教徒に反対するからではない。イスラム世界が、西洋における政教分離や、現代性、民主主義、他宗教に対する寛容を取り入れるための準備をする、啓蒙主義や宗教改革の時代を経てこなかったと感じたからだ。

フォータインはゲイであり、互いに寛容であることを求めていた。そして、イスラム教徒の移民に対して、こう問いかけたのである。私は寛容でありたい、しかし、あなたたちはどうか？あなたたちの絶対的文化は、決して同化を認めようとせずに、わが国の他文化と共存する自由主義の精神を脅威にさらすのか？

二〇人めのハイジャック犯として告発されているザカリアス・ムサウィは、合衆国法廷で、合衆国の破壊をアッラーに祈ったという。耳をふさぎたくなるような言葉だ。イスラム教徒でも多くは受けいれないだろう。しかし、私たちが彼らと手を組んで、倒米派に対する「思想の戦争」に入るまでは、これからも何人ものムサウィが現れることだろう。ＦＢＩのスパイでは足りそうもない。

Column 76

2002.6.5

NOとしかいわない国

昨日付『ニューヨーク・タイムズ』で、エジプト大統領ホスニ・ムバラクが、九月一一日以前、アル・カーイダによる謀略についてアメリカに警告していたことを明らかにしている。さらに、新しいパレスチナ国家案を考えている、とも述べている。この国家案はよくできていると思うが、しかし正直にいって、安心できるものではない。私たちは、エジプトに警察役をしてもらう必要はないのだ。エジプトには、協力できる進歩主義者になってほしい。

つまり、こういうことだ。私たちがエジプトに求めるのは、一九世紀から二〇世紀初頭にかけて同国がアラブ政治に果たしていたような役割である。歴史的にみて、ほかの国では代わりになれない。アラブ・イスラム世界が現代的に生まれかわるように導き、伝統に根ざしつつ、さまざまな文化思想を認めあえる進歩的な民主主義思想を伝えてほしいのだ。これこそ、エジプトが私たちのためにできる最も重要な仕事である。ここ数十年、エジプトがしてこなかったことでもある。

ずばりいわせてもらおう。エジプトはアラブ世界の重心である。最大規模の中流階級をかかえ、教育は最も進んでいる。国民の潜在能力は最も高い。エジプトは、地中海地域でいう台湾のような存在になるべきだ。ところが同国は低迷を続けている。小国にすら追いぬかれそうだ。ヨルダンは、アメリカと自由貿易協定を結んだ最初のアラブ国家であった。バーレーンはアラブ世界で最も革新的な民主主義の実験を行っている。カタールはアルジャジーラで衛星テレビのパイオニア的存在となった。チュニジアは独裁政権ながら、経済自由化とEUとの関係強化を進めている。

こうした変化は、本来エジプトが始めるべきなのだ。エジプトから始めていたら、アラブ世界全体に対して有意義な影響を与えただろう。とくに、停滞するイラク、シリア、サウジアラビアなどを現代化するうえで大きな力となったはずだ。しかし、そうはならなかった。エジプトは、二〇世紀にナギブ・マフフーズ、タハ・フサイン、タウフィーク・アル・ハキームといった知の巨人を輩出したのに、後継者が出なかった。あまりに長期間にわたり、言論が統制され、独裁政治が敷かれていたため、エジプトにおける知的空気はすっかり澱んでしまった。

ムバラク大統領は、「わが国にはあらゆる種類の民主主義が行われている」という。本当だろうか？　本物の民主主義を除く、というただし書きが必要だろう。本物の民主主義があれば、エジプト人の民主主義論者サアド・エッディン・イブラヒムが言論の自由を求め、社会変化を要求し、公的政策に疑問を示したからといって裁判にかけられることはありえない。

一九九〇年代半ば、ムバラク大統領は、二〇年で人口が倍になることを考え、経済の私有化など改革の必要性を理解したようにみえた。しかし改革の入り口でちょっと景気が好転すると、本当に難しい問題から手を引いてしまった。二〇〇〇年以降、エジプト経済はまったく活気がない。国内外の投資家も大型投資を渋っているようだ。コスタリカは人口四〇〇万だが、エジプトよりも輸出高が多い。タイは人口がエジプトと同程度だが、輸出量は一〇倍である。

もちろん、エジプトはずっとアル・カーイダの脅威にさらされていた。しかしエジプトがとった方法といえば、急進的イスラム教指導者を逮捕するか追放するかで、そのあとは思想面で穴が開いたままほうっておいた。オサマ・ビンラーディンのようなアラブ・イスラム的とはいえこれほど時代に逆行する思想をもったサイコパス（精神病質者）が、これほどの信用を集めたのは、アラブ世界とくにエジプトでは、アラブ・イスラム内部で進歩的民主的な思想を打ちだし、ビンラーディンに対抗できる者がひとりもなかったからだ。

ブッシュ・チームは、テレビや宣伝に力をいれ、アラブ世界にアラビア語でメッセージを伝えようと考えている。しかし、私たちがアラビア語でどんな放送をしても、エジプトが発信するメッセージに匹敵する影響力をもつとは思えない。しかし、それがエジプトからは出てこないのだ。ホスニ・ムバラクは私たちの敵ではない。彼は裏表のない親米家で、またアラブ－イスラエル戦争が起こったとき要塞となる人物である。しかし、もし彼が本当に私たちを助けたいと思うならば、そして私たちの側でも助けてほしいならば、アル・カーイダやイスラエルの話をする必要はない。話すべきは、エジプトのことだ。

九月一一日以来私たちが一つ学んだことは、テロが起こるのはカネがないからではない、ということだ。テロは自尊心の欠如から生まれる。中流のアラブ・イスラム教徒の若者は、国内にちゃんとした仕事がほとんどなく、自分の可能性を実現したり未来を実現させたりするチャンスもないため、だまされたような気になり、それをアメリカのせいにしてしまう。私たちは、この悪循環を断ちきらねばならない。それを誰より手助けできるのは、エジプトだ。ブッシュ大統領にそれがいえるだろうか。それとも、私たちは自分にもエジプトにも、本音を隠しつづけることになるのだろうか。

2002.6.12
テヘラン（イラン）

Column 77

親しい敵国？

簡単なクイズを出そう。「中東圏のイスラム教国で、九月一一日以後、アメリカに同情して自発的に番人をつとめてくれている国はどこか」。クウェート？　違う。サウジアラビア？　違う。イラン？　そう、そのとおり。イラン旅行をプレゼント！　もしイランに来れば、ほかのどのイスラム教国とも違い、九月一一日以後アメリカに心から同情を寄せる人が非常に多いことがわかる。それればかりか、アメリカとの国交再開への希望が高まり、あちこちでしょっちゅう話題に上るため、二週間前に強硬派の政権は、この問題を公的な場で話すことを法的に禁じるという前例のない措置をとった。

しかし、心配はいらない。禁止されても、ここで第一の政治的話題は依然として、対米国交であり、あいからわず議会でも、改革派メディアでも自由に議論されている。イランを訪れたアメリカ人と話すときには、「国交回復についてどう思いますか？」といったたぐいの質問をしなければ、終わった気がしないほどだ。

なぜこの議論がさかんなのか？　まず、高い失業率から、世界政治での孤立感、外国投資の不足、一般的な政治不安まで、イランが現在苦しみ、平均的イラン人がいらだちを覚えている要因は、もし対米関係が回復して経済制裁が解けたらすべて解消するだろう、という非現実的な期待感が広まっている。

しかし意外にも、ブッシュ大統領が、イラク、北朝鮮とともにイランを「悪の枢軸」と名ざししたことで、議論はますます活発になった。当初、議会の改革主義者とマスコミは、ブッシュ氏のこの声明に狼狽した。強硬派は、これはアメリカがイランと決して国交を結ばない「証拠」である、と主張したのだ。しかし以来、改革主義者たちは、「悪の枢軸」と非難されたのは強硬派の政策が原因だ、と論じている。

さらに、九月一一日以来、アメリカがイラン人に対するビザ発給を制限してきたことが、多くのイラン人大学生を落胆させている。また二週間前に、長年の支持者ロシアが事実上ＮＡＴＯに加盟したのも、衝撃だった。イラン国民の多くが、ここでワシントンとの関係を考え直すのもわかるだろう。

イランでの対米国交に関する議論は、アメリカにおけるこの議論と、まるで鏡に写したように似ている。ワシントンでは意見が三通りに分かれている。イラン国内でこの議論に火をつけたのはアメリカなのだから、勢いを消さないように、外交的関係を前向きに検討するべきだ、と論じる積極派。アメリカがこのまま孤立させればイラン政権は自然に崩れるだろうから、国交問題に手を出すなという反対派。イラクの場合と同じように、イランでも強制的に政権を交替させようとする強引派。

イランでは、アメリカとの国交こそイラン現代化の鍵とみる積極派がいれば、アメリカを信用せず、イランは単独でいるほうがよいと考える孤立派もいる。また、合衆国と対決することで国力を強化しようという保守主義の挑発派もいる。

駐イラン外交官によれば、強硬派の精神的指導者アヤトラ・アリ・ハメネイも、イラン国内の空気を察知し、イラン経済には合衆国の投資と貿易が必要であることを理解しており、もはやアメリカとの国交再開に反対しなくなっている。しかしハメネイは国交を再開するにしても、改革主義者の手柄にしたくない。これで反対陣営が勢いづかないよう、自分が面目を施し、自分中心で進めていけるような方向を思案しているのだ。

しかし今のところ、どちらの国にしても、各派閥がそこそこのバランスを保っているため、どこかひとつが（国交再開にせよ断絶にせよ）決定的な一歩を踏みだすことはできないでいる。

これは残念なことだ。イランでもアメリカでも、一般大衆は、積極派に賛成している。昨年、イラン強硬派は、一九七九年に学生による占拠事件があってから手つかずだったテヘランの米大使館を完全修復すると決定した。革命博物館に改修して、昨年一一月四日にオープンしたものの、来館者がなく、また閉館してしまった。大部分のイラン人にとって、アメリカ大使館博物館などいらない。ほしいのは、アメリカ大使館そのものなのだ。

最終的にどのような結果になるかは明言できないが、わかることはある。明日にでも、国務長官コリン・パウエルが、テヘランに飛んで、制裁の解除や、イランの核計画、パレスチナ人テロリストに対するイランの支援問題、外交関係など、あらゆることを話しあう用意がある、と公言するならば、イランの議論は大きく動きだすだろう。

2002.6.16
テヘラン（イラン）

Column 78

イランの第三の波

イランは爆弾をもっている。知っている。私は、見たのだ。

いや、あの爆弾ではない。私がいう爆弾は、ごく普通に、誰の目にも見えるところ、たとえば高校、大学、喫茶店に隠れている。この爆弾が、イラン社会の足元でかちかちと音を立てつづけ、次の一〇年で爆発し、イラン・イスラム共和国の顔を変えることになるだろう。簡単に、「第三世代」といっておこう。

イラン革命家の第一世代は、一九七九年に国王を倒してイスラム共和国を誕生させた。今では白髪の老人となり、疲れもたまっている。宗教政権として権力にしがみついているが、それは強制によるものであって、イラン人の生活をことごとくイラン化するという計画が一般に受けいれられたからではない。

第二世代は、一九八〇年代イラン‐イラク戦争の間に成人を迎えた世代だ。この戦争では、二八万六〇〇〇人ものイラン人が殺され、五〇万人が傷を負った。こうした背景から、彼らは失われた世代といえる。自信をなくし、とげもない。

第三世代にあたるのは一六歳から三〇歳まで、イスラム教政権下で成長した若者である。国王の専制政治がどうだったか、彼らは知らない。生まれたときから、アヤトラの専制政治しか経験がないのだ。今ではイラン人口のざっと三分の一にあたる一八〇〇万人がこの第三世代に含まれる。そのうち二〇〇万人は大学生、四〇〇万人が大学を卒業したばかりである。

以前ホメイニ師の補佐を勤め、今では改革主義者のトップであるモフセン・サズガラはこう語る。「革命はほとんどがそうですが、第三世代には、革命の創始者への特別な共感がありません。それどころか、国をまともに治められないような政府を作った、といって私たちを非難するのです。第四世代にあたる、現在一六歳未満の二四〇〇万人が成人するまで、第三世代はイランにおいて最も重要な人口集団です。どの方向にせよ、彼らが行くと決めたら、イランはこの先一〇年間、そこに向かうことになるでしょう」

第三世代が行きたい方向は、既に明らかだ。彼らの中には、宗教的保守主義者もいるが、大半は違う。若く、落ちつきがなく、現代風の格好をしている。ちゃんとした勤め口が十分にないから、職についていないものも多い。インターネットや衛星テレビを通じて、世界につながっている。そしてそこで見るものに憧れる。豊かな暮らしや、いい仕事がほしいと思い、個人の自由を求め、外界ともっと結びつきたいと願っている。そうならない現実に、いっそう怒りをつのらせる。イスラム教を受けいれているが、生活のすべてが宗教一色になるのは好まない。

「彼らは反宗教的というのでなく、原理主義に反対していて、何事にもただ黙って従うのがいやなのです」というのは社会学教授ハミドレザ・ジャライプールである。このとき、一九歳の息子モハンマドレザは父に同意して、しきりにうなずいていた。

彼らの求めに応じて、政府は既に政策を緩めざるをえなくなっている。前回ここに来た六年前、友人がイラン人ギタリストに会わせてくれた。このギタリストはエレキギターをもっていたが、ポップミュージックが禁止されていたので、寝室でしか演奏できなかった。それが今日、彼は堂々とコンサートを開いてイランのポップソングを演奏し、ＣＤも出している。また前回、女性は全身が隠れるような黒い服を着、髪も隠していたが、今では服の色もまちまちだし、髪がみえるようにスカーフをあげている。ムッラーが非難して叫ぶと、たいてい女性たちはすぐさま怒鳴り返した。現在最も人気のあるイラン映画は神権政治の偽善をあざけるものだ。今日テヘランでは、一五歳のイラン人少女が妊娠し、シングルのまま産むことを決意するという内容の映画をやっている。ほかの映画は、娘のフィアンセと駆けおちする母親の物語だった。

この第三世代は、サウジアラビアの第三世代とまったく違う。サウジアラビアという国は、若く、貧しくなる一方で、ますますイスラム色を強め、反米的になっている。サウジアラビア人青年は、自国政権が腐敗して宗教的でなくなり、アメリカにすりよっていると思い、抵抗している。一方、イランも若く貧しくなる一方だが、ますますイスラム色が弱まり、反米的でなくなっている。イラン人青年は、反米宗教政権が自分たちを世界から孤立させていることに抵抗している。

一九〇〇年代初頭、イランに電報が導入されたとき、これは独裁政権に対する立憲革命のきっかけとなった。一九七〇年代に普及した電話とカセットテープは、王に反逆したホメイニ師の革命を広める道具となった。そして今日、インターネットと衛星テレビが入ってきて、第三世代に新たな欲望と野心を吹きこんでいる。

第三世代は、ハタミ大統領が改革派として大統領に立候補したときは、自分たちの熱望を満たしてくれると願ったが、結局彼は役立たずで、保守派陣営と対決したがらない。いや、別に問題はない。第三世代は、最終的には自分たちで新しい政治的リーダーを見つけるだろう。そしてそうなったら、イランはきっと変化するはずだ。アヤトラの祝福を受けるかどうかは、わからないが。

Column 79

きわどい結婚

2002.6.19
テヘラン（イラン）

もし、神権政治と民主主義に子どもができたら、どうだろう？　どんな子になるだろうか。イランに似ているのではないか。

イランにこれほど興味を覚えるのは、本当の民主主義でも、本当のイスラム神権政治でもない、という点だ。多くのイラン人にとって、現在の民主主義は「もっとほしい」という気にさせられる量であり、神権政治は「もっと少なくていい」と感じる量、といえる。

イランは表向き騒がしいが、裏側では、民主主義者にしても宗教的保守主義者にしても、多くが、この二つを統合する方法を探っている。

改革派の民主主義者たちは、国王による世俗的政治の失敗と、ここ二三年のイスラム教による支配から、イスラム教を一切受けいれないような民主主義は根づかないことを学んだ。

宗教思想家たちは、この二三年間の経験から、政府を牛耳ろうとして、国民の服装、思想、会話まで型にはめようとする無能な聖職者が多すぎたため、現代の国民生活をすべてイスラム教で規制すれば必ず反動が起こる、と考えるようになった。若者たちの多くは、モスクから逃げ出そうとしているし、聖職者を毛嫌いするので、ムッラーは侮辱されたりいやがらせを受けたりしないように、場所によってターバンと服を脱ぐという。

しかし、イランがイラクやサウジアラビアと違い、このように奇妙な半民主主義であるからこそ、一般人が自分の意見をはっきり話したからといって毎日のように逮捕されて刑務所に行き、本を書き、釈放されると議員に立候補し、演説し、改革主義新聞を立ちあげ、また逮捕されるというような国だからこそ、国家と宗教がよりよいバランスを取る方法を探る議論がさかんなのである。

先日、宗教的保守新聞『レサーラト』の政治部長アミル・モヘビアンに会った。彼はこう述べている。「革命当時、私たちは社会に対して強引なまでに、ひとつの宗教的価値観を提示していました。……しかし、今では反動が起こり、私は新しい定義を示そうとしています。私たちは人を信仰深い人間に変えるつもりはありません。ただ、正道からはずれた社会にしたくないのです。もし前のように宗教的価値観を強制しようとすれば、世代間のギャップはますます深まるでしょう。一方的でなく、押しつけがましくない価値観を示せれば、新世代と多くのものを共有できるのではないでしょうか」

同じ日、ホメイニ師の補佐官をしていたモフセン・サズガラを訪ねた。現在はイラン人学生をスタッフに抱え、改革派新聞を起こしている。「国王を倒し、イスラム新政府を打ちたてて、世界に新しい政治のありかたを示せると信じていました。けれども、革命に勝利した後に私たちがしてきたことは、新しい方法ではなかった。民主主義とイスラム教の結婚はうまくいきませんでした。これが改革運動につながったのです。……しかし、憲法上の権限がなかったために失敗に終わりました。憲法では、あらゆるものの上に宗教的権威がおかれていますから、変革しようとしても必ず邪魔されるのです。ですから今度は、本当の立憲民主主義を手に入れなければなりません。宗教的民主主義でない本当の民主主義で、しかもそのもとで宗教にもしかるべき位置が与えられるような民主主義を」

イランでこうした統合が実現するには、まだ長い時間がかかりそうだ。今のところ、イスラム教政権は、同盟国を買えるほどのオイルマネーと国内の敵を粉砕できる苛酷な政策のおかげで、いささかも揺らぐ気配がない。強硬派の聖職者たちも、そう簡単には譲らないだろう。対外的に緊張状態が生じれば、社会を軍事化し、政権批判を押しつぶせて好都合だから、平気で外国を敵に回してしまう。とはいえ、強硬派の聖職者でさえ、国民に強制するだけではいつまでも生きのびていけないと知っているらしい。だから議論が沸騰しても、あえて抑圧しないのだ。

九月一一日以後、アラブ・イスラム世界で思想間の戦争が起こることを、西側世界は願っていた。これはオサマ・ビンラーディンのイスラム教ファシズムに対する戦争であり、アラブ人が、ビンラーディンとは違う、民主的にして進歩的なイスラム教思想を示す戦いとなるはずだ。しかし、この戦争はまだ起こっていない。まだほとんどの国では、十分な民主主義が発達していないからだ。それなのに、何とも皮肉めくが、イランでは現に、戦いが始まっている——九月一一日への反応としてでなく、イラン自身が経験した国王の専制政治と宗教専制政治に対する反応として。

願わくは、この戦いがうまくいくように。もし、イラン人思想家や政治家が、立憲民主主義に、再定義したイスラム教（社会規範を指導するだけで、国家の支配には直接関わらない）を融合できたとしたら、モロッコからインドネシアまで、全イスラム世界が前進するための多大な影響を与えるだろう。それは、イラン革命には決してできなかったことなのだ。

Column 80

2002.6.23
テヘラン（イラン）

イラン最大のドラマ

今日のイランで何が驚きだといって、新聞記事の正直さにまさるものはあるまい。朝刊を読んで息をのむこともある。先日、主流紙『エンテハーブ』に「びっくり　イランの数字あれこれ」という見出しの長い記事が載った。ずらりと並んだ数字を抜きだしてみると——今日、テヘランの町で仕事をしている娼婦の数、八万四〇〇〇人。テヘランの売春宿、二五〇軒、そのなかには高級官僚が関係しているものもある。テヘランの家出少女、一日に六〇人（前年比一二パーセント増）。イラン刑務所のドラッグ中毒の女性の四〇パーセントがエイズに感染している。一六歳、一七歳の二人の姉妹が、二か月で一一〇〇人もの人にエイズをうつした。二〇歳未満のうつ病患者は四〇〇万人。失業率は（既に三〇パーセント前後）着実に増加。

この数字はいずれも、青息吐息の経済状況のあらわれである。二週間前、『イラン・ニューズ』紙に、こんなふうに書かれていた。「わが国の経済構造は根本的にすべて破綻していて、緊急な全面的改革が必要だ。深刻な問題としては、外国投資の不足、経済政策のミス、不況の原因となる政治的孤立、度外れた失業率、高度のインフレがある」

経済のおちこみは、合衆国が制裁を課した結果ではない。イランは石油によってうるおっているから、ヨーロッパや闇市から、何でも買うことができる。不況の原因となったのは、イランの神権政治の失敗であり、支配者たちの腐敗、無能、恣意的決定プロセス、宗教法、反グローバリゼーション体質である。したがって、今日のイラン最大のドラマは、アヤトラがこの制度を平和に改革するか、それとも制度が社会不安から爆発するか、という点に尽きる。

『ノールーズ』紙が先月掲載した世論調査によれば、テヘランで「現状に満足している」と答えたのは六・二パーセント。四八・九パーセントが「改革」すべきだといい、四四・九パーセントが「根本的変化」を望む、と答えている。

支配階級の聖職者にとって、問題は、経済を私有化して外国の投資を積極的に受けいれない限り、国民に十分な就職の場を提供できないことだ。経済改革して、新たなテクノロジーと新たな市場をもたらすような外国人投資家をひきつけるには、支配制度の柱をそれぞれ改革しなければならない。たとえば、バザールの商人、聖職者とその子どもたち、同盟者には法外な独占権が与えられている。またイスラム教慈善団体を表看板として、巨大コングロマリットが納税を逃れ、たばこから車まで、非課税で輸入している。イランが投資をうながすには、法をガラス張りにしなければならない。つまり、システムの頂上に座って裁判所や議会を支配するお抱え判事や聖職者の恣意を抑制することが求められる。

イスラム革命は、数百万にのぼる地方のイラン人を都会化し、本当の意味での市民に変えた。国王にはこれができなかった。ある自動車部品会社の経営者は、「今では教育も、道路、運送、健康機関もあります。大学生の六〇パーセントは女の子です。しかし今、これらの新市民が求めているのは地方の政権ではなく、市民のための政権です。つまり、聖職者によるのでなく、国民の宗教は尊重するけれども、国民の権利もきちんと尊重するような政府のことです」といった。

当座、支配階層の聖職者たちは、オイルマネー（と地方や、神学校、バザールでの支持）に困らないから、安泰だろう。しかし人口が急増している（二三年前王制が崩壊したときは三〇〇〇万人、現在は六六〇〇万人である。その七〇パーセントが三〇歳未満）以上、十分な働き口が必要で、そのためには何かを犠牲にせねばなるまい。

反体制の経済学者ラヒム・オスクイは次のように語っている。「現政権には、二つの選択肢がありますが、いずれにしても結果は同じです。一つは、国際的・国内的変化に抵抗する。その場合、政権は崩壊します。もう一つは、柔軟に適応する。でもそうしたら政権は現状維持とはいかないでしょう。聖職者たちは、生きのこるために体制を世俗化しなければならない、という結論に達すると思いますが、まだ時間がかかりそうです。……現代のわが国の革命は、いずれも国の内側から始まりました。今日、社会内部からの要求が強まっていることを考えると、今のような後進的政権は、改革勢力に抵抗できないでしょう。ええ、国外からの干渉がないとすれば」

Column 81

2002.6.26
テヘラン（イラン）

テヘランの窓から

イランのある高級官僚が、「テヘランから見た世界情勢」を説明してくれた。まず、合衆国が北部同盟を組織し、イランに強硬に対立していたタリバン政権をアフガニスタンから追放するにあたって、イランが力を貸した。（タリバンとは違って「私たちは文明社会の原理主義者なんです」と、彼は鼻であしらうようにいった。）タリバン崩壊後は、黙って合衆国がカブールに暫定政府を作る手伝いをした。九月一一日のテロには、イラン人はただひとりとして関わらなかった。もちろん、アル・カーイダにもいなかった。核の原子炉は国際機関の査察を受けている。イランは中東圏イスラム国家のなかで、最も民主的だし、言論の自由もある。それなのに、ブッシュ大統領からもらったお礼は「悪の枢軸」というレッテルだ。

その間、パキスタンはタリバンを作り、アル・カーイダのメンバーをかくまい、カシミールでイスラム教テロリストを支持し、核爆弾を製造した。あげく軍事独裁政権の指導者は、アメリカから一〇億ドルの援助を受けている。また、サウジアラビアはタリバンに資金調達しているうえ、アル・カーイダにも数百人が加わっている。ハマスとイスラム聖戦を後援する慈善団体もあり、そこから世界各地のイスラム教原理主義者学校に資金が流れている。しかも九月一一日の一九人のハイジャック犯のうち一五人の祖国でもある。それなのに、民主主義のないこの国の指導者アブドッラー皇太子が、ブッシュ大統領の農場に招かれた！

正直にいって、これを聞いてつい笑ってしまった。私はイランを弁護するためにここまで来たわけではない。イランは市民に対しても、国外でも、テロを支持してきたのだから。しかし、イランは中東圏のイスラム国のなかで、唯一政治的活力があり熱気にあふれ、合衆国と利害がある点で一致する国であり、今後の方向を見守るべきであるとは思う。ただ悪の枢軸といって片づけるにはあたらない。

イランには三つの中心がある。一つはイランE。悪（evil）の保守的聖職者、諜報機関、政権の突撃専用部隊のことで、今でも強権の道具を独占している。イランがハマスとイスラム聖戦を支援しているのも、二、三年前に知識人が殺害されたのも、彼らの指示による。

次はイランC。合理主義・保守主義（conservatives）の聖職者とバザール商人で、国王の専制への反発からイスラム革命を支持していた。しかし現在では、民主主義による法治国家を望んでいる。今のところ、イランCとイランEの関係は悪くない。

最後のイランRには、すべての改革者（reformers）が含まれる。たとえば、経済的に締めつけられている中流、台頭する学生世代、聖職者の支配にうんざりしている以前の革命家などだ。

さらなる民主化と、宗教による強制の緩和を求め、議会で野党を率いているが、三つの中で、力は最も弱い。

こういうわけで、イランが平和的に変化するうえで鍵を握るのは、保守派の支配エリート内部の分裂である。イランC（合理的保守派）がイランE（陋習《ろうしゅう》の保守派）と手を切り、改革者たちと新たな同盟を組むのだ。これは不可能ではない。無能な聖職者の恣意的支配に対する国民の反感が高まる一方で、イスラム革命全体があやうくなっていることに、イランCの多くは気づいている。

では、アメリカは何ができるだろうか？　改革主義者はたいてい、外交を再開して経済制裁を緩和してくれればありがたい、という。国連という公的な場で、イランの役人でテロに加わっている人間を明らかにしてほしい、という人もいた。「私たちは、誰が何をしているのかわからない。もし合衆国がそうやって名前を公表すれば、政権内部が身動きできなくなるでしょう」。（イランで最近、ある聖職者が、パレスチナ暴動を支援する目的の新税を提案したが、議会によって却下された。）公職につきたいとか新聞を始めたいとかいう希望をもちながら聖職者によって妨害されているイラン人ひとりひとりを、アメリカがはっきりと擁護するよう望む声もあった。「イランはイスラム教民主主義である」と主張する聖職者に対して、それを証明するように常に迫るべきだ、ともいわれた。

こうした意見が全部適当かどうかはわからない。しかし、イランが現に変化のただなかにあり、ワシントンから新しい視点で眺める価値があることはわかる。それは、イランの闇の守旧勢力がテロ支援していることを知らないからでなく、そのことに罪悪感を覚えているからだ。守旧勢力は増大するのでなく、弱まるだろう、と多くのイラン人が考えているからだ。イラン人がこの守旧勢力に勇気をもって対決しようとしなかったからではなく、実際にそうしてきたからだ。そうしてこの守旧勢力を長引かせるからでなく、早く息の根を止めるだろうからだ。

2002.6.30

Column 82

……の終わり？

最近の中東情勢をみていると、オスロ和平プロセスが破綻しただけでなく、イスラエル―パレスチナ対立を二国共存の形で解決しようという考え方そのものが終末を迎えようとしているのではないか、という気になってくる。

クリントン大統領がパレスチナ国家を作るという重大な提案をした直後、パレスチナ人による第二次インティファーダが始まったとき、私は、パレスチナ人は大きな間違いをしている、と主張した。最終的和平への輪郭がようやく描かれようとしている段階で、対立している当事者が暴動を起こし、自爆テロを行えば、現在も未来もすべて粉砕してしまう。パレスチナの自爆テロはイスラエルの和平陣営を壊滅させ、数年がかりで築きあげたもろい信頼関係を、あっけなく吹きとばした。イスラエルの大衆は、トロイの木馬への門が開かれた、と感じとった。

パレスチナ人の場合、これはとくにあてはまる。外交努力など他の選択肢もまだあったのに、なぜこの暴動が必要なのか、あるいは本当の目的は何なのか、はっきりと説明しなかったからだ。

ヒズボラがレバノンからイスラエル人を追い出したことに影響され、同じように血で血を洗うやりかたで、自分たちの国を作れるのではないか、という空想を抱いたとみえる。そしてこの話に深く考えずに乗ったのが、ヤセル・アラファトだった。

中東問題の専門家スティーヴン・P・コーエンは、こう述べる。「この第二次インティファーダは、ヤセル・アラファトによる一九六七年戦争だといえます。エジプトのナセル大統領のように、アラファトはすっかり空想におし流されて、現実とそれ以外の区別がつかなくなっているのです。ナセルがそうだったように、これがアラファトの終わりの始まりとなるでしょう」

しかし、ここにも問題がある。たとえアラファト氏が政権を降りても、そしてアラファトの後継者に対して、イスラエルが、ヨルダン川西岸・ガザ地区と東エルサレムをすべて明け渡すといっても、昨年信頼関係が完全に崩れた後であり、イスラエルは安全確保を要求するだろうし、パレスチナ政権に制限をつけようとするだろう。このハードルの高さは、パレスチナ人指導者にとってどうしても受けいれがたいはずだ。

そうなったら、二国共存による解決は交渉不可能だ。イスラエルは西岸・ガザ地区を永久に占領しつづけるだろう。もしそうなったら、イスラエルによる西岸・ガザ地区支配は、南アフリカのアパルトヘイトのようにならざるをえない。現在の人口統計が通用するとして、二〇一〇年までには、イスラエル、ヨルダン川西岸、ガザ、東エルサレムのパレスチナ人はユダヤ人の数を上回る。そうなったら、いつまでも衝突が続き、国は疲弊し、イスラエルにとって致命的危機となるだろう。

中東における三つの流れは、今一点に集中している。第一は、イスラエル–パレスチナ戦争。第二は、アラブ世界における爆発的な人口増加。ほぼすべてのアラブ諸国で一五歳未満人口が激増している。彼らはこの先まともな就職先につけないだろうし、欲求不満がさらにつのる。第三は、アラブで衛星テレビ局、インターネットなどの私的メディアが一気に普及していることだ。

さて、現実にどうなっているか。爆発的発展をとげたアラブ・メディアは、イスラエル–パレスチナの衝突シーンを映像化し、爆発的に増加した人々に流し、新世代のアラブ人に、イスラエルやアメリカ、ユダヤ人憎悪を仕込んでいる。そのうち、こんな場面も日常茶飯事になるかもしれない。男の子が父親に「とうさん、玄関にパキスタン人の男の人がきてるよ。スーツケース核爆弾を売りにきたんだって。小切手で一〇万ドルだよ。ぼく、このスーツケースをテルアビブまで運びたいなあ」という。そうか、と父親は一〇万ドルの小切手を書くのだ。

イスラエルにとって唯一の希望は、占領地からなるべく整然とした形で撤退し、アラブ世界との摩擦を最小限にすることだ。その一方、アラブ人はアラブ人で、国内体制を現代化に適応させるという苦しい努力を重ねていく。ブッシュ大統領がアラファト氏の交代を求めたのは、私も賛成だ。これはブッシュ氏が、パレスチナを二国解決の交渉相手としてぎりぎり「再認定」するための条件でもあった。しかしイスラエルに対しては、和平交渉の相手として「再認定」するにあたり、同じように、西岸・ガザ地区の広大な入植地の一部から撤退を始めよ、と主張しなかった。

これは滑稽としかいいようがない。もしそうしていれば、パレスチナ人の改革に寄与するし、イスラエルも、もし必要であれば、一方的撤退をしやすくなるはずなのに。

ブッシュ氏は、ユダヤ人票ほしさから、見て見ぬふりをした。残念なことだ。ジョージ・ブッシュはイスラエル側についているかもしれない。が、歴史もテクノロジーも人口統計学も、すべて反対しているのだから。

2002.7.3

Column 83

岐路に立つアラブ世界

ブッシュ大統領は、最近のスピーチで、パレスチナ人は国家を作ろうとする前に、まともな統治制度をあみださねばならない、と明言した。まさに、そのとおりだ。しかし、大統領にはいささか度胸がなかった。統治制度に根本的な改革が必要なのはパレスチナ人だけでない、アラブ世界のほとんどがそうだ、とまではいえなかった。

ちょうど今週になって、たまたま、大胆にもこの問題を公言した人たちがいる。火曜日に、国連開発計画（ＵＮＤＰ）が、アラブ経済社会開発基金と共同で、アラブ世界が他から大きく遅れをとった（たとえば、スペインのＧＤＰはアラブ二二か国全体よりも大きい）三つの主要な理由を分析し、驚くほど率直な報告を発表したのである。三つの理由とは、手短にいえば、自由が十分でなく、女性の権利が認められず、良質の教育が行われていないということだ。ビンラーディン主義を生みだした（そして事態が変わらなければ、この先も繰りかえすだろう）社会経済的環境を理解したいならば、ぜひこの報告を読むといい。

現在、アラブ二二か国の人口は二億八千万を数えるが、出生率が大変な勢いで上昇しているので、二〇二〇年までには、四億一千万から四億五千九百万までに増えるだろう。既に都市は人口が過密しているのに、増大するこの世代が、怒りとも貧しさとも無縁で成長しようとすれば、アラブ世界はまずこの貧困を克服しなければならない。経済的な貧困ではない。「能力と機会の貧困」である。

同報告は、「アラブ−イスラエル間で対立が続き、イスラエルが土地を占領してきたことが、アラブの発展が遅れた原因であり、同時にいい訳であった」という議論に対して一定の評価をしている。しかし、この説明で終わりではない。

まず、「一九八〇年代から一九九〇年代初頭まで、ラテンアメリカと東アジアの大部分の政治体制を一変させた民主主義の波が、アラブ国家には届かなかった。自由がないために、人間的発展が遅れてしまう」と記している。さらに、市民としての自由、政治的権利、国民の発言権、メディアの独立性、政府の説明責任、といった標準的指標を用いながら、世界の七大地域の中で、アラブ地域の自由度が最も低いと指摘する。多くのアラブ諸国では、女性はいまだ投票権がなく、公職に就けず、管理職になれず、事業をおこそうとしても資本金を集めることができない。「残念なことに、アラブ世界は人口の半分がもつ創造性と生産性を無駄にしている」というのは、女性についてのコメントである。

教育に関しては、アラブ世界全体で年間およそ三〇〇冊の本が翻訳されているが、これはギリシャの五分の一だという。研究開発投資は世界平均の七分の一弱で、インターネット接続状況はサハラ砂漠以南よりも劣る。入学者数が大きく前進したのにもかかわらず、読み書きのできない大人は六五〇〇万人に上り、そのほぼ三分の二が女性である。こういうわけで、今日では、アラブ世界における国民一人あたりの平均生産高は、韓国の半分程度にとどまる。

同報告の締めくくりは、次のようになっている。「アラブの次世代が明るい未来を手にするには、アラブ人の、とくに女性の能力と知識の向上に力を注ぎ、統治体制の確立に重点的に取りくみ、アラブ諸国間の強固な協力関係に努力する政治的意思が必要である。……アラブ世界は今、岐路に立っている。無気力と無能という名の道をだらだらと歩きつづけるか、それとも、人間として発展し、アラブ・ルネッサンスを実現しようという希望を追い求めるか。根本的には、どちらを選ぶかで決まる」

このくだりは、見事である。報告文全体の中でも、最も読ませるところだ。序文によれば、同報告の調査・執筆にあたったのは、「著名なアラブ知識人グループ」で、偏見のない、客観的分析だけが「より明るい未来を求めるアラブの人々と政治家」の助けになりうると考えている、という。

ここには、アメリカへのメッセージもある。あまりに長い間、私たちは、アラブ世界をただ大きいだけのガソリンスタンドとしかみてこなかった。石油が途切れず、アラブ指導者がイスラエルにむちゃをしないかぎり、かの地の女性や子供たちがどんな状況にあっても、気に留めなかった。その間、失政、失業率の増大、出生率の急上昇によって、アラブの未来は殺されようとしていたのだ。

もう、自分をごまかすのはやめよう。現状を変えるため、オサマ・ビンラーディン、サダム、アラファトを追放することは必要だけれども、これだけでは十分でない。私たちも腕まくりして、アラブが自分たちで問題に取りくむ手助けをすべきだ。不幸にも、この連中は今のところ安泰らしい。しかし幸いにも、同報告書が示すように、私たちにはともに変化を起こすためのアラブ人のパートナーがいる。今こそ、私たちは彼らと手を組むべきだ。社会を混乱におとしいれる役立たずとではなく。

DIARY 11

Travels in a World Without Walls: September 11,2001-July 3,2002

9・11事件は私たちに何を語ったのだろうか……

本書におさめたコラムとダイアリーを綴ってきた月日をふりかえり、ここで、最後の問いに答えることにしよう。九月一一日の意味とは何なのか。あの事件は、私たちに何を語ったのだろうか？

歴史的事件のなかには、後で考えたら、はじめ思ったよりもたいしたことはなかった、というものもある。九月一一日は、ちょうどその反対だ。時間がたてば、第一印象以上に大きな、そして重要な歴史的大事件であることがわかるだろう。九月一一日の意味を理解するうえで、私たちは終わりの始まりにいるのではない。始まりの終わりでもない。まだ、始まりの始まりに立ったばかりだ。

今、私はエルサレムのデイヴィッド・シタデル・ホテルで、この文章を書いている。窓からは、エルサレム旧市街の明かりのついた壁が見える。二〇〇二年四月二五日が暮れていく。九月一一日、旅を始めたのが、たまたまこの国だった。今その国に戻ってきたのだ。旧市街の壁は、私がこれから話そうとしていることの背景としてまさにふさわしい。私にとって、九月一一日とは、ほかならぬ壁をめぐる事件だからである。

どういう意味か？　九月一一日のテロが、アメリカ人をはじめ世界各地の文明人にとってこれほど衝撃的だったのは、これが文明の基本的な壁を破ったからだ。教育のある一九人の若者を引きいれ、四機の飛行機をハイジャックさせ、ペンタゴンと世界貿易センターに突っ込ませて自爆させ、そうして三〇〇〇人にものぼる何の罪もない人々を殺す。殺された人たちは、朝「いってきます」といって家を出たまま、(運がよければ)二、三時間後には家にいる最愛の人に電話をして「さよなら」と最後の言葉を残す。そんなことがありうるならば、もう不可能なことなど何もないだろう。一つ重要な壁が、こうして吹き飛ばされてしまったのだ。

破られたのは、文明人らしい行為という壁だけではない。電気通信が急速に発展し、グローバリゼーションのおかげで、国と国、国民と国民の壁はますます低くなり、消えようとしている。こうして、ツインタワーが倒壊する場面を、全世界で見ることができる。しかも、その場面をみながら、互いに感想や意見を語りあった。そうだ、九月一一日のテロによって世界各地で興奮と激情が噴きだしたが、この世界では、独立系の衛星テレビ、光ファイバー、インターネット、携帯電話、ポケットベルを通じて、こうしたさまざまな感情がさらに増幅され、かつてない速さで地球をかけめぐる。あたかも、頭の変なおばさんが何かとんでもないことをしたために、一家全員が夕食の席で議論し、大声をあげ、ことによれば手を出しあう、そんな具合だ。家のどこにいても、この会話から逃げるわけにいかないのだ。

九月一一日直後にパキスタンに行ったとき、私はカタールのドーハに寄った。月曜日遅くに到着して、カタールの発信地入りのコラムを送信した。その翌日、アメリカ大使館の友人ホワイダ・ナディムと朝食をともにすることになった。シェラトンで朝食を食べながら、ホワイダは九月一一日のテロに対するアラブのマスコミの一番新しい反応を詳しく教えてくれた。そのとき、彼女の携帯電話が鳴った。私たちの友人で、カタール大学の役人の女性だった。「トム・フリードマンのコラムをインターネットで読んでいたら、彼、今ドーハにいるのね。どこにいるかわかるかしら?」

「あら、ここよ」。彼女は私に携帯電話を手渡した。電話が終わると、世界がどれほど小さくなっているか、驚嘆せずにいられなかった。ドーハからコラムを送り、ニューヨークへ、さらに『ニューヨーク・タイムズ』が今度はインターネットで世界に配信する。そのコラムをカタールの友人がネットで読む。私がドーハにいると知り、携帯電話一本で居場所を突きとめるのだから!

毎日の定期読者でいえば、インターネットの『ニューヨーク・タイムズ・オン・ザ・ウェブ』は、紙面『ニューヨーク・タイムズ』よりも多く、一五〇万人を数える。それに加えて、nytimes.com には(毎日でないが)約一五〇〇万人が登録している。こうして、新聞はかつてないほど遠くまで、幅広い読者に届くようになった。九月一一日以前であっても、コラムを書けば、いつでも、はるか遠い国からEメールや手紙で返事がきた。しかし、九月一一日以降、これが一〇倍に増えた。事件そのものの衝撃も大きかったが、地球がどんどん狭くなり、さらにこの問題に対して読者・筆者双方の思いと興味がことのほか強い(というのも、自分と子どもの未来を左右することだと感じたからだ）ため、私もジャーナリストとして味わったことのないような経験となった。
アブドッラー皇太子のインタビューからまもなく、私のもとに、ヨルダン人の友人からEメールが届いた。その日の『エルサレム・ポスト』に、ある極右イスラエル人コラムニストの囲みが載っており、インターネットで読んだのだが、私が皇太子の言葉を引用したことを非難していた。友人はこう書いていた。

君は、僕たちの国でちょっとした騒ぎを巻きおこした。（一）君が書いたコラムは、すぐ『ヨルダン・タイムズ』に転載され、アラビア語に翻訳したものが『アル・ライ』に出る。（二）地元のNETSに流され、そこで議論される。賛否はいろいろだ。今日付の『エルサレム・ポスト』に出ているあの記事を読んだかい？　君を非難していた。なんてまぬけなコラムニストだ。

このヨルダンからのEメールでは、私のコラムが地元インターネットのチャットで議論されたことが述べられ、当日朝の『エルサレム・ポスト』の記事が批評され、さらにそのコラムニストが「まぬけ」と切り捨てられている。
九月一一日以後は、一日一時間ほど、世界各地から寄せられたメールを読み、返事を書くことにあてている。MEMRIなどを使えば、アラブの新聞で自分のコラムが論評されていても、その場でフィードバックできるし、その逆も可能だ。ロンドン駐在のサウジ大使が、同地のアラビア語新聞に、パレスチナ自爆テロを賞賛するような短詩を発表したときは、翌朝メールでコピーを入手した。

今や、私たちは互いに直接向きあっている。相手との間に壁がないから、そっと自分のメッセージを見直したり、いったん自分ひとりで感情をたかぶらせた後で冷静になって相手と話しあったり、ということができない。怒りに任せて文を書いたら、そのまま中東やヨーロッパの誰かに正面からぶつける。今度は、先方が怒りに任せて反論を書き、投げかえす。こうして、最後には、双方とも頭に血がのぼってしまうのだ。相手となかなか連絡がとれなかったときよりも、怒りの度合いが激しくなったのではないだろうか。こんなふうにして、世界の血圧が上がる。危険なうえ、不健康きわまりない。

このことから、九月一一日のもうひとつ奥深い局面がみえてくる。世界はグローバル化され、小さくなり、テクノロジーによってますます密接に結びついているが、文化間、文明間、国どうしの相互理解が前より深まったわけではない。ここにずれがある。私たちは、テクノロジー面では近づいている。が、文化、政治のレベルでは、少なくともあるコミュニティでは、相変わらず距離が縮まらない。インターネット、光ファイバー、衛星といったものは、あわせてハイテクのバベルの塔といえるかもしれない。神はコミュニケートするためのあらゆる道具を与えてくださった。しかし、互いを理解するための道具がひとつもないのである。

実際、テクノロジーそのもののせいで、私たちは互いを理解しづらくなっているともいえる。インターネットと衛星テレビのおかげで、誰もが自分の意見にぴったりあうニュースを見ることができ、ほかの人の意見を聞かなくてすむ。結果として、自分の固定観念がさらに固定され、強化されるのだ。あるときドバイ空港で、アラブで一番人気のある衛星テレビ、アラブ・ニュース・ネットワーク（ＡＮＮ）を放送していた。夜遅い時間だった。イスラエル人がパレスチナ人を殴ったり蹴ったり、また射ち殺したりしている場面を延々と流している。前後の文脈もなければ、パレスチナ人自爆テロリストも出てこなければ、説明の言葉すらない。ただひたすら一場面を映し、勇ましい音楽を重ねているのだ。これを見ながら、私は思った。「アブドッラー皇太子が、イスラエル人はパレスチナ人に残忍なふるまいをするといって怒っても、当然だ。こんなテレビを見ていたらそう思うだろう」

その一方で、アメリカのユダヤ人が、もっぱら右派の『エルサレム・ポスト・オンライン』にアクセスしてイスラエル関係のニュースを得ているとしたら、それも自分の偏見にあわせたレンズをつけていることになる。インターネットも同様だ。ＣＮＮ、ＢＢＣがバランスよくニュースをまとめて報道するのを待つ必要はない。インターネットを使えば、自分が前から共感しているニュースソースから、自分の好みでニュースを選択できるだけでない。チャットルームやウェブサイトで、同意見の人たちと知りあって、自分もコミュニティの一部だと感じることができるのだ。そう、どんなに自分のレンズが歪んでいたとしても。アラブの若者たちは、ジェニンやヨルダン川西岸のどこかで起こった事件について、新聞より早く、鮮明な写真画像をEメールでやりとりしている。こんな写真を、私はいやというほど見せられた。この写真がどれだけ正確なのか。誰がいつ撮ったのか？　そんなことわかるものか！

もっと危険なことがある。インターネットは「いかにもハイテク」な雰囲気のせいで、絶対信頼できる、と思わせてしまうのだ。つまり、「これは事実に違いない。ネットで読んだから」というのみにする。ハイテクを使って伝えられることで、伝えられる内容の権威が増す。事実、インターネットはチェックを受けず、編集されず、対策を示さないまま、情報を地球規模で垂れ流している。これは人々がより早く、より賢くなるための最大の道具というだけではない。よく早くより愚かになる最大の道具でもある。インターネット上でうわさが流れると、一瞬のうちに「事実」となる。とくに、あまり教育がない人の場合、自分でインターネットにアクセスするのでなく、周囲のエリートがネットで得た話をしていて小耳にはさもうものなら、事実だと思いこむ。九月一一日の朝、世界貿易センターに勤める四〇〇〇人ものユダヤ人が自宅待機するよういわれた、などという流言蜚語が、その最たる例だろう。

イスラエルの政治評論家ヤロン・エズラヒはこう語る。「写真が大衆化され始めた一九三〇年代は、『カメラは嘘をつかない』といわれました。しかし、そのうち、右手にしたカメラは現実を歪める道具だということがわかってきました。インターネットも同じことです。これほどテクノロジーに基づいているのだから、情報はただ一つだと思っていますが、しかしカメラと同じように、インターネットも嘘をつきます。それがわかっていない人が多いのです」

このテーマで、『ニューヨークタイムズ・マガジン』（二〇〇二年四月二一日付）に、ジョージ・パッカーの深い思索に富むエッセイが載っている。私が現場で実感したことを見事にいいあてているので、引用しよう。「地球的規模で広がる衛星テレビとインターネットによって、世界の人々は他人を理解しなくなり、認めなくなる。メディアが提供するのは皮相的レベルの『よく知っている』感覚である。つまり、映像は前後の脈絡からすっぽり抜きだされ、怒りは怒りっぱなしで対処を考えない。問題は、メディアが伝える内容ではない。流されるイメージは国際的になっていくのに、人々の暮らしがあいかわらず狭い身のまわりに限られていることだ。アラブ世界でも、ここでも、どこでもそうだ」

パッカーは続ける。文化・政治・宗教のレベルで互いを理解する能力よりも、テクノロジーによって統合する能力のほうが先行してしまったために、私たちは「無知と理解の中間点にいる。この点で、『地球村《グローバル・ヴィレッジ》』は実在の村に似ている……ありとあらゆる疑念とうわさがとびかい、すぐ憤慨し、話の半分は嘘、という偏狭な村のようだ」

これはまさに、私が九月一一日以降の旅行で得た結論であった。事態が改善されないために、多くの人々が本能的に壁を再建して、「あそこ」の気ちがいざたから自分を守ろうとする。したがって、ビンラーディンという現象は、新千年紀の夜明けに生まれた、地球規模で統合された世界に対する挑戦であった。アメリカ人は（ほかの人たちも）、「あそこ」で自分に対する憎悪と怒りが高まっていると聴けば、直接経験しなくても、本能から壁を作ろうとする。しかしこの壁は、以前とは違う。当面は役に立っても、あっというまにテクノロジーによって取り去られてしまうだろう。

長期的にいえば、答えはただ、壁の向こう側にいる人々の考えと態度を何とか改める方法を見つけ、あるいはせめて異文化と政治的慣習のギャップを狭めて、小さくなりつつある世界を共有する手立てを考えることしかない。これはオンラインではできない。理解力はダウンロードできないのだ。昔ながらのやり方、たとえば交換留学プログラムや援助の拡大、外交、本物のコミュニケーション、一対一の教育などを用いてアップロードしなければならない。

ベイルートのアメリカン大学心理学教授、リチャード・デイは、現在ドバイで家族と暮らしている。古くからの友人のよしみで短期滞在したとき、彼が私にいった。もしグローバリゼーションの時代を生きのびようとするならば、「私たちは互いをよく知りあい、もっと相手のことを理解しなければならない。今、私たちの生活がそれにかかっている。以前とはわけが違うんだ。これからは、何も知らずに、おめでたく生きていくことは不可能だ。そんな時代は終わってしまったんだよ」

あるコラムでこの問題を取りあげたとき、国際教育研究所のアラン・E・グッドマン所長が、短いエッセイを送ってくれた。この点を見事に指摘している。

約一年前……私はインドネシアの教育相を訪問した。大臣が初めてアメリカ社会と出会ったのは、高校時代、AFSの交換留学生としてであった。当時は、アイオワにホームステイしたが、「五〇〇マイル四方で、イスラム教徒はひとりだけだった」。ホストマザーは、彼が毎朝祈れるように一緒に起きてくれた。大臣は、このホストマザーの思いやりを決して忘れなかったという。「インドネシアに来たことのないアメリカ人であっても、他の宗教と文化を尊敬するのだ、ということを知った」。きっとホストマザーのほうでも、その経験を忘れてはいないだろう。彼の祈りの時間は東部時間に基づいているため、アイオワ時間でいうと朝三時から四時の間に起きなければならなかったのだ。国際化教育がなければ、インターネットやCNNなどのテクノロジーやメディアがどんなに発達して国境を超えていったとしても、必ずしも人々の考え方を変えることはできないし、正しい情報が得られることにもならない。私たちにニュースを送り、インターネットを流し続ける人たちは、アイオワで、ムハンマドという名の少年が祈りを捧げられるようにと、凍てつく寒さの中、日の出前に起きだすようなことはしないだろう。

九月一一日以後、小さくなったこの世界では一層の相互理解が必要である、と多くの人々が本能的に理解した。こういうわけで、アマゾン・コムのベストセラーではにわかに、イスラム教、アラブ世界、コーラン関連書が大半を占めた。アラブ専門のアマゾンがあって、九月一一日以後の上位一〇〇冊にアメリカ文明関連書がずらっと並んでいたら、どんなによいだろう。相互理解の欲求は、自分と相手の両方でもたなければ意味がない。この戦いは、内側と外側で闘わなければならないのだ。中東情勢評論家スティーヴン・P・コーエンは、「文明内部で戦うか」――おのおのの文明のなかで、現代性、世界への統合、他の文化や信仰や人々との共存を受けいれようとする陣営と、それらすべてに反対する陣営が戦うか――、「そうでなければ、結局は文明間で戦うことになる」といった。そのとおりである。

このテクノロジー全盛の時代であっても、この挑戦を避けられるほど高く厚い壁はないのである。

壁——そして、グラウンドゼロから

このダイアリーは、実際に始まったところに戻って閉じるのがふさわしいかもしれない。あの場所、グラウンドゼロである。

二〇〇二年四月、あるパーティに出席していたとき、すらりとした記者が現れ、自己紹介した。名前はジェイムズ・グランツ、『ニューヨーク・タイムズ』でトップクラスの科学ライターだった。九月一一日から二か月後、彼は世界貿易センター跡地の地下に初めておりたち、パス・トレインの駅に足を踏みいれた記者団に参加していた。駅は一部がまだ前のまま残っていた。しかし、ジェイムズはこの話をしようとしたわけではなかった。彼が話したかったのは、そこで私に関するものをみつけた、ということだった。私が興味を示すと、ジェイムズは二日後、そこで見たことのすべてを語ってくれた。

「世界貿易センターの廃墟には、もと荷物用エントランスだったところから入りました。何一つ明かりがないので、懐中電灯が必要でした。頭を切り替えて、目に入ってくるものに慣れるには、少し時間がかかりました。爆破された跡といった感じでしたから。天井からは配管がぐちゃぐちゃにたれさがり、梁がぶらんと糸のように揺れているんです。車は、どれも内から破裂でもしたかのように粉々でした。一台の車などは、あまりの高熱のため、文字通り溶けてしまっていました。二十階がぐしゃっと六インチに圧縮されて、鋼鉄の梁は溶けて三フィートくらいの石筍になっていました。まるで先史時代の遺跡を歩くようでした。何もかもこの世のものとは思えなくて、今自分が見ているものを、誰かに確認せずにいられない気分でした。さらに二、三層降りるとパス・トレインの駅とレールがありました。通勤者用のカフェもちゃんと残っていて、バーの後ろの棚にはリキュールの瓶がみえました。ラックには、グラスまで整然と並んでいたのです。駅の改札はすぐそこです。改札はいくつか無事だったところもありますが、けれど、反対の方向に目を向けると、もう真っ暗な穴が口をあけているんです。

回転式改札をすぎてエスカレーターで下におり、ホームにいってみました。パス・トレインの車両のなかにはなんともないものもありましたが、一つの車両は、半分がそのまま、残り半分はぺしゃんこに潰れていました。何かが上から落ちたのでしょう。私は電車の中を歩き、中の広告を読んでいました。いかにも普通な日常に、あとかたもない破壊の痕が隣り合わせになっていて、見ているうちに、だんだんとつらくなってきました。ふりかえると、本当にショックでした。後ろに、おそらく木製の座席シートがあり、開封していない缶のアイスティがおかれていました。一緒にいた人に懐中電灯で照らしてもらい、缶のラベルを読んでみました。

何気なく少し先を見ると、座席の反対側の端に『ニューヨーク・タイムズ』が載っていました。暗闇の中ですから、普通なら読めませんが、上に細かな粉塵が白く積もっていたので、近くに寄って、表になっているページを見ました。それが特集ページで、右上にあなたのコラムが出ていたのです。題は一語で、『壁』でした。手が震えました。コラムに何が書いてあるのか読もうとしましたが、どうしてもその題のほうが気になってしかたがありませんでした。『壁』……ロバート・フロストの詩はどうだったっけ、私は思い出していました。

何かしら、壁を嫌がるものがあって、
その下の凍結した土を盛り上がらせ、
陽がさすと、積み上げた石をばらばらに振り落とし
……………
何かしら、壁を嫌がるもの、崩したがっている
ものがある

ある段階では、壁を作るのはきわめて文明的なことです。とくにロウアー・マンハッタンの中心地では。しかし、壁を倒したのは自然の力ではなく、反文明の力でした。ええ、こんな力は以前には覚えがなかったでしょう。しかしこの反文明という力が、世界で最も文明的で進んだ都市

の中心地を襲ったのです。私たちの壁を作る能力が、つまり文明の力がどこよりはっきりと示せる場所といってもいいでしょう。私は閉所恐怖症ではありませんが、あそこに降りていくと、壁が自分に迫ってくるような感じがしました。そして、お書きになったコラムの題を見て、ひらめいたんです。こういうことだったのだ、と」

それで、その新聞はどうしました？

「あれは、ちょっとポンペイにいるような気分でした。あそこでは、何か取りあげたり、持ちだしたりしてはいけない、と思ったので、そのままにしてきました。それで翌日、記事にそのことを書いたのです。そうです、あなたのコラムについての話でした。あれは見つけたところにあると思いますが、今どこかはわかりません」

ジェイムズのカンは正しかった。九月一一日をめぐって私が書いた文章は、その多くが壁について、その壁がどんなふうに破られたか、という物語だった。いつでもアメリカを世界から守ってくれるように見えた壁。しかし、九月一一日を境に、もはやあてにできなくなってしまった。あの壁が、テロで踏みにじられたとはいえ、文明的ふるまいとはいかなるものかを明らかにしてきたのだ。アメリカの市民が信じる価値観を祭る宮、つまり世界貿易センターは、あの壁に支えられていた。その壁が一瞬のうちに倒壊し、膨大な数の労働者が下敷きになった。

毎日のようにテクノロジーが次々に壁を崩していくこの世界で、私たちはどうやって生きていけばいいのか。これは、新世紀の大きな挑戦である。というのは、壁が消えれば、確かにコミュニケーション、貿易、世界統合には都合がいいが、しかし同時に、ほんの少数の人たちが、世界各地で数千マイル先に大惨事を引き起こすことも簡単になるのだから。

日記の最後は、こんなふうに締めくくろう。私はずっと、長生きして健康な生活を送りたい、二人の娘の結婚式でダンスをし、七二歳でゴルフのエイジ・シューターになりたい、と思っていた。しかし、今ほどそれを強く願ったことはない。理由は一つ。この物語のエンディングがどうなっているか、知りたいのだ。心から、そう思っている。

＊フロストの訳は、亀井俊介&川本浩嗣『アメリカ名詩選』（岩波文庫）による。ただし、一部文脈にあわせて改めた。

訳者あとがき

二〇〇一年九月一一日以来、私たちは「アメリカはなぜ」という問いを発しつづけてきた。アメリカはなぜ攻撃されたのか。アメリカはなぜ同時多発テロを「世界戦争」というのか。アメリカはなぜイラクを憎むのか。アメリカはなぜアフガニスタンに介入するのか。アメリカはなぜ単独で行動したがるのか。アメリカはなぜパレスチナ和平交渉を試み、しかも成功しないのか。アメリカはなぜ愛国主義でもりあがるのか。アメリカはなぜ自国の主張を「世界の正義」といって疑わないのか。……

この問いに答えるべく、同時多発テロおよびイスラム問題、中東問題、アフガニスタン問題等々をめぐって、二〇〇一年冬以降、日本でも膨大な数にのぼる著書・翻訳書が出版されている。国際政治の歴史にかんがみてアメリカの外交姿勢を分析するもの、ビンラーディンの「正体」を暴くもの、アラブ・イスラム世界に踏みこみ、問題の根幹を明らかにしようというもの、アメリカとアラブ・イスラムの関係を指摘するもの。最近は「アメリカはなぜ戦争に突き進むのか」に答える試みも目立つ。論調も、アメリカをテロと戦う正義とする見方から、アメリカこそがテロ国家だと非難する見方までさまざまだ。
『ザ・ネーション』コラムニストのエリック・アルターマンによれば（在米日本人ジャーナリスト・ソサエティーのホームページで詳細なコメントが施されている）、アメリカの知識人・ジャーナリストは〈イスラエル支持〉〈イスラエル嫌い〉〈双方に批判的だが、最終的にはイスラエル寄り〉の大きく三つに色分けされる。〈イスラエル支持〉としてはジョージ・ウィル、ウィリアム・サファイア、A・M・ローゼンタールといった名前があげられ、〈イスラエル嫌い、親パレスチナ〉としてはたとえばロバート・ノバック、日本でも『戦争とプロパガンダ』など多くの訳書で知られるエドワード・サイードがいる。これに対して、〈双方の動きに批判的であるが、最終的にはイスラエルの立場に近い〉とされるのが、リチャード・コーエンと、そしてトーマス・フリードマンである。

トーマス・フリードマンは、本書で「九月一一日は第三次世界大戦の始まり」と断言する。「テロとの戦いではない、宗教全体主義＝ビンラーディン主義との戦い」だ、と。アメリカがイスラム世界から敵対視されるのは、イスラムが国際社会から立ち遅れ、若者がやり場のない怒りをつのらせているからであり、それはイスラム教が「さながら中世のように」排他的信仰を強制して批判的精神や他の文化・宗教を認めなかった結果だと指摘する。だからこそ、この戦いには「イスラム教を現代にあわせ、非イスラム文化を理解するための教育」が重要である、というのである。

彼の言葉は明快かつ具体的であり、迫力にみちている。イントロダクションで述べられているように、いずれのコラムも、ユダヤ系アメリカ人として、アメリカ（的価値観）に対する信頼と誇りが根底にあり、しかも子どもたち次世代の国際社会への希望がこめられている。その一方で、現場主義のジャーナリストとして、国際的視野に立ち、現実的にものを分析する目は常に鋭く、愛国センチメンタリズムに曇ることはない。

フリードマンの提言は、たとえばサイードの言葉に馴れた読者であれば、「アメリカ主義」が強すぎると思われるかもしれない。が、私たちが世界を、世界の中での日本の進む道を考えるうえで不可欠な「アメリカ」、そのアメリカの姿を知り、感じ方、見方を知るには、本書はきわめて重要な手がかりになるはずだ。

ここに訳出したのは『ニューヨーク・タイムズ』に掲載されたコラムを集めたLongitudes & Attitudes: Exploring the World After September 11 (Farrar,Straus & Giroux, 2002) である。フリードマンはこれまで三度のピューリッツァー賞を受賞している。原著では第一部に、二〇〇一年九月一一日前日までのコラムも一〇本おさめられているが、著者の了解を得て割愛した。なお、人名・団体名などのカタカナ表記は、中東問題専門家のご教示にしたがった。

本が形になるまでには、ウェッジ書籍編集部諸氏をはじめ、多くのかたがたのご指導、お世話にあずかった。また、いつも一番近くで励まし、支えてくださった友人に、最大の感謝を申し上げる。

二〇〇三年一月

鈴木淑美

■プロフィール

トーマス・フリードマン
Thomas L. Friedman

1953年、米国ミネソタ州ミネアポリス生まれ。ブランダイス大学卒業。『ニューヨーク・タイムズ』ベイルート支局長、エルサレム支局長などを歴任。中東からの報道によって83年、88年、02年と、ピュリッツァー賞を3度受賞する。現在、同紙記者として国際情勢に関するコラム「世界の動き」を執筆。

著書に『ベイルートからエルサレムへ』(1993年・朝日新聞社、全米図書賞受賞)、『レクサスとオリーブの木』(2000年・草思社)がある。

鈴木淑美
すずき　としみ

1962年生まれ。上智大学外国語学部英語学科卒。日本経済新聞社記者として勤務後、慶應義塾大学大学院文学研究科でアメリカ文学を専攻(博士課程修了)。清泉女子大学専任講師をへて、翻訳家。

訳書に『フロイト・人種・ジェンダー』(1997年・青土社)、『男であることを拒否する』(2002年・勁草書房)、『人間の終わり』(2002年・ダイヤモンド社)、『ファンタジー画集　指輪物語の世界』(2002年・原書房)などがある。

グラウンドゼロ　アメリカが初めて体験したこと
——《NYタイムズ》コラム集成

2003年3月1日　第1刷発行

著者……………………トーマス・フリードマン
訳者……………………鈴木淑美
発行者…………………今村　元
発行所…………………株式会社ウェッジ
〒101-0047　東京都千代田区内神田2-12-6
内神田セントラルビル5F　振替 00160-2-410636
電話：03-5296-5008
http://www.wedge.co.jp
ブックデザイン…………上野かおる＋鷺草デザイン事務所
DTP組版………………株式会社リリーフ・システムズ
印刷・製本所……………図書印刷株式会社

※定価はカバーに表示してあります。ISBN4-900594-60-1 C0031